KB253686

문예신서
291

매스커뮤니케이션과 사회

현택수 지음

東文選

매스커뮤니케이션과 사회

Masscommunication and Society
by Taik Soo HYUN

＊고려대학교 특별연구비에 의하여 수행되었음＊

차　례

서 문

이 책은 매스커뮤니케이션 현상과 이론을 설명한 책이다. 시중에는 매스커뮤니케이션에 대한 기초적 이해를 돕는 서적들이 이미 많이 나와 있다. 거기에 또 하나를 보태는 형국이 되니 괜히 출판 시장을 교란시키는 것은 아닌지 출판사들에게 미안한 마음도 있다. 이런 마음과는 별개로 기왕에 늦게 내는 최신의 책이라면, 기존 서적들과는 어딘가 조금은 색달라야 한다는 생각을 했다.

우선 책의 형식적 측면에서는 그림이나 삽화, 심지어 도표도 없기 때문에 매우 단조롭게 느껴질 수 있다. 시중에는 현란한 컬러 그림 자료들이 많이 실려 있는 호화판 책도 많다. 저자도 그림 자료가 반드시 필요했더라면 첨부했겠지만, 집필하면서 그 필요성을 별로 느끼지 못했다. 이미 우리는 이미지의 홍수 시대에 살고 있다.

책의 구성상 다른 일반 개론서에는 있는데, 이 책에서 볼 수 없는 여러 장들이 있다. 일부러 저자는 구색을 갖추기 위한 천편일률적인 구성을 지양했다. 저자가 생각하기에 가장 중요하고 빼놓을 수 없다고 판단되는 분야만 골라 각 장을 구성하였다. 전체 9장으로 비교적 적은 편이나, 분량이 많은 부분도 있으니 나눠서 강의하면 된다. 그리고 강의중에 미디어 관련 시청각 자료들을 한두 차례 활용하면 한 학기 강의 교재로 전혀 부족함이 없는 분량일 것이다.

이 책의 후반부에는 상당한 분량의 법제, 윤리 관련 글이 있다. 이는 강의를 위해 법규나 강령 내용의 전부를 실은 것이다. 챕터 성격상 이것들을 직접 보고 이해하는 것이 훨씬 효과적이라고 생각해서 부록으로 남기지 않고 다소 무리를 해서라도 과감하게 본문에 실었다.

이 책은 전체적으로 매스커뮤니케이션 현상의 이해를 위한 기초 개념과 이론을 주로 설명하고 있다. 그래서 좀 딱딱한 느낌을 줄 수도 있다. 대신 너무 장황하지 않도록 되도록이면 도입 부분이나 수사(修辭) 없이 간결하게 이론만을 설명하고자 했다. 그래도 기존의 개론서들에 비해 여러 이론들을 본격적으로 설명한 책이라고 말할 수 있다. 이때 집중적으로 참고하여 많은 도움을 받은 서적들이 있다. 그러나 본문에는 개별적인 인용이나 각주가 없고 책의 말미에 참고 문헌으로 모두 모아서 처리했다. 본문에서 자세한 출처를 밝히지 못한 것에 대해 저자와 출판사에게 양해를 구한다.

매스커뮤니케이션의 분야는 실로 다양해서 커뮤니케이션 전공자라도 혼자서 그 분야들을 아울러서 책을 쓰기가 어려울 수 있다. 커뮤니케이션학은 사회학·역사학·법학·정치학·심리학·철학·예술학 등의 여러 학문 분야와 중첩되는 부분이 많다. 그래서 기존의 책들을 보면 집필자가 여러 명인 공동 저서가 많은 것 같다. 하물며 사회학을 전공한 필자로서 혼자 감당하기에 힘든 분야들이 있었음은 물론이다. 그러나 방송 관련 연구와 연수 기관에 있었던 과거 경험과, 대학에서 10년 동안 강의한 경험이 집필에 힘이 되었다. 그리고 자료를 정리해 준 한국학중앙연구원 한국학대학원 박사 과정의 정수남에게도 이 자리를 빌려 고마움을 전한다. 아울러 연구와 집필에 재정적 지원을 해준 고려대학교에도 감사드린다.

책을 다 쓴 다음에도 항상 부족한 부분은 보이기 마련이다. 발간 후 독자들의 지적도 고려하여 책을 가다듬는 기회를 한번 더 가져 보

고 싶은 심정이다. 그 전까지 아무쪼록 이 책이 조금은 색다른 모습
으로 독자에게 신선하게 다가서 주길 바랄 뿐이다.

2005년 2월
고려대학교 서창 캠퍼스에서 저자 씀.

제1장

커뮤니케이션 이론

1. 커뮤니케이션의 개념

우리말로 '의사소통' '통신' 등으로 번역되는 커뮤니케이션이란 용어는 학문적으로 간단하게 정의될 수 있는 개념이 아니다. 왜냐하면 이 용어 정의에 있어서 메시지의 추상성과, 그 메시지 전달과 의도의 개념에 대한 판단이 정확하지 않기 때문이다. 즉 메시지는 언어나 활자를 의미하는지, 상징이나 표정이나 감정 등까지 포함되는지, 또한 즉 메시지 송신과 수신 및 피드백에 있어서 비의도적인 것도 포함되어야 하는지 등의 문제가 있을 수 있다.

그럼에도 불구하고 커뮤니케이션 개념을 정의하자면, 커뮤니케이션이란 송신자가 어떤 메시지를 수신자에게 전달하는 것이고, 수신자의 반응 및 피드백까지 포함하는 개념이다. 송신자와 수신자는 개인 · 집단 · 조직이 될 수 있으며, 메시지는 언어 · 문자 · 기호 · 상징 · 감정 등 정보를 말하며, 피드백은 의미 이해의 교환 및 공유를 뜻한다. 그리고 여기서 메시지는 언어나 물질 또는 기술에 의해 전달되는 매체(미디어)까지 포함할 수 있다. 또한 메시지 의미의 이해는 메시지의 발신자와 수신자 간에 공통된 상징의 의미 체계를 갖고 있는 것을 전제로 한다. 아울러 의미의 이해는 발신자와 수신자 간의 문화적 · 인구 사회학적 · 인지적 범주의 차이가 크지 않아야 가능하다.

일반적으로 커뮤니케이션 개념 정의와 커뮤니케이션 모델은 사회과학 이론의 관점에서 세워진다. 몇 가지 주요 이론을 살펴보면 다음과 같다. 언어학과 생물학에서 출발한 구조 기능주의는 언어의 조직화와 사회 체계, 그리고 이 조직화된 체계들이 유기체처럼 스스로 유지하기 위하여 작동하는 방법을 강조하고 있다. 이 이론적 입장에서 커뮤니케이션이란 사람들이 타인에게 의미를 전달하기 위해 언어와 상징 체계를 사용하는 한 과정으로 간주된다. 그리고 심리학과 행위 과학에서 시작된 인지-행태 이론은 개인의 자극-반응 사이에서 발생하는 정보 과정을 강조한다. 따라서 커뮤니케이션은 개인들의 인지 과정, 생태 신경적 기능의 표현으로서 이해된다. 한편 상호 작용 이론에서 의미는 선험적 실체가 아니라 사회적 상호 작용의 결과로 본다. 따라서 이 이론은 언어와 다른 상징 체계들이 특정 사회 집단이나 문화 안에서 사회적 상호 작용을 통하여 어떻게 재생산·유지·변화하는가에 관심을 둔다. 해석 이론은 경험과 텍스트 속에서 커뮤니케이션이란 사회 구조적 의미를 이해하고, 비판 이론은 언어 등 커뮤니케이션이 어떻게 사회 이해 갈등의 이데올로기에 기여하고 지배를 영속화하는가에 관심을 둔다.

2. 커뮤니케이션 기본 모델

커뮤니케이션 현상을 보다 쉽고 빠르게 이해하기 위한 여러 모델들이 있다. 라스웰(H. D. Lasswell)의 공식, 쉐넌과 위버(C. Shannon & D. H. Weaver)의 수학적 모델, 슈람(W. Schramm)과 오스굿(C. E. Osgood)의 순환 모델, 댄스(F. Dance)의 나선형 모델, 그리고 뉴컴(Th. E. Newcomb)의 A-B-X 모델이다.

1) 라스웰의 공식

1948년 미국의 심리학자 라스웰이 연구한 모델은 초창기 커뮤니케이션 연구를 대표한다. 이 모델은 커뮤니케이션을 설득 과정으로 간주하며, 메시지는 반드시 효과를 수반한다는 것을 전제로 내세운다. 그는 "누가(Who), 무엇을(say what), 어떤 채널을 통해서(in which channel), 누구에게(to whom), 어떤 효과를 미쳤는가(with what effect)?"라는 간단한 질문에 대한 응답 형태로 커뮤니케이션 과정을 유형화시켰다.

송신자가 수신자에게 영향력을 행사하려는 의도를 지니고 있음을 당연시한다. 라스웰의 모델은 매스커뮤니케이션이나 특히 정치 선전 같은 커뮤니케이션을 설명하기에는 적절하지만, 인간 커뮤니케이션이 가지고 있는 상호 작용성과 피드백 요소를 충분히 고려하지 못한다는 단점을 지니고 있다.

2) 쉐넌과 위버의 모델

이 수학적 모델은 "최대로 전달할 수 있는 채널 유형은 무엇이고, 전달 과정에서 잡음(noise)에 의한 손실량은 얼마나 될까?" 등을 연구 과제로 삼는다. 소음원 때문에 송신자와 수신자 간에 주고받는 메시지가 동일할 수 없고 편차가 있음을 가정한 것이다. 이 모델에서 잡음원의 요소를 고려하여 커뮤니케이션 과정을 기술적으로 정확하게 파악하고자 하는 노력은 긍정적으로 평가받는다. 그러나 이 모델은 커뮤니케이션을 선형적 · 일방적 과정으로 설명한다는 단점을 가지고 있다. 따라서 전화·텔레비전 등의 기계적 커뮤니케이션 과정이 아닌 인간 커뮤니케이션을 설명하는 데에는 약점이 있다.

3) 오스굿과 슈람의 순환 모델

이 모델은 초창기 커뮤니케이션 개념의 선형적·일방적 성격을 극복하고 순환적 성격을 부여한 새로운 시각이다. 과거 모델들에서는 메시지 전달 과정에서 송신인과 수신인이 완전히 분리되어 분석되었다. 그러나 이 모델은 송수신인 양측이 모두 메시지의 기호화·해독화·해석이란 기능을 동일하게 수행하고, 피드백 요소를 적절하게 고려하고 있다. 따라서 이 순환 모델은 대인 커뮤니케이션과 같은 인간 상호 작용을 설명하는 데 유용하다. 그러나 커뮤니케이션을 하는 당사자들이 항상 동등한 수준에 놓여 있지는 않다. 인간 커뮤니케이션은 시간, 자원(resource)과 권력에 있어서 불평등하게 이루어지는 경우가 많다. 슈람의 모델은 이와 같은 불평등한 커뮤니케이션 과정을 설명하는 데에는 한계가 있다.

4) 댄스의 나선형 모델

나선형(helical) 모델은 슈람의 모델을 발전시킨 것으로, 자칫 간과하기 쉬운 커뮤니케이션의 역동적인 성격을 일깨워 주는 데 효과적이다. 다시 말해 커뮤니케이션 과정이 전방으로 이동하며 진행중인 커뮤니케이션은 후속 커뮤니케이션의 구조나 내용에 영향을 미친다는 사실에 주목한 모델이다. 예컨대 시간이 경과함에 따라 대화중인 두 사람은 서로에 대해 많은 정보를 얻게 되며 대화의 주제나 폭이 증대할 것이라는 것이다. 이는 후에 등장할 정보 격차 이론을 예증하는 모델이 될 수 있다. 이 모델은 커뮤니케이션을 하는 행위자(communicator) 개념을 다른 모델과는 달리 능동적·창의적·적극적 존재로 묘사한다는 장점을 지니고 있다. 그러나 슈람의 모델처럼 불평등한 커뮤니케이션 현상을 명확하게 설명하지 못하며, 상세한 분석의 도구로 사용되기에는 단순하다는 단점이 있다.

5) 뉴컴의 A–B–X 모델

A와 B는 두 사람을, X는 대상을 나타낸다. 커뮤니케이션은 세 요소간의 관계 변화에 대한 정보를 전달하여 적응·조화·안정을 추구하는 행위이다. 뉴컴에 따르면 둘 또는 그 이상의 사람들은 상호간 혹은 외부 환경에 대한 동시적인 정향을 갖도록 하는 데 커뮤니케이션이 필수적 역할을 한다. 이때 정보 제공 및 상호 교환의 커뮤니케이션 행위는 심리적 압박에 대한 학습된 반응이며, 불확실하거나 불균형 상태에서 더욱 활발해진다. 뉴컴의 커뮤니케이션 모델은 심리학자 하이더의 모델을 발전시킨 것으로서 개인이나 소집단 내의 커뮤니케이션 과정에서는 설명력이 높고, 주요 개념은 광고 및 설득 커뮤니케이션 등의 분야에서 이용된다.

앞의 모델들 이외에 의례 모델이 있다. 커레이(J. Carey)는 커뮤니케이션이 정보를 알리는 공리주의적 목적을 가진 행위라기보다는 공유된 신념들이 표출되는 축제적이고 장식적인 것으로 본다. 여기에서는 매체와 메시지도 잘 구분되지 않는다. 크리스마스트리의 이미지가 그 예가 될 수 있다. 또한 커뮤니케이션을 '구경거리'에 가깝고,

이용자는 구경꾼에 불과하다고 보는 구경거리의 모델도 있다.

3. 커뮤니케이션의 유형

커뮤니케이션 영역의 가장 일반적인 유형은 커뮤니케이션이 발생하는 수준에 따라서 인간 내부 커뮤니케이션, 대인 관계 커뮤니케이션, 집단 커뮤니케이션, 조직 커뮤니케이션, 매스커뮤니케이션, 국제 커뮤니케이션으로 나눌 수 있다.

1) 인간 내부 커뮤니케이션

인간 내부 커뮤니케이션이란, 인간 개인의 내면에서 양가 감정이 존재하는 심리적 상태를 지칭하는 커뮤니케이션이다. 흔히 개인적 차원에서 발설하기 전에 망설이는 상태에서 이뤄지는 자아 갈등의 심리적 커뮤니케이션을 말한다. 이는 아직 표출되지 않은 대내적 커뮤니케이션으로서 엄밀한 의미에서 사회적 커뮤니케이션의 유형에서 제외하기도 한다.

2) 대인 관계 커뮤니케이션

얼굴을 맞대고 두 사람 이상의 상호 관계에서 이뤄지는 커뮤니케이션이다. 면 대 면 커뮤니케이션 혹은 관계 커뮤니케이션이라고도 불리며, 피드백이 즉각적이고 비교적 정확한 커뮤니케이션이다. 개인들 사이의 '관계'가 이 커뮤니케이션의 키워드이다. 이 유형의 커뮤니케이션 연구는 1960년대 미국 캘리포니아의 베이트슨(G. Bateson)·와 츨라위크(P. Watzlawick) 등 팔로 알토(Palo Alto) 연구팀에 의해 시작된다. 이후 80년대 버군(J. Burgoon) 팀은 관계를 구성하는 지배·친밀감·호의·감정 유발의 차원을 강화 또는 약화하는 상호 작용의 형태로서 여러 가지 관계 측면을 발견한다. 레잉(R. D. Laing)은 개인의 커뮤니케이션 행위는 다른 사람과의 관계에 대한 인지에 의해 형성된다고 주장한다. 그는 사랑하는 또는 갈등하는 연인 커플 연구를 통해, 사람은 메타 관점에서 다른 사람의 생각·인지를 상상·추론하면서 대인 관계 커뮤니케이션이 형성된다고 본다. 한편 오해와 불만·불충분한 피드백은 억제된 자아의 노출을 유발하며 상호 이해의 대인 관계 커뮤니케이션을 형성한다는 이론도 60년대부터 70년대초까지 있었다. 그리고 70년대 밀러(G. Miller) 팀은 사회적 침투 이론을 내세우는데, 관계에 대한 보상과 대가를 고려하여 관계 유지가 동기화되면 더욱 긴밀하고 개인적 수준으로 관계의 폭과 넓이를 공유하는 대인적 커뮤니케이션이 이루어진다고 본다. 이후 관계의 갈등과 변화의 국면에서도 대인적 커뮤니케이션이 이루어짐을 보게 됨으로써 수정 이론은 변증법적 방향으로 발전하게 된다.

3) 집단 커뮤니케이션

집단 커뮤니케이션이란, 소규모 집단 내 의사 결정 방식을 말한다. '의사 결정'이 키워드이다. 집단 커뮤니케이션은 집단의 임무를 달성하기 위한 도구이자 집단의 유지와 결합을 위한 수단이 된다. 집단 커뮤니케이션은 하나의 투입-과정-산출의 모델로 파악될 수 있다. 즉 의사 결정에서의 투입은 정보와 집단의 자원, 임무의 성격을 포함하며, 과정은 집단의 상호 과정과 결정의 전개를, 그리고 산출은 완수된 임무와 해결된 문제를 수반한다. 그리하여 집단 커뮤니케이션 연구의 예로는, 집단 구성원들의 이질성(투입 변수)이 그 집단의 대화량에 미치는 영향, 상호 작용 유형(과정 변수)이 구성원들의 만족(산출 변수)에 미치는 영향 등의 조사 연구가 있다.

일반적으로 집단 내 임무와 대인 관계가 효과적으로 연결되어 있을 때 집단 통합 효과가 발생하여 집단 산출이 증대된다. 집단 내 갈등 해결과 성공적인 커뮤니케이션은 대인적 보상을 가져다 주기도 한다. 자니스(I. Janis)는 집단 응집력의 결과 집단 내 집단 사고(group think)가 존재한다고 본다. 이는 집단 결정을 합리화하고 낙관적인 분위기를 만들며 만장일치의 환상을 조성하는 한편, 집단 내 개인 의견에 대한 압력으로 작용하기도 한다.

소집단 의사 결정 이론들은 몇 가지 기본 개념을 발전시킨다. 즉 첫번째, 임무 요인과 사회 정서적 요인에 집단의 노력을 배분한다. 베일스(E. Bales)는 한 집단의 상호 작용 행동을 주의 깊게 연구한 결과 임무 기능과 사회 정서적 기능이 뒤섞여 있음을 발견한다. 두번째, 집단의 구조이다. 베일스는 집단의 상호 작용이 어떻게 진술(speech)의 유형에 의해서 형성되는가와 상호 작용의 역할이 그 진술에 의해 주어지는가를 보여 주었다. 세번째는 결정의 전개이고, 네번째는 그 효능에 관한 것이다. 소집단 커뮤니케이션 이론은 1980년대에 발전하였으나 대중화에는 성공하지 못했다.

4) 조직 커뮤니케이션

대규모 조직의 구조와 기능을 가능하게 해주는 네크워크를 말한다.

'네트워크'가 키워드이다. 네트워크는 체계적이고 위계적인 커뮤니케이션으로서, 관리자에 의해 공식적·비공식적으로 영향과 권력이 행사되는 채널이다.

몽주(P. Monge)와 그 동료들의 연구는 조직을 상호 의존과 투입·처리 및 산출 등의 관계에 있는 두 사람 이상의 체계로서 정의한다. 네트워크는 세 가지 측면, 즉 범위·기능·구조에 이해 특징지을 수 있다. 개인·짝·집단·조직이란 범위는 서로 네트워크로 연결된다. 그리고 네트워크는 생산·혁신·유지 커뮤니케이션 기능을 가진다. 즉 임무의 방향·조정 및 통제를 다루고, 제안이나 체계 변화 및 유지의 기능을 한다. 또한 구조적 측면은 메시지 전달에서 나타나는 규칙성과 패턴인데, 조직을 통한 정보의 흐름이 있다.

네트워크의 분석 수준으로 보자면 개인적 수준에서 수신되는 정보의 양, 그리고 짝의 수준에서 커뮤니케이션 방법, 시기·대상 및 내용을 알려 주는 규칙이 분석 대상이 된다. 집단적 수준에서는 권력 관계, 역할 분배, 리더십을 포함한 내재적 구조가, 마지막으로 조직적 차원에서는 조직 내 집단들 사이에 발생하는 반복적인 정보의 흐름이 분석의 대상이 된다. 이 네트워크상의 조직 구성원들은 교량·연락·고립 등의 역할을 수행한다. 조직 네트워크는 크기·중심성·밀도·연계도·다중성의 특성을 가지고 있다.

베버(M. Weber)는 조직을 어떤 구체화된 유형의 연속적이고 의도적인 활동 체계로 보며 관료제 이론을 편다. 관료제는 조직의 법규·권한·위계성 등에 기초한다. 권력이란 사회 관계에서 타인에게 미치는 영향력이고, 저항을 극복할 수 있는 능력이다. 권위는 조직의 규칙 및 규약에서 비롯된다.

인간 관계를 생산 및 관리 지향적인 관점에서 보는 리커트(R. Likert)

는 한 조직이 다음 네 가지 체계의 연속상의 어떤 지점에서도 기능할 수 있다고 주장한다. 첫번째는 착취, 권위적 체계, 두번째는 호의, 권위적 체계, 세번째는 협의적 체계, 네번째는 참여적 경영이다. 그는 마지막 네번째 체계에서 성취도와 책임감·의욕이 최고로 증진한다고 본다. 상향적·하향적 커뮤니케이션 모두 포함하고 있어 노동자와 경영진이 밀접한 관계를 맺고 서로 잘 이해하기 때문이다.

톰프킨스(P. Tompkins)와 체니(G. Cheney)의 조직 동일시 이론은 통제가 조직 내에서의 다양한 방식으로 존재함을 보여 준다. 그는 통제가 달성되는 과정을 네 가지 유형으로 보았다. 첫번째는 직접적이고 공개적인 힘의 사용인 단순 통제이다. 두번째는 기계와 테크놀로지 사용의 기술적 통제이고, 세번째는 조직의 절차와 규칙을 사용하는 관료주의적 통제이다. 네번째는 대인 관계와 팀워크를 사용하는 협동적인 통제이다. 한 조직 내에서는 네 가지 다양한 통제가 결합되어 나타나거나 단순 통제에서 강요되지 않는 통제인 협동 통제로 발전되어 가기도 한다.

관계이론가 위크(C. Weick)는 커뮤니케이션을 조직화를 위한 하나의 기초로 사용하고, 조직화 방법을 이해하기 위한 이론적 근거로 삼는다. 그는 조직이란 사람들이 계속적인 커뮤니케이션 과정을 수행하는 어떤 것으로 이해한다. 즉 조직 활동은 상호 연계된 행위 및 커뮤니케이션으로 구성되어 있는 것으로 본다. 조직화는 규정·선별·보존에 입각한 하나의 발전 과정이고, 그것은 주위에서 수용되는 정보의 불확실성을 감소시키는 기능을 하는 것이다.

5) 매스커뮤니케이션

　매스커뮤니케이션은 대중 매체를 통하여 불특정 대중에게 정보가 전달되는 사회적 현상이다. 다시 말해 대중과 대중 매체(매스미디어)에 의한 커뮤니케이션으로서, 대량 정보의 생산과 그 신속한 전달 및 대량 소비를 그 특성으로 갖는다. 매스커뮤니케이션 개념에서는 '미디어'가 키워드이다. 그리고 대중 매체는 인쇄 매체, 전파 매체, 시각 매체, 청각 매체, 뉴미디어 등을 지칭한다. 좀더 구체적으로 말해서 신문·라디오·텔레비전·비디오·영화·만화·책·광고 등을 말한다.

　매스커뮤니케이션의 기능과 효과 이론 및 게이트 키핑 이론에 대해서는 다음장에서 순서대로 설명하기로 한다.

6) 국제 커뮤니케이션

　정보 통신 기술과 다국적 기업의 팽창 등으로 국제적 미디어가 등장하여 국가간 커뮤니케이션이 활발하다. 국가 사이의 커뮤니케이션을 말하는데, 국가 조직이나 기업 등이 외교적·사업적·문화적 메시지를 주고받는 행위를 말한다. 그런데 커뮤니케이션의 국제적 유통에 있어서 정치·외교, 경제·문화적으로 약소한 국가들이 주권과 자율성을 침해당하고 선진 강대국에 종속되는 경향이 나타난다. 그리하여 중심 국가로부터의 커뮤니케이션 영향으로 주변 국가에서는 국가적·지역적·문화적 획일성이 증가한다.

　슈람(W. Schramm)은 세계적 거대 통신 회사들이 지배하는 국제 뉴스의 흐름이 매우 선택적이고 거의 일방적임을 보여 준다. 갈퉁(J. Gatung)과 루즈(M. Ruge)는 북반구 뉴스가 제3세계에 대해 불안정적이고 부정적인 이미지를 보여 준다고 밝혀낸다. 그리고 모왈라나(H. Mowalana)는 국제 뉴스 흐름의 중심 지역에서 주변 지역으로 일방적으로 유통된다고 주장한다. 뉴스원, 기삿거리, 전송 수단 등이 모두 북반구 국가들에 집중되어 있기 때문이다. 셉트럽(P. Sepstrup)은 텔레비전의 초국적화(transnationalization) 단계를 설명하는 모델에서 일시적·쌍방향적·다국적 유통을 구분하면서, 궁극적으로 콘텐츠가 수용자들의 사고·지식·행동 방식에 대해 어떤 효과를 주어야 초국적 커뮤니케이션이 일어나는 것으로 본다. 그의 연구에 의하면, 국가간 커뮤니케이션이 반드시 불균형을 이루는 것이 아니라, 지배적 텔레비전 프로그램 공급 국가가 다국적 콘텐츠 유통의 수용 국가가 되는 경향도 보여 준다.

한편 국제 뉴스 및 방송 프로그램의 유통과 초국적화 현상은 문화적·언어적 친근성과 지역적 접근성에 의해서도 영향을 받는다. 그리고 외국 콘텐츠를 모방한 자국산 콘텐츠에 의해서도 초국적화 현상이 나타날 수 있다.

제2장

매스커뮤니케이션 이론

매스커뮤니케이션 현상은 거시적 측면(미디어와 사회 구조)과 미시적 측면(개인 및 집단에 대한 미디어)에서 연구할 수 있다. 또한 매스미디어의 문화적 기능과 결과를 강조하는 이론과 개인에 미치는 이론으로 나누어 고찰할 수도 있고, 매스미디어의 장기적 효과 이론과 단기적 효과 이론으로도 나누어 고찰할 수 있다. 여기서는 매스커뮤니케이션의 기능(효과) 이론과 대인 효과 이론으로 나누어 설명하고자 한다. 그리고 이어서 매스미디어 폭력에 대한 사회 심리적 효과 이론과 매스미디어의 비판적 효과 이론도 설명하기로 한다.

1. 매스커뮤니케이션 기능 이론

1) 라스웰의 이론

1948년 제시된 라스웰(H. D. Lasswell)의 커뮤니케이션 기능 모델은 최초의 매스커뮤니케이션 이론으로 잘 알려져 있다. 라스웰은 미디어커뮤니케이션 기능을 다음 세 가지로 파악하고 있다. 첫째로 환경에 대한 정보 제공, 즉 환경 감시(뉴스) 기능, 둘째로 문제 해결을 위한 선택안 제시, 즉 상관 조정(correlation) 기능(편집 활동), 셋째로 사회화, 교육의 문화 전수 기능이다.

여기에 라이트(C. Wright)는 네번째로 오락 기능을 추가하여 라스웰 모델을 확장시켜 다음과 같이 각각의 기능을 설명한다. 한편 이 네 가지 기능 이외에 동원 기능이 더 추가되기도 한다.

여기서 환경 감시 기능이란 정보 제공 기능을 말한다. 대표적으로 뉴스를 예로 들 수 있다. 매스미디어가 제공하는 정보는 사회 규범을 강화하고, 권력을 정당화하며, 여론을 관리하는 기능을 한다. 그러나 그 정보가 때로 과장되거나 조작된 것일 때, 혹은 폭로적인 것일 때 사회 불안과 개인 불안을 야기할 수 있다.

상관 조정 기능은 편집상의 선택·해석·대안을 말한다. 사설·논평 등이 곧 그것이다. 매스미디어는 진정한 여론 형성이나 공익을 위해 노력하기보다는 강자를 위한 불공정한 해석이나 여론 조작에 기여할 때가 많다. 특히 정의롭지 못한 기존 질서에 대한 사람들의 반발을 무마하고, 순응성과 적응력을 높여서 그릇된 기존 질서를 유지하며 강화하는 데에 큰 역할을 할 수도 있다. 따라서 사회적 순응을 조장하고 비판 의식을 약화시킬 수 있는 잠재 기능을 내포한다.

문화 전수 기능은 매스미디어가 지속적인 사회화 과정을 통하여 사회적 결속과 통합에 기여하는 것을 말한다. 그리하여 아노미 현상을 감소시키는 기능을 하나, 때때로 가치와 사고방식을 획일화·표준화하여 문화의 다양성을 축소시키는 역기능을 하기도 한다.

오락 기능은 매스미디어가 대중에게 오락을 제공하여 휴식을 취하고 여가를 선용하게 하는 기능을 말한다. 미디어의 오락물 제공은 사람들에게 문화적 취향을 저급하게 만들 수 있고, 현실 도피적 환상에 빠져들게 함으로써 현실의 문제점을 잊게 만들기도 한다.

동원 기능은 매스미디어가 전쟁, 천재지변, 경기 침체 등의 시기에 국익과 공익을 위해서 사람들에게 특정한 사회적 가치나 행동 유형을 택하도록 촉구하는 기능을 말한다. 미디어에서 주관하는 재난 피해자나 불우 이웃 돕기 등의 프로그램이 그 예이다. 그러나 미디어의 동원은 항상 순수한 목적에서 이뤄지지 않고, 권력 투쟁이나 부당한 전쟁 등에 이용되기도 한다.

2) 카츠와 라자스펠드의 이론

1940년 라자스펠드(P. Lazarsfeld)의 선거 연구에서 시작된 2단계 유통 가설(two-step flow hypothesis)은, 미디어의 대인 영향력에 대한 1950년 카츠(E. Katz)와의 공동 연구에서 보다 구체화된다. 이 가설은 의견 지도자(opinion leader)로 알려진 개인들이 미디어로부터 얻은 정보를 동료들에게 전달한다는 것이다. 의견 지도자는 미디어 이용도가 높고 사교적이며, 타인에게 영향력이 있고 스스로 정보원이나 안내자의 역할을 부여받은 사람처럼 여긴다. 이러한 의견 지도자는 여러 직업 집단, 사회 집단 등에 존재하며 시대나 사건에 따라 변화된 모습으로 나타난다.

이 이론에서 주의할 점은 주제나 상황에 따라 정보나 영향력을 주고받는 역할이 분명하지 않으며 고정되어 있지 않다는 점이다. 의견 지도자 없이 개인은 미디어로부터 직접 영향을 받으며, 미디어 이외의 채널을 통해 정보를 얻는 경우도 많다. 뉴스나 소문 전파에서 보듯이 미디어와 최종 수용자 사이에 다양한 다단계가 존재한다. 정보는 직접적으로 미디어를 통해 전달되기도 하지만, 개인간 상호 작용과 다양한 네트워크에 의해 유통되기도 한다는 것이다.

3) 노엘 노이만의 침묵의 나선 이론

이 이론은 여론의 전개 과정에서 대인간 커뮤니케이션과 미디어가 함께 어떻게 작용하는지를 논증한다. 침묵의 나선이란, 자신들의 의

견이 대중적이라고 생각하는 개인들은 자신의 의견을 표명하는 반면
에, 그렇지 못한 개인들은 침묵하게 될 때 발생한다. 전자의 경우 여
론으로 발전하게 된다. 노엘 노이만(E. Noelle-Neumann)은 이 가설을
지지·검증하는 많은 사례 연구들을 하였다. 예를 들어 낯선 사람들
과 함께 탄 열차 내에서 어떻게 특정 주제에 대하여 토의하게 되는지
그 과정을 연구하였다. 지배적인 경향은 다수와 의견이 일치될 때 개
인은 자유롭게 토론을 벌이는데, 의견이 일치하지 않을 때에는 토론
을 회피하는 것이었다. 물론 한 개인의 의사 표현을 결정하는 다른
요소들도 있다. 젊은 사람, 지식이 많은 사람, 남자가 자신의 의견을
더 많이 노출하는 경향이 있다.

침묵의 나선은 승자의 편에 서는 문제가 아니라, 자신이 속한 사회
집단으로부터의 고립에 대한 두려움으로 야기된다. 자신에 대한 타
인들의 비판의 위협은 개인을 침묵시키게 만드는 강력한 힘이 된다.

따라서 노이만은 여론을 한 개인이 스스로 고립되지 않으려고 공공
연히 표명해야 하는 태도로 본다. 물론 고립이나 상황에 개의치 않는
예외적인 개인들도 있다. 그러나 보통 개인들은 미디어 앞에 무력감
을 느끼는데, 자신의 특정 견해에 대해 여론의 지지 확보가 어렵고,
잘못하면 미디어와 사회적 조롱의 대상이 되는 것을 두려워한다.

여론은 이렇게 대인 관계와 미디어에 의해 형성된다. 미디어는 다
양한 견해들 가운데 지배적인 견해를 명백히 하면서 여론을 알린다.
보통 개인은 미디어의 효과를 무의식적으로 받아들이고, 각자의 입장
에서 자신의 의견을 표현하거나 하지 않는다. '침묵하는 다수'가 처한
상황은 자신이 지배적 의견에 반대하는 소수에 속해 있다고 느끼게 되
는 상황을 지칭하는 셰프(T. J. Scheff)의 '다원적 무지(pluralistic igno-
rance)' 이론의 상황과 유사하다. 이 개념은 올포트(Floyd H. Allport)

등 사회심리학자들이 처음 만든 것인데, 다원적 무지는 어떤 이슈에
대해 소수의 의견을 다수의 의견으로, 혹은 역으로 다수의 의견을 소
수의 의견으로 오인하는 것을 말한다. 이 효과는 한마디로 쉽게 말해
서 '부화뇌동'의 효과와 같은 것이다.

침묵의 나선은 보편적 현상은 아니다. 맥락에서 고찰된다면 이것은
지배적 집단의 헤게모니와 이데올로기의 한 요인이 될 수 있다. 이 이
론은 인간과 미디어에 대한 너무 비관적 관점을 취하고 있다는 비판
을 받기도 한다. 모스코비치(S. Moscovici)는 침묵하는 다수보다 '목
소리 큰 소수'에 더 관심을 가져야 한다고 주장하는데, 이 소수가 공
동체적 삶에서 창조적이고 혁신적인 역할을 하기 때문이다.

4) 거브너의 배양 이론

이는 거브너(G. Gerbner)와 그의 동료들의 이론인데, 텔레비전이 사
회 구성원들의 공통 가치와 경험을 형성하는 효과가 있다는 이론이
다. 그들에 의하면, 텔레비전은 반복적인 메시지와 이미지들로 개인
의 선입견·가치·선호 등을 배양(cultivation)하여 공통적인 상징적 환
경의 주류를 형성한다.

텔레비전은 장기간에 걸쳐 사회 구성원들에게 현실의 이미지나 인
지 방법을 계발한다. 그리고 텔레비전을 많이 보는 사람들과 적게 보
는 사람들 사이에 현실 인식의 차이가 있는데, 전자의 경우 현실 인
식 정도가 실제 현실과 일치하는 경향을 보여 준다.

텔레비전의 폭력 프로그램들을 많이 보는 사람은 세상을 악하고 부
정적으로 보고 사람을 불신하는 경향이 있는 반면에, 경찰을 과대평
가하는 생각을 갖고 있다. 즉 텔레비전을 많이 보는 사람은 현실 세

계와 텔레비전을 통한 현실에 대한 믿음의 괴리를 많이 보여 주는데, 이는 텔레비전이 현실 구성의 기능을 하고 있다는 것을 방증한다.

텔레비전을 통하여 한 사회의 문화가 동질화되며 주류화된다. 배양은 텔레비전 시청의 결과이지만 보편적 현상은 아니다. 시청자들마다 텔레비전 이외의 다른 요소들과 상호 작용하며 영향을 받을 수 있으므로 텔레비전 배양 효과를 측정하기 어려울 수 있다. 다만 텔레비전에 노출이 많은 사람들이 적게 노출한 사람들에 비해 주류화의 경향을 보인다는 것이다.

그러나 이 이론은 다음과 같은 점에서 비판받는다. 먼저 배양 효과가 실제로 확인하기 어려운 포괄적 가정이란 점이다. 그리고 이 이론이 모든 집단과 모든 시청량에 적용되지 않을 수 있다. 그리고 인과관계가 분명하지 않는 경우도 있는데, 수용자는 기존 믿음을 강화하기 위해 텔레비전 시청을 하기도 한다. 메시지나 텍스트의 힘보다는 수용자의 의미 구성이 더 중요한 것이다. 또한 개인의 문화적 가치, 신념은 교육과 같은 다른 요인들에 의해 배양 효과가 나타날 수 있다.

5) 의제 설정 이론

쇼(D. Shaw)와 매콤스(M. McCombs)는 개인들의 인식 변화에 영향을 미쳐 사고를 구조화하는 능력이 매스커뮤니케이션의 의제 설정 기능이라고 설명한다. 의제 설정은 대중에게 화제되는 것이 무엇이며, 중요한 사회 쟁점 및 이미지들을 형성해 준다. 대중은 이를 그대로 받아들이며 학습하게 된다. 의제 설정은 미디어의 보도 내용과 방법이 게이트 키핑 시스템에 의해 선택적일 수밖에 없기 때문에 발생하는 것이다.

보다 더 진전된 로저스(E. M. Rogers)와 디어링(J. W. Dearing)의 모델에 따르면, 미디어의 의제 설정은 이슈의 우선 순위를 결정하고, 공중 의제(public agenda)와 정책 의제(policy agenda)에 영향을 미치거나 상호 작용을 한다. 수원(K. Suin)과 보레(O. Borre)는 덴마크 선거 캠페인 조사 연구에서 매체 의제의 기능이 공중 의제를 반영하는 대리 효과가 있고, 공중에게 똑같은 의제가 유지되는 지속 효과가 있으며, 공중 의제에 영향을 미치는 설득 효과가 있음을 보여 준다.

미디어 의제는 미디어 내부의 프로그램, 편집, 운영 인사들, 미디어 외부의 정부 요인 등의 영향력에 의해 설정된다. 또한 미디어 의제 설정은 매체의 가치를 공유할 때, 그리고 매체에 대한 신뢰도와 공중 개개인의 인식과 갈등 정도에 따라 그 영향력이 결정된다.

미디어 의제 설정에는 미디어 외부의 권력 관계가 존재한다. 강한 미디어와 강한 권력 관계의 경우, 둘 사이에 견해가 일치한다면 강한 공중 의제 설정을 하는 기능을 하지만, 일치하지 않는 경우 큰 갈등이 발생한다. 약한 미디어와 강한 권력의 경우, 권력은 매체를 통제하고 이용하게 된다. 강한 미디어와 약한 권력이 만날 경우 미디어는 자신들의 의제 설정에 큰 책임을 지게 된다. 마지막으로 미디어와 권력이 모두 약할 때, 공중 의제는 미디어나 권력자들보다 사건 그 자체에 의해 설정된다.

이 이론은 미디어와 쟁점 부각이 인과적으로 연계되지 않는 점도 있다. 사실상 미디어의 의제 설정은 원인이 아니라 결과의 반영일 수도 있다. 이슈는 미디어와 수용자의 상호 관계를 밝혀 주지만, 미디어 선택 여하에 따라 수용자가 좌우된다는 것을 의미하지는 않는다. 즉 의제 설정이 수용자의 개인적 의제에 직접적으로 작용하는 미디어 효과를 기대하는 것인지는 불분명하다. 미디어 메시지가 개인적 경험과 일치하지 않는 경우가 있고, 개인에 따라 메시지에 서로 다른 평가를 내릴 수 있다. 그리고 신뢰성에서 편차를 보이는 미디어들이 모두 동일한 효과를 가져오지 않는다. 한편 미디어의 의제 설정이 수용자들의 욕구에서 비롯된 것인지의 여부도 모호하다.

6) 제3자 효과 이론

매스커뮤니케이션의 메시지 효과가 자신에게는 영향을 미치지 않지만 다른 제3자에게 강하게 미칠 것이라는 데이비슨(W. P. Davison)의 가설이다. 데이비슨은 다음과 같은 사례를 든다. 제2차 세계대전 당시 이오지마 섬에서 일본군의 선전물을 미리 접한 미군 백인 장교가 흑인 병사들에게 미칠 영향력을 고려하여 미리 철수한 예이다. 그리고 경쟁 정당의 선전물을 보고 유권자에 미칠 영향력을 고려하여 지지하는 후보 선거 운동에 보다 더 적극적으로 나선 선거 운동원의 사례를 든다.

똑같이 매스미디어에 노출되어도 다른 사람들이 자신보다 더 영향을 받을 것이라는 생각은, 특히 전문가 집단이나 경험과 연륜을 갖춘 집단이 갖기 쉬운 경향이 있다. 이들에게 자신은 어떠한 프로그램이라도 이해하고 판단할 수 있는 능력을 갖고 있지만 타인들은 그렇지 못할 것이라는 생각이 지배적이다. 이와 같이 편향된 지각과 판단은 수용자들의 태도 변화를 가져올 수 있다. 1995년 건서(A. C. Gunther)는 타인에게 미디어 영향이 더 클 것이라고 생각하는 수용자일수록 검열에 우호적인 태도를 보인 경향이 있음을 제시한다. 이렇듯 제3자 효과론은 유해한 미디어 프로그램이나 선거 조사 보도, 여론 조사 보도 등의 부정적 결과를 의식하여 검열이나 규제에 호의적인 여론 형성에 기여하게 되고, 심지어 이를 정당화하기도 한다.

이 가설은 정책 선전이나 여론 조사 등 기타 사안에 대해 여론 형성이 가능해질 수 있는 조건 가운데 하나가 된다. 공식 선거 기간중 여론 조사 결과를 발표하지 못하도록 규제하는 이유도 바로 미디어의 제3자 효과 이론을 고려한 것이라고 볼 수 있다. 실제로 제3자 효과는 언론인이나 정책입안자들의 게이트 키핑 과정에 개입할 수 있는 효과 가운데 하나이다.

2. 매스미디어의 대인 효과 이론

매스커뮤니케이션의 이론화 작업에서 가장 많은 부분이 효과에 관한 것이다. 초기의 미디어 효과 이론은 자극-반응 원리에 의거한 모델이다. 이 모델은 메시지와 수용자 간에 매우 높은 상관 관계가 존재하며, 그 예측도 가능한 것으로 본다. 그리고 대중 매체가 대중 수용자에게 즉각적이고 강력한 영향력을 미친다는 점을 강조하기 위해 미디어 효과는 '마술 탄환'이나 '피하 주사'에 비유되곤 하였다. 이 모델의 가정과 주요 특징은 다음과 같다.

이 모델은 개인을 원자화되고 수동적인 존재로 보고, 영향력 있는 자나 기관의 의도에 따라 캠페인을 수행하여 수용자의 행위를 유도할 수 있다는 가정을 한다. 주요 특징으로는 미디어의 메시지가 다수의 주목을 끌기에 적합하게 재생산과 유포 기술 발달에 의해 대량 제작, 대량 배포된다는 점을 들 수 있다. 그리고 매체 송신자와 수용자 간의 직접 접촉이 이뤄지며, 그 접촉 빈도를 효과와 동일시하는 경향이 있다. 그리고 수용자 개개인은 그 규모와 가치에 있어서 동일하게 취급되는 경향이 있다.

자극 반응 이론은 매스커뮤니케이션을 지나치게 단순화한 것으로 묘사하지만, 이후 매스커뮤니케이션 이론의 기초가 된다. 이 이론은 매스커뮤니케이션을 단순히 설득 과정이란 개념으로 파악하고, 미디어를 막강한 영향력을 가진 존재로 인식한다. 따라서 수용자는 주체적인 판단이나 의지가 없는 수동적·무저항적 존재로 간주된다. 즉 익명적 집단으로 조직화되어 있지 않고, 상호 작용도 없으며, 고립된 존재로서 미디어의 강력하고 획일적인 메시지 전달에 획일적인 반응을 보이는 수용자로 인식되고 있다.

드플로어(M. DeFleur)는 이 자극 반응 모델을 수정하여 수용자의 퍼스낼리티르 중개 변인으로 포함시킨 매스커뮤니케이션의 개인차 이론을 제시한다.

자극과 반응 모델은 효과 정도에 따라 강효과 이론이나 약효과 이론으로 발전된다. 사회적으로 불안정한 시기에는 미디어의 효과가 크게 나타났다. 양차 세계대전과 경제 공황 등을 겪었던 1920~40년대 중반까지 강효과 이론이 지배적이었다. 사회가 변화나 위기의 불안정한 상황에 처해 있을 때 사람들은 더욱 정보에 의존하게 된다. 그리고 대중 매체에 대해 선전·통제력을 행사할 수 있는 권력 기관일수록 매체의 큰 효과를 볼 수 있다.

그러자 1950~60년대 들어서는 미디어 효과가 제한적이라고 인식된다. 즉 미디어 정보가 수용자의 다양한 변인들에 의해 중재됨으로써 그 효과가 제한적으로 된다. 이 당시 이론들은 중효과 이론으로도 불린다. 그러나 1970년대와 80년대에는 또다시 미디어의 강력한 효과 모델로 바뀌게 된다.

미디어의 제한적 효과 이론의 시작은 클래퍼(J. Klapper)의 선택적 노출 가설이다. 그는 수용자들이 그들의 태도와 준거틀에 일치되는 정보를 택한다고 하여 미디어의 제한적 효과를 주장한다. 이어 이용과 충족 이론이 대표적인 제한적 효과 이론으로 등장한다. 그러나 이 모델들은 선형적 패턴에 입각하여 미디어에 대한 여러 사회적 요소들과 다른 종류의 효과들을 고려하지 못하고, 개인적 태도와 의견에 대한 효과들에만 주목하는 단점이 있다.

1970년대 이후 대표적인 미디어의 강효과 이론은 노이만의 침묵의 나선 이론이다. 노이만은 제한 효과 이론이 미디어에 호의적인 학술적 저널리스트들의 미디어 연구에 대한 미디어의 영향, 이데올로기라고 비판한다.

1) 이용과 충족 이론

이용과 충족 이론은 수용자를 능동적인 선택자라는 관점에서 출발한다. 즉 이 이론은 수용자의 메시지 사용이 효과 과정에서 중재 변인으로 작용한다고 가정한다. 수용자는 자신의 욕구를 충족시키는 방법을 알고, 이를 충족시키기 위해 미디어를 선택한다. 또한 수용자는 미디어 이외 것들도 욕구 충족의 수단으로 선택하기도 한다.

팜그린(P. Palmgreen)과 그의 동료들은 기대-평가(expectancy-value) 이론에 기초하여 이용과 충족 이론을 완성한다. 이들은 미디어 자체와 그 미디어가 제공하는 메시지 가운데 몇몇 부분에 관한 개인적 신념과 평가에 의해 욕구 충족을 정의한다. 예를 들어 수용자는 어떤 특정한 미디어의 특정 프로그램이 제공하는 메시지를 기대하고 이를 믿고 있으면, 그것을 좋은 것이라고 평가할 것이다. 반대로 그 프로그램 자신이 신념과 평가에 비춰 나쁜 것이라고 생각하면 시청을 회피할 것이다. 이렇게 수용자 개인의 가치·신념·평가가 미디어 선택에 있어서 긍정적 혹은 부정적일 수 있다.

이용 충족 이론은 지나치게 기능적이고 사회 정치적 측면에서 미디어의 역기능을 무시한다는 비판을 받는다. 그리고 수용자의 능동성을 지나치게 강조하고, 미디어 내용 자체에 대한 고려가 부족하다. 또한 이용 충족이란 도구적 개념도 비판받는다. 즉 미디어 소비를 매우 합리적이고 심리적이며 개인적인 것으로 본다. 그러나 실제로 미디어 소비는 분별없고 관습적인 대중 소비 형태로 이뤄지기도 한다.

2) 의존 이론

제한 효과 이론과 강력한 효과 이론이 상반된 것은 아니다. 발 로키치(Ball-Rokeach)와 드플로어에 의해 최초로 제안된 의존 이론은 초기 효과 이론들을 보완하기 위해 미디어·수용자·사회 체계의 통합적 관계를 제안한다. 이 이론의 핵심은 수용자가 욕구 충족을 위해 미디어 정보에 의존하게 된다는 것이다. 미디어 정보에 대한 수용자의 의존 정도에 영향을 미치는 두 가지 요소가 있다. 첫째는 어떤 미디어의 정보에 대한 한 집단의 의존 정도는 미디어가 그 집단에 더욱 핵심적인 정보를 제공함에 따라 증가한다는 점이다. 그리고 둘째는 사회 변화와 갈등이 높을 때 수용자는 기존 제도·신념·관행을 재평가하고 선택하도록 강요받는다. 그 경우 정보 획득을 위한 미디어 의존성은 더욱 증가하게 된다. 반면 사회가 안정적일 때에는 미디어 의존성이 낮아진다. 이렇게 미디어 효과는 수용자 미디어에 의존하는 정도에 따라 다르게 나타난다.

사회 제도와 미디어는 수용자와 상호 작용하며, 개인의 미디어 정보 욕구와 효과를 만든다. 그리고 수용자 개인의 정보 욕구와 그 이용 목적 및 방식에 따라 특정 미디어에 대한 의존성이 높아질 수 있다. 예를 들어 교외 출퇴근자가 라디오의 뉴스 정보에 의존하거나, 젊은 수용자층이 음악이나 영화 등 특정 프로그램에 종속되는 현상이다.

의존 이론은 이용 충족 이론과 다른 강력 효과 이론을 중재하는 노력을 보여 준다. 이 이론은 미디어와 미디어 이용의 다양하고 복잡한 상호 작용을 보여 주며, 상황에 따라 미디어 효과에 반응하는 개인간 차이를 설명해 준다. 이 이론은 상황 의존 모델이라고 할 정도로 구조적 상황과 역사적 환경에 관심을 기울인다. 그러나 미디어를 사회 체계나 권력으로부터 중립적이고 독립적인 것으로 과장하고 있다는 비판을 받기도 한다.

3) 지식 격차 이론

지식 격차 이론 또는 정보 격차 이론들은 대중 매체가 대중에게 충분히 동질의 정보를 제공한다는 단순하고 과장된 믿음에 대한 반발로서 등장한 것으로 보인다.

티치너(P. Tichenor)와 그의 동료는 한 사회에서 정보 흐름이 증가하면, 사회 경제적·교육적 수준이 높은 사람들이 그렇지 못한 사람들보다 정보를 받아들이기에 유리하여 정보의 증가가 지식 격차를 심화시킨다는 지식 격차 가설을 제시한다.

로저스는 매스커뮤니케이션 정보가 단순히 지식 격차만을 유발시키는 것이 아니라, 개인의 태도와 행동과 관련된 격차까지 유발시킨다고 주장한다. 그는 이것을 '커뮤니케이션 효과 격차'라고 바꿔 부르고, 매스커뮤니케이션 이외에 개인간 직접 커뮤니케이션이나 다른 요소들이 그같은 격차 요인으로 작용할 수 있다고 설명한다. 그리고 매체 가운데 텔레비전은 다른 매체에 비해 정보 격차를 줄이고, 전달 내용의 동질성이 강한 정보원이다.

노왁(K. Nowak)과 그의 연구팀은 정보 격차 효과가 소위 '커뮤니케이션 잠재력'에 달려 있음을 설명한다. 이 용어는 커뮤니케이션 과정을 촉진시키는 자원을 의미하는데, 이는 구체적으로 지식과 능력 등 개인적 특성, 경제·교육 등 사회적 지위, 그리고 1,2차 소속 집단의 특성 등을 말한다. 정보 격차는 정보의 양이라기보다 개인이 수용하고 전달하는 정보의 내용인 것이다.

4) 수용분석 이론

수용분석 이론의 전통은 비판 이론, 기호학, 담론분석 등의 연구에서 발전한 이론이다. 젠센(K. B. Jensen)은 대중 매체 수용은 일상적 커뮤케이션의 복합적 측면이어서 사회적이고 담론적인 내용의 관점에서 연구해야 한다고 주장한다. 수용분석 이론은 앞에서 설명한 사회과학적 이론들과는 달리 메시지란 텍스트 내용에 대한 의미를 부여하는 수용자의 위치를 강조한 이론이다. 즉 미디어 메시지 내용의 의미 귀속이나 구성을 수용자의 관점에 위치시키는 것이다.

홀(S. Hall)은 비판 이론적 관점에서 메시지의 송신에서 수용에 이르기까지의 변형 단계에 주목한다. 그에 따르면, 미디어와 미디어 메시지는 이데올로기적으로 기호화·조작화되어 있다. 메시지는 선호된 해독이 내포되어 있으므로 수용자는 자신의 경험과 관점에서 변형

적으로 해독하거나 저항적으로 해독함으로써 이데올로기에 저항할
수 있다.

　수용분석 이론은 메시지 의미의 다원성에 대한 강조와 의미 결정에
있어서 수용자 우선이란 점에서 다른 이론들과 차이를 보이고 있다.
담론분석 모델도 이와 같은 맥락에서 미디어 메시지를 수용자가 부
여한 의미가 혼재된 의미 구성체로 보고, 텍스트의 다의성을 강조한
다. 수용분석 이론은 개인이나 소규모 집단을 넘어 일반화하기엔 무
리가 따르지만, 이용과 충족 이론을 보완할 수 있는 하나의 이론이 될
수 있다.

3. 매스미디어 폭력의 사회 심리적 효과 이론

1) 카타르시스 이론

　이는 미디어의 폭력물을 시청함으로써 수용자 개인은 대리 만족감
을 얻고 좌절감이나 폭력성을 해소하는 효과가 있다는 가설이다.

2) 자극적 효과 이론

　이는 카타르시스 가정과는 반대로, 폭력물에 노출된 시청자가 자
극을 받아 즉각적인 반응을 보이며 폭력적으로 된다는 이론이다.

3) 모방 이론

수용자가 폭력물에 즉각적으로 흥분하여 반응하는 것이 아니라 학습하고 모방할 때 비로소 폭력적으로 된다는 이론이다. 벤듀라(A. Bandura)의 보보(Bobo) 인형 연구는 어린이들이 보는 앞에서 어른들이 인형에 공격적 행위를 한 후, 아이들의 인형에 대한 모방 태도를 관찰한 것이다. 폭력물의 모델과 자신을 동일시할수록 모방 경향이 커진다는 것을 보여 준다.

4) 강화 이론

폭력적 기질이 있거나 폭력적 환경에 놓여 있는 어린이들만이 폭력물에 노출될 때, 폭력 성향이 강화되어 폭력이 일어날 가능성이 증대한다는 이론이다. 이때 강화적 반응은 자극을 학습한 결과이다. 때로는 행동을 직접 강화시키는 것이 아니라, 공격적 행동으로 갈등을 해소할 만한 도덕적 가치가 있는 것으로 특정한 가치를 받아들이게 함으로써 행동을 강화시킨다.

5) 민감화 이론

모방설과 반대되는 이론인데, 시청자들이 폭력에 강하게 반응하면서 충격 때문에 그 결과 폭력을 모방하기 힘들게 된다는 이론이다. 이는 폭력에 대한 두려움과 희생자에 대한 동정심 때문에 발생한다. 예를 들어 베트남 전쟁 영화나 뉴스는 공포를 민감화시킴으로써 전쟁

지지 의사를 잠식시킨다.

6) 둔감화 이론

위의 반대로 폭력물에 많이 노출될수록 둔감하게 되고, 덜 흥분한다는 이론이다. 예를 들어 베트남 전쟁물을 본 사람은 다른 전쟁물을 보아도 무감각해진다.

4. 매스커뮤니케이션의 비판적 효과 이론

앞에서 주로 설명한 실증적 효과 이론과는 달리 매스미디어의 효과를 국가 권력 또는 사회 체제 유지와 관련하여 지속적이고 장기적인 인지 효과로 보는 비판적 효과 이론들이 있다. 이러한 매스미디어의 인지 효과는 곧 이데올로기적 효과이므로 비판적 효과 이론들을 이데올로기 효과 이론이라고 말할 수도 있다.

매스미디어는 비교적 일관된 생략과 반복의 관행을 통해서 대개 지배 세력의 입장에 기초하여 지배 세력의 지배 이데올로기를 보편화시킨다. 이것이 매스미디어의 이데올로기적 효과이며, 그것은 곧 지배 세력의 지배를 유지시켜 주는 역할을 한다.

이에 관해서 스튜어트 홀(S. Hall)은 매스미디어에서 다뤄지지 않는 문제들이 무엇인지, 왜 특정한 해답을 가진 문제들이 똑같은 형태로 계속되는지, 그리고 특정 문제에 대해 매스미디어에서 다룬 것 이외에 다른 무엇이 다뤄질 수 있는지 등을 자세히 살펴보지 않는 한 매스미디어의 여러 관행이 너무도 평범하고 자연스러워서 보통 사람들은 그 실체를 거의 알 수 없다고 지적한다.

미디어의 이데올로기적 내용이 생산되고 수용되는 메커니즘을 밝히려는 비판적 효과 이론들은 다음과 같이 크게 네 가지 입장들로 나누어진다.

1) 정치 경제학적 입장

경제분석을 중요시하는 이 입장에 따르면, 이데올로기는 사회의 경제 구조에 좌우된다. 즉 매스미디어의 내용은 시장에서 많은 이윤을 얻어야 한다는 압력에 따라서 만들어진다는 것이다. 그러므로 매스미디어의 소유주와 정책결정자의 경제적 이익이 매스미디어의 내용을 결정하게 된다.

2) 문화주의적 입장

이 입장은 경제 구조로부터 이데올로기의 독립성을 주장하면서 이데올로기를 전달하는 문화에 더 큰 관심을 기울인다. 대중 문화가 사회의 저항 세력을 어떻게 통합하고 굴종시키는 역할을 하고 있는지, 사회의 여러 집단들이 그 속에서 어떠한 경험을 하게 되는지 등에 숨어 있는 의미를 밝히고자 하는 것이다.

3) 구조주의적 입장

소쉬르와 바르트의 언어 이론에 의거하여 이 입장은 매스미디어의 숨겨진 의미와 그 의미의 심층 구조 및 표출 양태의 분석을 통해서 개인들의 삶의 실제적인 조건이 어떻게 왜곡되어 나타나는가에 관심을 기울인다.

4) 문화 산업론적 입장

이는 독일 프랑크푸르트학파가 처음 제시한 이론으로 대중 문화가 이윤을 추구하는 산업 활동의 결과라는 사실에 주목한다. 즉 대중 문화는 대중의 자연적 욕구의 산물이 아니라 이윤을 위해 조작된 욕구의 산물이라는 것이다. 이 이론은 대중 문화가 대중이 원하는 것을 제공한다고 말하지만 실제로는 이윤에 대한 계산 때문에 공허한 내용, 무의미한 사실, 기존 질서의 가치관에만 집착한다고 비판한다. 이는 경제·사회적 구조와 이데올로기의 밀접한 상호 작용을 강조하는 것이고, 매스미디어가 이윤을 위해서 체제 유지적인 이데올로기 기능을 하고 있음을 지적한다.

제3장

신문과 뉴스

1. 신문의 역사

신문의 역사는 1500년대 부정기적인 인쇄 신문 《플러그블라트 *Flugblatt*》의 등장으로 유럽에서 시작된다. 이후 주간 신문들이 유럽 각지에서 발간되다가, 1660년 독일 라이프치히에서 《아인코멘데 차이퉁 *Einkommende Zeitung*》이란 일간 신문이 최초로 발간되었다. 그 후 1702년 영국, 1777년 프랑스, 1783년 미국에서 각각 최초의 일간지들이 발간되기 시작했다.

신문은 인쇄술과 교통의 발달, 그리고 산업화 및 도시화의 결과로 독자층이 증가함에 따라 발행 부수가 증가하며 눈에 띄게 발전하였다. 미국에서는 1830년대에 1페니짜리 《페니 페이퍼 *penny paper*》가 등장하여 본격적인 신문의 대중화 시대를 열기 시작했다. 이 무렵부터 신문은 구독료 이외에 광고 게재료에 의존하게 되었으며, 가판대 등 배포 유통망이 확장되었다. 뉴스 기사의 구성도 보다 체계적으로 발전하였으며, 외국 특파원을 두기도 하였다.

19세기 말엽부터는 신문의 기업화 현상이 두드러지며 경쟁사를 의식하여 기사 내용도 연성 기사와 선정적 기사들이 많이 게재되었다. 그리하여 황색 언론(yellow journalism)이란 오명을 쓴 신문들도 나타났다. 황생 언론이란 말은 퓰리처가 《뉴욕 월드 *New York World*》지에 연재한 인기 만화 주인공 엘로우 키드에서 비롯되었는데, 이 신문과 경쟁하는 《모닝 저널 *Morning Journal*》 간의 선정적 기사의 경쟁을 조롱하는 용어가 되었다. 황색 언론은 치열한 경쟁 속에서 선정적이고 비정상적인 기사, 가십, 사진, 만화 등을 게재하며 추문 들추기식 폭로 저널리즘(muckraking journalism)을 탄생시키기도 하였다.

20세기 이후 신문사들은 타블로이드판 신문을 만들며 경쟁 속에 합병과 병합을 겪으면서 현재까지 이르렀다. 그 사이 신문은 소규모 신문, 전문 신문, 대항 신문 등 지역·직업·집단의 성격에 따라 다양한 형태의 종류로 분화하며 발전하기도 하였다. 그런 가운데 미국에서는 《뉴욕 타임스 *New York Times*》나 《워싱턴 포스트 *Washington Post*》 같은 고급 일간지가 탄생하여 오늘날까지 굴지의 명성을 유지하고 있다.

21세기 신문 역사에 있어서 주목할 만한 점은 전자 신문의 성장이다. 전자 신문은 20세기말부터 컴퓨터와 인터넷 보급의 대중화와 세계화로 인해 탄생하여 폭발적인 성장 추세에 있다. 머지않아 종이 신문의 종말이 도래할 것을 예고하면서 전자 신문은 신문사 조직과 경영의 형태 및 인터넷 이용자의 구독 형태에 일대 변화를 가져오면서 증가 일로에 있다.

한편 한국의 신문 역사는 1881년 《조선신보》, 1883년 《한성순보》로부터 시작된다. 이후 1896년 《독립신문》이, 1898년 《매일신문》이란 종합 일간지가 탄생한다. 일제하 외국인 자본으로 탄생한 신문사들도 있지만 순수 국내 자본으로 만든 신문들도 있었다. 1898년 창간한 《황성신문》은 1905년 을사조약 체결 후 '시일야방성대곡(是日也放聲大哭)'이란 사설을 게재하여 일제 침략을 비판하다가 관련자들이 체포당하고, 신문은 정간 처분을 당하기도 하였다. 영국인이 발행하는 《대한매일신보》도 일본에 저항적인 신문이었다. 1910년 한일 병합 이후 많은 신문들이 강제 폐간되었다가 1920년에 이르러서야 《조선일보》《동아일보》 등 새로운 민간지들이 탄생하였다. 당시 시대 상황 때문에 우여곡절을 겪은 이 신문들마저 1940년에 폐간당하였다.

해방 이후 미군정하에 언론사들이 복간, 창간되고 5·16 쿠데타 전까지 비교적 자유로운 언론 시대를 누렸다. 이후 군사 독재 시대에 신문사들은 강제 통폐합 등으로 권력의 통제하에 들어갔고, 언론 활동은 급속도로 위축되었다. 1981년 전두환 정권은 언론 통폐합으로 비판 언론을 잠재우고 어용 언론을 지원하는 정책을 실시하였다. 이후 주로 재벌들이 신문의 대주주로 나서 경영권을 행사한다. 1988년 국민주 같은 성격의 《한겨레신문》이 창간되고, 1990년대 이후로 신문사간의 자본 축적과 치열한 경쟁이 시작되었다. **IMF** 이후 재벌은 하나둘씩 신문 사업에서 손을 떼기 시작했으나, 아직도 상당수 재벌들이 직·간접적으로 지방 신문·방송 등의 언론 사업을 하고 있다.

오늘날 한국 신문은 《조선일보》《중앙일보》《동아일보》라는 3대 종합 일간지가 신문 시장을 지배하게 되었다. 2000년 이후 김대중 정권은 언론사 세무 조사로, 노무현 정권은 일련의 언론 관련 개혁법으로 여론과 신문 시장의 독과점 체제에 제동을 걸기 시작했다. 각 신문의 실제 판매 부수와 구독자의 분포를 공개하여 합리적인 광고료 산출을 가능케 하는 **ABC** 제도(Audit Bureau of Circulations System)가 실시되었다. 한국 신문의 문제점은 지방지가 매우 약하고, 선진국에 비해 구독률도 낮으며, 전문 기자가 부족하고 신문 내용상 정치 기사의 비중이 크다는 점이다.

21세기는 한국에 무료 신문과 인터넷 전자 신문이 화려하게 등장하는 시대를 열었다. 《메트로 *Metro*》 등 무료 신문지들이 길가에 무수히 배포되고, 《오마이 뉴스》 같은 새로운 인터넷 전문 언론사들이 속속 등장하는 등 바야흐로 한국 신문 시장은 새로운 시장 경쟁 상황에 돌입하게 되었다. 각 신문사들은 아날로그 신문과 디지털 신문 체제라는 이중의 신문 제작 시스템을 갖추고 새로운 신문 시대에 적응하기 시작하였다.

2. 신문의 특성

우선 신문은 전파 미디어에 비해 기록성과 보관성이 뛰어나다. 물론 전파 미디어도 녹음과 녹화를 통해 뉴스나 프로그램을 저장하고 재생할 수는 있으나, 신문은 별도의 장치 없이 기록과 보관 및 반복 구독이 용이하다는 장점을 지닌다. 그러나 발전된 디지털 미디어에서는 방송 프로그램도 순간 저장이나 재생 등이 간편하게 조작되어 기록과 보존 면에서 점차 신문과 경쟁 매체가 되어가고 있다.

또한 다른 인쇄 미디어에 비해 정기적 발간을 한다는 특성을 지닌다. 물론 일정한 시간 간격으로 발행되는 잡지 등 정기 간행물들도 있으나 매일 뉴스를 전하는 인쇄물은 일간 신문밖에 없다.

뉴스 보도에 있어서 신문은 뉴스 전문 방송 채널을 제외하고 가장 많은 정보를 지면에 담을 수 있으며, 심층 보도가 가능한 속성을 지닌다. 그리고 일목요연하게 전체 내용을 파악하기도 쉽다.

그러나 전파 미디어에 비해 보도에 있어서 동시성과 속보성이 뒤떨어지고, 배포에 있어서도 전파 미디어에 비해 현저하게 느리다는 단점을 지닌다.

한편 신문은 종류에 따라 별도의 명칭이 따르는 특성을 지닌다. 즉 지역적 범위에 따라 전국지·지방지 등으로, 독자층과 내용에 따라 종합지·(경제, 스포츠) 전문지로 불린다. 또한 발행 주기에 따라 일간지·주간지·격주간지 등으로, 발행 시각에 따라 조간지·석간지 등으로 구분하여 부르기도 한다. 또한 일반 신문 같은 상업지와 학교 신문 같은 특수지로 나누기도 한다. 그리고 내용의 질에 따라 일반 신문 혹은 대중지와 엘리트 신문, 권위 있는 신문 등으로 분류하기도 한다.

그리고 신문의 내용은 일반적으로 뉴스 기사·피처(feature)·광고 등으로 구성되어 있다. 여기서 뉴스 기사는 사실에 입각하여 육하원칙하에 간결하게 쓰여지는 스트레이트 뉴스를 말한다. 기사는 보통 제목(headline)·리드(lead)·본문의 세 부분으로 구성되어 있다. 여기서 리드는 전체 기사 내용을 요약한 기사의 첫 문장이나 첫 단락을 말한다. 뉴스는 정치·경제·문화 등 각 분야별로 구분되어 실리며, 뉴스와 광고를 제외한 나머지는 피처라고 부른다. 뉴스 피처는 사설·칼럼·비평 등을 말하며, 비뉴스 피처는 박스(box) 기사, 가십(gossip), 시사성이 없는 수필과 연재 소설 같은 글이나 만화 등을 가리킨다. 신문 광고는 신문사의 주요 재정원이 되며, 광고도 하나의 정보 제공이라는 측면에서 신문사 입장에서 적극적으로 만드는 내용이다.

신문의 내용은 취재부터 인쇄 단계까지 편집국에서 총괄한다. 그외 신문사 조직으로는 일반 업무와 판매 영업을 담당하는 사업국이 있다. 광고 수입은 신문사의 주수입원으로서 전체 재정의 2/3 정도를 차지한다. 나머지 재정 수입은 신문 판매 수입이다. 이외에 조직으로는 인사를 담당하는 총무국이 있고, 논설위원실이 있다.

신문사 소유 구조는 사기업 형태인데, 주로 재벌들이 신문사들을 소유하고 있었다. 삼성그룹은 《중앙일보》, 현대그룹은 《문화일보》, 한화그룹이 《경향신문》 등을 경영하다가 IMF 이후 각 재벌들은 신문 산업에서 손을 뗐다. 이후 한국 신문사들은 치열한 생존 경쟁에 돌입하였다. 일부 신문사들은 공격적 마케팅을 하다가 무가지 배포 등이 공정거래법상 문제가 되어 법적 규제를 받기도 한다. 그러나 세계화와 멀티미디어 시대에 신문사들은 더욱더 자본과 기술 및 시장 경쟁의 논리를 따를 수밖에 없는 상황에 처해 있다.

3. 인터넷 신문의 특성

한국에서는 1996년 《조선일보》와 1998년 《동아일보》의 인터넷 신문 사이트가 오픈된 이래 현재까지 증가 일로에 있다. 인터넷 신문은 종이 신문과 다른 특성과 장점을 가지고 꾸준히 독자층을 넓히고 있다. 또한 기존 신문과 차별성을 두면서도 전자 신문으로서의 정체성의 한계를 보여 주기도 한다.

인터넷 신문에는 아날로그 신문과 병행하는 신문 형식과 인터넷 전문 신문, 그리고 포털 서비스 사이트 형식이 있다. 뉴스 정보 제공을 하는 인터넷 포털 사이트 등의 이용도가 인터넷 신문의 그것을 초과하기도 한다. 그래서 인터넷 신문들이 포털 서비스 형식을 도입하기도 한다. 그렇다고 인터넷 신문의 기능과 수익성을 제고하기 위해 막대한 투자를 하기엔 부담이 되는 것이 현실이다. 전면적인 유료화를 시행할 만큼 유료 신문 독자층이 형성되지 못했고, 광고 수입도 아직 불충분하다. 그럼에도 불구하고 그 장점과 성장 가능성 때문에 인터넷 신문에 대한 투자가 이루어지고 있으며, 신문의 종류 또한 증가하고 있다.

인터넷 신문의 장점은 여러 가지가 있다. 우선 편집 마감 시간의 구애 없이 수정과 편집을 항시 업데이트할 수 있다. 취재 기사도 시간과 거리 제한 없이 인터넷을 통해 쉽고 빠르게 전달할 수 있는 편이

성도 있다. 종이 신문이 선형(linear) 구조적 정보 나열인 것에 비해 인터넷 신문은 디지털 특성상 하이퍼 텍스트의 구조를 갖고 있어 상호 연결형 구조를 지니고 있다. 또한 인터넷의 특성인 실시간, 쌍방향적 커뮤니케이션이 가능하여 독자의 피드백이 신속하고, 비교적 정확한 장점이 있다.

그러나 매체에 대한 큰 투자가 부담되는 어려운 상황 속에서 인터넷 신문이 언론 본연의 책임을 완수하기보다는 고조되는 상업화의 압력에 놓여져 있다는 점이 단점이다. 디지털 특성상 많은 정보를 압축 저장할 수 있으나, 오히려 정보의 홍수 속에 뉴스 신뢰도나 중요도가 감소될 가능성이 있다. 또한 기존 아날로그 신문의 보완 또는 홍보쯤으로 인식하고, 인터넷 신문을 종이 신문에 비해 차별성이 없는 신문으로 만들어 독자의 관심과 흥미를 끌지 못하는 경우가 있다.

많은 장단점에도 불구하고 인터넷 신문은 온라인 저널리즘이라는 새로운 커뮤니케이션 방식의 저널리즘으로 발전할 가능성이 크다. 이런 가능성을 실현시키기 위해서는 인터넷 기술의 발전과 함께 기사 작성이나 편집 방식에 있어서 종이 신문과는 다른 차별적인 방식이 도입되어야 할 것이다.

4. 뉴스와 게이트 키핑

뉴스란 아직 일반인들에게 알려지지 않은 새로운 일이나 소식으로서 미디어가 시사성 있게 보도하는 정보를 말한다. 매스미디어는 세상의 모든 정보들을 수집하고 정리하여 선택한 뉴스를 대중에게 전달한다. 매스미디어의 이런 기능은 라스웰이 말하는 바 환경 감시 기능이다.

　뉴스는 뉴스원으로부터 뉴스 재료를 얻거나 취재 기자가 직접 사건 현장을 목격하거나 기획 심층 취재하여 얻어진다. 뉴스는 일반적으로 취재처에 얻어지는 비중이 크다. 정부 기관이나 기업 등에는 대변인실이나 홍보실에서 미디어 관련 업무를 보는데, 여기서 뉴스거리가 얻어지는 것이다. 출입처의 '보도 자료'에 의한 일방적인 뉴스 정보는 자칫 언론 플레이로 인한 여론 떠보기식 뉴스 조작이나 과장된 보도로 흐를 위험이 있다. 그리고 뉴스원으로부터 '오프 더 레코드' 요청이나, 기자단의 자발적인 '엠바고(embargo: 보도 제한 시각)'로 기사화되지 않는 뉴스거리도 있다. 또한 한국의 경우 취재 기자에게 주어지는 '촌지'로 인해 신뢰받지 못할 뉴스가 만들어지기도 한다.

　뉴스는 크게 경성 아이템을 주로 담은 하드 뉴스, 연성 아이템을 담은 소프트 뉴스로 나눌 수 있다. 그리고 기사 스타일이 강하게 풍기는 하드 뉴스를 스트레이트 뉴스라고 부르며, 연성 뉴스는 인간의 보편적 관심사를 다루며 생활·문화 등에서 인정미 넘치는 기사를 담는다. 또한 뉴스에는 단신을 전하는 스폿 뉴스 또는 브레이크 뉴스(방송), 사회 비리 등을 집중 취재하는 탐사 보도 뉴스 등이 있다.

　뉴스의 생산 과정의 흐름을 간단히 보면 다음과 같다. 미디어가 뉴스원을 찾거나, 역으로 뉴스원이 미디어를 찾는 경우가 있다. 그리고 뉴스 아이디어와 아이템은 주로 출입처로부터 얻어지거나 종종 기자의 기획 탐사로 이뤄지기도 한다. 수집된 정보는 편집회의를 거쳐 뉴스 처리가 되는데, 이를 레이아웃(신문)·라인업(텔레비전)이라고 말한다. 그리고 최종적으로 뉴스 제작이 된 상태를 메이크업(신문), 방송 대본 등을 최종 라인업(텔레비전)이라고 한다.

　뉴스 포맷이 어떠하든지 매스미디어는 뉴스 정보를 수집하고 제한하거나 확대하며 해석하는 과정을 밟는데, 이 과정을 게이트 키핑(gate keeping)이라고 한다. 미디어의 이 과정은 이른바 의제 설정 기능을 하기 위한 조건이기도 하다.

5. 뉴스 생산의 게이트 키핑

뉴스를 만들기 위해 언론사 내부의 게이트 키퍼는 우선 뉴스 가치를 염두에 둔다. 즉 어떤 정보가 뉴스가 되려면 소위 뉴스 가치를 지녀야 한다. 뉴스 가치는 근접성, 사회적 영향성, 시의성, 갈등성, 저명성, 그리고 인간적 흥미성, 의외성, 신기성, 부정성(negativeness), 볼거리, 유용성 등으로서 뉴스의 기준이 되는 요소를 말한다. 그리고 이러한 가치를 지닌 뉴스는 또한 객관적 사실에 근거한 진실성이 있어야 하며, 균형감과 중립성을 갖추고 공정해야 한다.

뉴스는 소위 게이트 키핑이란 과정을 통해서 만들어진다. 게이트 키퍼는 레빈이 처음 사용한 용어인데, 1950년 화이트(D. M. White)가 미국 지방 신문 뉴스 편집장에 관한 연구에 적용하였다. 여기서 편집장이 뉴스를 선별하는 결정 과정이 게이트 키핑의 전형적 활동으로 간주되었다.

이후 게이트 키퍼는 뉴스 미디어 조직에 있어서 전면적인 의사 결정의 위치에 있는 편집자 등과 같은 사람을 지칭하는 용어가 되었다. 다시 말해서 이는 주관적 가치와 법적·상업적·정치적 통제의 필요성으로 정보를 선택적으로 여과하는 뉴스 수집자·처리자·편집자 등을 지칭한다. 그런데 화이트의 연구에서의 문제점은 모델이 지나치게 단순하고, 조직적인 요인을 고려하지 않은 채 게이트 키핑을 개인적 행위로 해석한 점이다. 그리고 단 하나의 게이트만을 전제하고 뉴스 정보의 흐름을 비교적 수동적 활동으로 묘사한 점이다.

게이트 키핑 과정에 참여하는 게이트 키퍼의 구조는 좀더 넓게 봐서 뉴스원·기자·편집인·수용자로 볼 수 있다. 각자는 뉴스를 만들고 수용하는 데 있어서 단계별로 정보를 제한적으로 선택하는 위치에 있다.

6. 게이트 키핑 요인들

먼저 뉴스원과 취재 기자와의 관계가 게이트 키핑의 한 요인이 된다. 이는 뉴스의 신뢰성과 미디어의 자율성에 관계되는 중요한 관계이다. 기버와 존슨(W. Gieber & W. Johnson)은 이 관계를 연구하여 상황별 관계 유형을 제시한다. 첫째, 뉴스원과 기자가 완전히 분리된 경우에 미디어는 독립된 위치에서 객관적인 뉴스 보도를 할 수 있다. 둘째, 둘 사이에 접촉과 가치관 공유 및 실제적인 협력이 존재하는 경우이다. 이 경우는 정보가 보도되길 원하는 뉴스원과 뉴스를 얻으려는 기자 간의 욕구가 일치된 경우이지만 미디어의 독립성이 훼손당할 가능성이 있다. 셋째, 어느 한쪽이 상대방에게 흡수·동화된 경우인데, 보통 뉴스 제공자가 더 우월한 위치에서 정보와 기자를 통제하는 경우이다. 언론 통제 의도를 가진 정부나 사회주의 국가에서 흔히 볼 수 있는 모델이다.

이 모델은 게이트 키핑이 보다 넓은 사회적 관계와 규범적 통제의 한 부분임을 보여 준다. 뉴스 게이트 키핑은 관련자들의 업무에 대한 관심과 뉴스원의 목표, 그리고 수용자의 관심이 연관되어 타협된 결과인 것이다. 그러나 이 모델은 작은 지역 단위 보도의 경우에 적합한 이론으로 평가되고 있다.

더 큰 범주에서 뉴스 게이트 키핑에 영향을 미치는 요인들을 보자면 미디어 외부의 경제적 압력, 법적 제재, 타 미디어와의 경쟁 등이 있다.

슈메이커(P. J. Shoemaker)는 게이트 키핑이 발생하는 사회 문화적·이데올로기적 상황에 주목하여 단순한 뉴스 게이트 키핑 과정을 크게 확대한다. 그는 이 과정이 작용하는 사회적·제도적 요인들(뉴스원, 광고주의 시장, 이익 집단, 정부 등)에 주목한다. 게이트 키핑은 둘 이상의 커뮤니케이션 조직체(뉴스원과 뉴스 매체)에서 발생하며, 한 매체 조직 내에서 여러 단계의 게이트 키핑이 이뤄진다고 본다. 그리고 각 단계는 뉴스 전달자가 생각하는 수용자의 선택 기준에 영향을 받는다.

7. 뉴스 흐름에 대한 게이트 키핑 모델

맥넬리(J. T. McNelly)는 화이트(D. M. White)의 모델을 확장하여 뉴스 사건 발생과 최종 수용자 사이에 다양한 중재 역할자의 존재를 고려한 게이트 키핑 모델을 제시한다. 외신 뉴스의 경우, 통신사 특파원의 취재 기사가 지사·본사·개별 언론사를 거쳐 독자나 시청자에게 도달하는 과정에 단계별로 다양한 형태의 게이트 키핑과 피드백을 받으며 뉴스 전달 행위가 영향을 받는다. 즉 편집자 이전 단계에서 기사 선별과 내용 변화가 일어나는 것이다. 이는 게이트 키핑이 단순히 특정 뉴스 기사의 채택이나 기각을 의미하는 것에 국한되지 않고 기사의 형식과 내용이 변화하는 것을 의미한다.

베스(A. Bass)는 이보다 좀더 세분된 게이트 키핑 모델을 제시한다. 그는 가장 중요한 게이크 키핑이 뉴스 조직 내에서 발생한다고 보고, 이를 뉴스 수집 단계와 뉴스 처리 단계로 구분하여 내부를 관찰한다. 뉴스 수집 단계에서는 작가·기자·지역 편집자들이 뉴스 재료를 모으고, 뉴스 처리 단계에서는 미디어국 편집자·교열자·번역가 등의 뉴스 가공자에 의해 뉴스가 수정되면서 선택되고 종합된다.

갈퉁(J. Galtung)과 루즈(M. H. Ruge)는 뉴스 가치나 기준에 의해 뉴스가 선택과 기각되는 결정 기준을 비교적 상세하게 보여 줌으로써 선택적 게이트 키핑 모델을 제시한다. 그 결정의 뉴스 요인들은 사건 발생의 시간성, 강도, 기존 관념과의 일치성, 의외성, 계속성, 뉴스 구성, 사회 문화적 가치 등이다. 그리고 한 사건에 보다 많은 뉴스 요인들이 관련될수록 좋은 뉴스거리가 된다. 이 모델은 부분적으로 유용하나, 개인 게이트 키퍼의 선택적 지각에 지나치게 의존하며 정치 경제적 변인 등을 고려하지 못한 것이 단점으로 지적되고 있다.

이외에 슈람(W. Schramm)은 국제 뉴스의 흐름이 매우 선택적이고 일방적임을 보여 준다. 사실상 뉴스 생산 국가들이 전세계 뉴스 생산을 거의 독점하고 유통시킨다. 모왈라나(H. Mowalana)는 뉴스원, 기사거리, 미디어 전송 수단 등이 모두 북반구 중심 국가들에 집중되어 있으므로 뉴스가 주변 국가로 유통하게 된다는 뉴스 흐름의 '중심부-주변부' 모델을 설명한다. 물론 국제 뉴스 흐름은 기존 세계의 정치·경제적 구조에 의해 강하게 영향을 받는다. 그러나 국가간 교역 유형이나 정치 동맹 관계 혹은 언어 문화적 친근성이나 지역적 근접성 등에 의해서 영향을 받기도 한다.

8. 뉴스 효과 이론

뉴스 효과는 뉴스 도달 목표인 수용자의 범위, 수용자의 뉴스 내용 기억력, 수용자의 이해를 측정함으로써 연구할 수 있다.

콤스톡(G. A. Comstock) 등의 뉴스 학습 전달 모델은, 송신자의 의도대로 수용자가 뉴스를 회상하고 이해하는가에 관련된 요인과 조건을 강조한다. 그들은 여러 단계에서 일련의 요인들이 작동함을 보여 준다. 1~2단계는 뉴스 진열 단계인데, 뉴스 가치가 높고 흥미 있는 뉴스가 주목을 끌며, 뉴스 이용도와 뉴스 취향을 지닌 수용자들이 이와 같이 뉴스에 주목할 가능성이 높다. 3단계는 뉴스 처리 단계로서, 수용자는 정서적으로 자극받거나 뉴스와 연관성이 높아 흥미가 있어 선택한다. 4단계는 뉴스 이해 단계로서, 뉴스 내용과 보도 형식, 수용 상황, 수용자 변인에 따라 그 이해 정도가 달라진다. 뉴스 내용 면에서는 구체적이고 개인적인 소재가, 그리고 명쾌하고 단순하며 반복적인 내용이 뉴스 이해에 도움을 준다. 5단계는 회상 단계로서, 뉴스 내용을 인식하고 회상하는 능력이 측정 대상이 된다. 6단계는 학습 단계로서, 뉴스 노출에 따른 뉴스 추구 행위 등 피드백 현상을 가정한다.

뉴스가 현실에 어떤 영향을 미치는가를 흥미롭게 예시해 주는 연구 결과가 있다. 1970년대 중반 혼슈타인(H. Hornstein)과 그의 동료 팀은 좋은 뉴스와 나쁜 뉴스의 서로 다른 효과에 대한 흥미 있는 연구 결과를 제시한다. 피실험자들을 대기실에 앉혀서 음악과 함께 중간에 좋은 뉴스와 나쁜 뉴스를 들려 주었다. 좋은 뉴스를 들은 사람들은 나쁜 뉴스를 들은 사람들에 비해 잃어버린 지갑도 찾아 주고, 경쟁심을 유발하는 놀이에서도 협조적이었다. 그리고 세상 사람들이

착하고 성실한 삶은 살아가고 있다고 믿는 경향이 컸다.

필립(D. Philips)은 자살을 야기하는 미디어 뉴스의 역할에 대한 조사 연구 결과를 제시한다. 그와 동료는 1973년부터 1979년까지 7년 동안 자살에 대한 미디어 보도와 실제 자살률의 변화 사이의 상관 관계를 살펴보았는데, 자살 사건에 대한 뉴스가 보도된 그날부터 7일 사이에 자살이 의미심장할 정도로 증가했음을 발견했다. 그 상관 관계는 특히 10대 연령층과 여성층에서 두드러지게 나타났다.

이처럼 뉴스에 대한 수용자의 반응은 동일한 상황이라도 수용자의 인구 사회학적·문화적 범주에 따라 다르게 나타난다. 미국과 러시아 국민이, 혹은 한국과 일본 국민이 전쟁이나 핵통제와 같은 어떤 특정한 뉴스에 대해 서로 상이한 관점을 가지고 서로 다른 반응을 보일 수 있는 것이다.

9. 프레임 또는 스키마 이론

뉴스는 수용자의 이해를 돕기 위해 제한된 주제, 포맷, 의미의 틀 내에서 보도된다. 따라서 뉴스 이용자는 뉴스의 구분 체계에 익숙해져 있다. 뉴스 이용자는 새로운 정보에 접했을 때 자신이 기존에 알고 있는 것과 연관시켜 이해하기 위해 어떤 프레임(frame)이나 스키마(schema)를 활용한다. 프레임이나 스키마는 어떤 특정한 관점에서 지식·사고를 규정하는 체계를 말하고, 뉴스 프레임이란 뉴스가 전하는 사회 현실에 대한 인식, 확인, 해석의 틀을 의미한다. 갬슨(W. A. Gamson)은 그것이 뉴스를 어떤 특정한 방식으로 해석하도록 돕는 이야기 구성 방식이라고 말한다.

뉴스 프레임 연구는 뉴스 보도가 어떻게 현실을 해석하고 의미 구성을 해나가는지 알게 해준다. 한마디로 뉴스 프레임은 예를 들어 냉전, 환경 위기, 제3세계의 가난과 종속, 테러, 핵을 포함한 대량 살상 무기 담론 등과 같은 주제와 이슈에 대한 선택과 이해의 방향을 암시하고 특정한 의미를 부여함으로써 뉴스 이해를 돕는다. 이렇게 뉴스 프레임 또는 스키마는 뉴스 정보의 처리, 새 정보의 구성 및 평가, 상실된 정보의 보충 기능을 한다. 예를 들어 보수 언론은 세계화 반대 시위대를 극렬분자들이나 폭도처럼 비춰지게 하고, 비조직적인 소수 시위대들의 폭력 같은 극단적 행위를 강조하며, 그들의 세계화 반대 운동을 과소평가하는 뉴스 보도 프레임을 사용한다.

뉴스 프레임은 언론사 고유의 시각틀이다. 그러나 특정 국가의 정부가 언론사를 이용하여 뉴스 조작이나 검열을 통하여 뉴스 프레임을 통제하는 경우도 있다.

제4장

방 송

1. 방송의 역사

라디오와 텔레비전은 일련의 과학 기술의 발달에 힘입어 탄생한 대중 매체이다. 1895년 무선 통신이 가능해지고, 이어 1907년 진공관이 발명되어 라디오 실험 방송을 하였다. 미국에서 1910년대에 여러 방송이 시도되었으나 수익성을 고려한 대중을 위한 본격적인 최초의 라디오 방송은 1920년 피츠버그의 **KDKA** 방송국에 의해 가능했다. 이어 1921년 프랑스에서, 그리고 1923년 독일에서 각각 라디오 방송국이 개국하였다.

한편 최초의 텔레비전 방송 역시 여러 통신 기술 발전의 단계를 거쳐 1920년대에 실험적 단계의 방송을 하여 미국에서만도 이미 20여 개 방송국이 존재하였으나, 매일 송출하는 정규 방송은 1936년 영국 **BBC**에 의해 시작되었다. 미국에서는 1939년 처음 텔레비전 방송이 시작되었다. 그리고 텔레비전의 대중 시대는 라디오의 전성 시대가 끝나는 시점인 제2차 세계대전 전후부터 시작되었다. 미국에서는 **ABC · CBS · NBC**가 가장 큰 라디오 및 텔레비전 방송사였다. 컬러 텔레비전 방송은 1854년 미국 시장에 나왔으나, 60년대말부터 본격적으로 수상기의 대중화가 시작되었다. 케이블 방송도 이 무렵부터 프로그램이 개발되며 성장하기 시작했다. 특히 방송 보도는 현장 소식을 신속하게, 그리고 광범위하게 전파할 수 있어 대중성을 확보하였다. 방송의 보도 기능 이외에 교육, 오락 프로그램의 대중성, 그리고 방송 광고의 상업성 등으로 인해 방송은 크게 발전한다. 또한 방송 기술은 1970년대 후반부터 위성 방송, 이어 **HDTV** 방송, 인터넷 방송 등을 탄생시켰다.

한국의 경우 1927년 일본인에 의해 경인방송이 한반도에서 최초로 방송했고, 이 방송은 1947년 명실상부한 한국 방송이 되었다. 1957년 **AFKN** 텔레비전 방송이 시작되고, 1961년 **KBS** 방송이 시작되었다. 그리고 1960년대초에 **MBC · TBC** 등 민영 방송이 개국하였다. 1980년에 컬러 텔레비전 방송이 시작되었으며, 방송통폐합으로 단일 공영 방송 체제가 되었다. 1991년에는 민영 방송 **SBS**가 개국되었고, 1995년에 케이블 방송이 시작되었으며, 1996년에는 무궁화 위성을 이용한 위성 시험 방송이 시작됨으로써 바야흐로 한국 방송은 다매체 다채널 시대로 접어들었다. 한편 방송 제도는 소유와 운영 형태에 따라 크게 공영 방송과 민영 방송(또는 공 · 민영 혼합), 그리고 국영 방송 제도로 나눌 수 있는데, 한국은 공 · 민영의 이원적 방송 제도를 도입하였다.

2. 방송 기술

라디오 · 텔레비전 방송 매체의 특성은 송수신 전파 기술에 많이 의존하고 있다. 먼저 라디오의 음성 방송 기술은 변조 신호에 따라 아날로그 변조 방식과 디지털 변조 방식이 있다. 또 전자에는 진폭 변조 방식(**AM**: Amplitude Modulation)과 주파수 변조 방식(**FM**: Frequency Modulation)이 있다. 텔레비전 전송 방식의 경우 영상 전파는 **AM** 방식을, 음성 전파는 **FM** 방식을 사용한다. 그리고 영상 신호와 같이 넓은 대역을 갖는 전파의 종류에는 VHF(Very High Frequency) · UHF(Ultra High Frequency) · SHF(Super High Frequency) 등이 있다. **VHF**는 TV 송출 표준 주파수대로 이용되고 있다.

영상 촬영에는 ENG 카메라와 편집에 VTR이 사용된다. ENG는 1970년대부터 경비 절감을 목적으로 미국의 CBS에서 뉴스 프로그램 제작에 사용하기 시작하였다. ENG 시스템의 특징은 속보성·기동성·경제성에 있다. SNG는 영상이나 프로그램 전용 회선으로서 통신 위성을 직접 이용하는 이동형 위성 중계 시스템을 말한다.

컬러 텔레비전 수상기의 표준 방식은 신호 대역, 채널폭, 음성 반송파 주파수가 세계 여러 나라마다 다른데, NTSC(National Television System Committee: 미국텔레비전시스템위원회)·PAL(Phase Alternation by Line)·SECAM(Sequential Couleur Avec Memoire) 등이 있다.

오늘날 디지털 텔레비전은 영상과 음성을 디지털 방식으로 고밀도 압축·전송·변조·복조함으로써 선명한 화질과 음질을 보장한다. 그리고 디지털 텔레비전은 아날로그 방식에 비해 송신 전력도 수백분의 일로 줄고, 동일한 대역폭에서 다채널을 확보할 수 있으며, 스크램블 기능으로 특정한 수신자나 지역에만 정보를 제공할 수 있어 유료 방송이 가능하다. 그러나 프로그램 저장과 복제가 용이하여 무단 복제의 우려가 높고, 방송국 및 전송·수신 설비의 디지털화에 많은 경비가 든다는 단점이 있다.

3. 편성

편성(Programming)은 방송 프로그램을 기획·제작하고, 이를 적절하게 배열하여 운영하는 정책이다. 다시 말해서 프로그램의 형태와 그 내용 및 분량을 완성시키고, 송출 전까지 프로그램의 배열과 운용을 결정하는 행위이다. 그리고 좁은 의미의 편성 결과는 신문의 방송 섹션에 나오는 방송 시간표라고 말할 수 있다.

편성은 프로그램 제작과 편성 전략의 방향을 결정하는 방송사의 편성 이념의 틀 안에서 이뤄진다. 즉 편성 이념은 방송사 제도나 국가 방송 정책의 영향 아래 제작의 기본 방향과 전략을 짜고, 기존 프로그램의 존폐와 신설 프로그램의 기획을 결정하는 기능을 한다. 편성의 목적은 가능한 한 많은 수용자가 다양하고 균형 있는 방송 프로그램을 보게 하여 공익이나 이윤의 증대를 얻고자 하는 것이다. 따라서 편성은 방송사 기본 방향과 수용자의 시청취율에 의거하여 합리적인 프로그램을 선택·배열하게 된다. 이때 방송사의 프로그램 제작 능력, 재정 능력 및 경제성을 고려하면서 경쟁 상대 방송사들에 비해 안정적인 시청자 확보를 위한 노력도 편성에서 고려된다.

시드니 헤드(S. Head)는 방송 편성의 다섯 가지 원칙으로, 수용자의 일상 생활 시간대와의 일치를 고려하고, 시청취 습관을 형성하도록 하며, 시청 흐름에 의한 선택의 자유 또한 고려하고, 프로그램 자원 활용의 극대화를 추구하며, 많은 대중의 잠재력에 호소할 수 있도록 해야 한다고 주장한다.

루이스(D. Lewis)는 방송사들의 편성 책임자들을 상대로 한 설문 조사에서 편성 정책에 영향을 주는 여덟 가지 요소들을 발견하였다. 그것들은 시청자들로부터 오는 직접적 피드백, 규제 사항, 방송 관계자들의 추론적 피드백, 친구 등 측근들의 한정적 피드백, 사원 피드백, 개인적 판단, 재정적 제약, 전술적 고려이다.

한편 한국의 방송법 제5장 제69조는 구체적인 편성 원칙을 제시하고 있다. 즉 방송 편성은 정치·경제·사회·문화 등 각 분야를 균형 있게 적정한 비율로 해야 한다. 그리고 교양·보도·오락 내용이 상호 조화를 이루도록 편성해야 한다. 외국산 방송 프로그램과 외주 프로그램은 대통령령이 정하는 비율 범위 내에서 편성해야 한다.

편성 전략에는 인접 효과를 노린 전략이 있는데, 이는 시청률이 높은 프로그램에 앞뒤(tent-poling) 혹은 사이에(Hammocking) 시청률이 낮은 혹은 신설 프로그램을 배치하여 시청률을 올리는 전략을 말한다. 동일 연령 시청자군을 위한 유사 장르의 프로그램을 계속 묶어서 배치하는 전략(blocking), 특정 계층을 위한 전문화된 특정 프로그램으로 대체하는 전략(alternative programming), 종료 자막 등 이음을 방해하는 요소를 제거하면서 다음 프로그램의 시청으로 자연스럽게 이어지게 하는 전략(seamless) 등이 있다.

이외에 다른 방송사들과 시청률 경쟁을 해야 하는 상황에서 동일 시간대 동일 유형 프로그램 편성 전략(power programming)에는 여러 가지가 있다. 경쟁 상대사의 중간 정도 강한 프로그램에 대해 더 강력한 프로그램을 배치하는 전략(Blunting), 상대의 강한 프로그램에 역시 강한 프로그램으로 방어하는 전략(Defensive Programming), 상대의 약한 프로그램에 강한 프로그램을 배치하여 공격하는 전략(Offensive Programming)이 있다. 경쟁사와 전혀 다른 종류의 프로그램을 편성하여 시청자를 유인하는 전략(counter programming), 경쟁사 프로그램보다 조금 빠르거나 중간쯤에 프로그램을 배치하는 전략(cross programming), 특집물을 편성하는 전략(stunting), 길고 강력한 프로그램으로 일찌감치 시청률을 확보하는 전략(blockbuster) 등이 있다.

다매체·다채널 시대에 방송사들간의 경쟁이 심화되고, 수용자의 기호와 욕구가 변화함에 따라 방송 편성은 보다 더 세밀하고 유연성 있는 전략을 요구하게 된다. 효과적인 방송 편성이 되려면 새로운 프로그램을 개발하고 다양화·차별화함으로써 시청자들의 욕구를 반영해야만 한다. 편성에 있어서 지나친 경쟁사 의식과 시청률 의식은 프로그램의 선정성을 높이거나 수용자의 채널 선택권을 침해할 우려가 있다.

4. 방송 보도

방송 보도는 취재 현장의 생동감을 시청각적으로 신속하게 전달함으로써 수용자에게 전달 효과가 커서 사회적 영향력이 크다는 장점이 있는 동시에, 방송 자체의 시간의 흐름이란 특성상 여유 있는 분석이나 반복 시청취가 제약을 받는 단점을 갖고 있다. 다만 방송 보도의 길이나 횟수를 통하여 중요한 기사에 대한 이런한 단점을 보완할 수는 있다. 또한 방송은 음성과 영상에서 비언어적 요소를 통해 감정 전달도 가능하여 활자 보도보다 이해하기 쉽고 호소력 있는 보도를 할 수 있다. 그리고 방송 전체적으로 볼 때 보도 기능이 오락적 기능보다 작은 비중을 차지하며, 대광고주의 의존도가 높아 방송의 대중적 영향력을 고려할 때 보도의 객관성, 편성의 독립성 등 방송의 공익적 성격이 다른 매체보다 더 요구된다.

보도는 소위 뉴스 가치가 있는 것이어야 한다. 뉴스 가치는 앞서 말한 바도 있지만 근접성, 사회적 영향성, 시의성, 갈등성, 저명성, 그리고 인간적 흥미성, 의외성, 신기성, 부정성(negativeness), 볼거리, 유용성 등의 요소가 뉴스의 기준이 되는 것을 말한다. 그러나 모든 뉴스가 이러한 요소를 전부 포함해야 한다는 것은 아니며, 각 요소는 상대적 가치를 지니면서 뉴스 가치를 판단하고 결정하는 데에 기여한다. 한편 방송사의 기술적 문제라든가, 방송사 조직 내부의 이데올로기적 편향성이나 보수성 혹은 정치·경제 등 사회 환경 등도 뉴스의 아이템 선택이나 제작, 보도 방향에 영향을 주기도 한다. 따라서 최근에 발생하고 사건의 규모가 크고 돌발적이거나 의외적이고 극적 혹은 폭력적일수록 보다 뉴스적인 가치가 높아지는 것이다.

이러한 방송 보도는 크게 뉴스 프로그램과 뉴스 관련 프로그램으로 나뉜다. 여기서 후자는 뉴스 매거진, 뉴스 해설, 뉴스 토크 등의 프로그램을 말한다. 이런 프로그램은 뉴스의 심층 보도를 위한 프로그램으로서 설득과 오락, 그리고 선전의 기능을 갖고 있다.

그리고 뉴스는 기사의 형태에 따라 스트레이트 뉴스와 뉴스 쇼로 나뉘는데, 전자는 단신 뉴스를, 후자는 흔히 종합 뉴스를 말한다. 단신 뉴스는 보통 20초에서 1~2분 미만의 기사를 말하며, 분석이나 논평이 결여되어 있다. 그리고 방송 뉴스는 아나운서가 간접 전달하는 형식과 취재 기자가 직접 전달하는 형식으로 되어 있다. 전자는 현장감이나 다양성이 부족하나 발음의 정확성으로 시청취가 용이한 점, 후자는 현장의 생동감이 전달되는 장점을 갖고 있다. 그리고 후자는 기사를 작성하는 기자의 능력에 뉴스의 깊이가 결정된다. 한편 뉴스 쇼는 피처 기사·해설·논평 등의 형식을 갖추고 있는 종합 뉴스를 말하며, 방송을 진행하는 앵커가 뉴스에 대한 분석이나 평가를 하기도 한다.

방송 보도는 정확성·객관성·중립성·형평성을 원칙으로 삼고, 사안의 정확한 사실 전달에 있어서 공정해야 한다. 그러나 시청률을 의식하여 오늘날 방송 보도는 연성 아이템의 비중이 점차 많아지고, 보도 태도 또한 선정적으로 되어가는 경향이 있다. 뉴스 방송 보도는 시간적 제약으로 기사 아이템 수의 제약이 따르고, 심층 보도가 힘들다. 또한 소리와 영상 등으로 가시화하는 과정에서 극적이고 오락적인 요소가 가미되어 본질을 정확히 전달하는 데에 과장이나 왜곡의 가능성이 있다.

5. 프로그램 제작 과정

프로그램을 제작하기 위해서는 먼저 기획을 하고, 제작진(staff)이 구성된다. 연출가는 스케줄을 결정하고, 캐스킹 등 예산을 결정한다. 그리고 작가와 대본을 선정하고, 연출진을 선정한다. 스태프에는 CP(Chief Director)·제작자(Producer)·작가(writer, scripter)·연출자(Director)·조연출(assistant director)·제작 보조(production assistant)가 있고, FD(Floor Director)·코디네이터·헌팅자·장소 섭외자·배우가 포함되며, Crew는 기술감독(technical director)·음향 담당(audio engineer)·조명감독(lighting director)·세트 디자이너(set designer)·무대감독(floor manager)·촬영인(camera operator)·영상 담당(video engineer) 등으로 구성된다. 예를 들어 텔레비전 다큐멘터리 제작 스태프는 PD·AD·FD·카메라맨·오디오맨(촬영 보조)·조명기사·조명 보조·운전기사·작가·보조 작가(자료 조사) 등으로 구성된다. 제작진과 출연진이 구성된 다음 세트와 소품이 준비되면, 리허설을 거쳐 촬영한 다음, 이른바 사후 제작인 편집과 심의 및 송출 과정을 거친다.

6. 촬영 기법

촬영에서 카메라의 화면 구도는 통일성·조화·다양성·속도감·균형감·강조·연속성 등을 고려해야 한다. 이같은 기본 원칙을 염두에 두면서 카메라의 위치와 각도에 따라 프로그램 내용과 의미를 효과적으로 표현하기 위한 다양한 촬영 기법이 있다.

피사체에 대한 카메라의 위치에 따라 정면 숏·측면 숏·후면 숏 등이 있다. 그리고 카메라의 각도에 따라 수평 앵글(eye level shot), 부감(high angle shot), 새의 눈(bird's eye view shot), 앙각(low angle shot), 경사(oblique 또는 canted shot), 지면(ground shot), 머리 위(over head 또는 top shot) 등의 숏이 있다. 수평 앵글은 안정감·평등감을 주는 한편, 부감은 설명이나 객관적 묘사에 사용하거나 피사체의 중요성을 감소시켜 왜소함·패배감 등의 느낌을 준다. 새의 눈은 경기장의 헬기 촬영 숏 같은 것이다. 앙각은 피사체의 중요성을 강조하며 경외심·공포감 등을 나타낸다. 경사 숏은 불안감이나 장식용으로 사용한다. 지면 숏은 땅 위의 곤충 촬영 등에, 머리 위 숏은 피사체의 위치 관계나 갈등 관계를 표현하는 데 효과적이다.

숏 사이즈는 피사체를 어떤 크기로 화면에 담을 것인가의 기법 문제이다. 롱숏(long shot, LS)·와이드숏(wide shot, WS)·풀숏(full shot, FS) 등으로 불리는 피사체의 전체를 보여 주는 사이즈로서, 주로 도입이나 상황 묘사에서 이용된다. 이보다 멀리서 촬영하는 설정 숏(extreme long shot, ELS)은 자동차 경주나 도시 거리 전체를 볼 수 있는 숏으로 파노라마숏이라고도 불린다. 그리고 목 밑 이상의 얼굴 전체를 볼 수 있는 숏(close-shot, CS), 얼굴 크기의 숏으로서 감정 표현이나 특정 부분을 강조할 때 클로즈업숏(close up shot, CU), 얼굴·눈·코 등 일부를 확대한 숏(big close up, BCU)이 있다. 그리고 미디엄숏(medium shot, MS) 또는 웨이스트숏(waist shot, WS)은 중간의 거리에서 객관적 묘사에 이용된다. 바스트숏(bust shot, BS) 또는 타이트바스트숏(tight bust shot, TBS)은 친밀감을 유지할 수 있는 숏이다. 그리고 상반신의 움직임을 보여 주는 데 적절한 니숏(knee shot, KS), 타이트하게 전신의 움직임을 보여 주는 숏으로 풀 피규어(full figure, FF)가 있다.

이외에 인물 촬영에 있어서는 시선 방향에 리딩룸(leading room) 또는 노즈룸(nose room)이라고 불리는 공간을 주고, 윗부분은 헤드룸(head room)이란 공간을 주어 여백의 미를 살린다.

촬영시 빼놓을 수 없는 중요한 요소가 조명인데, 조명은 빛을 통한 하나의 언어로서 대상의 윤곽, 화면, 세트, 공간에 대한 인상과 정서적인 분위기의 효과를 만들어 낸다.

7. 편집

편집은 사후 제작(Post Production)으로서 숏(Shot)이나 시퀀스(Sequence)를 배치하는 과정이다. 편집은 촬영한 영상물의 제작 의도와 내용 및 스토리 흐름의 완급을 미학과 기술로 조절하는 영상 문법화의 작업이다.

영상 문법을 이해하기 위해서는 먼저 다음과 같은 기초적인 용어의 이해가 필요하다.

숏(shot): 숏은 가장 기본적인 영상 단위로서 단일 카메라가 잡은 연기의 한 토막, 즉 화면 전환 사이의 한 그림을 말한다. 숏은 도중에 촬영을 중단하지 않고 찍은 하나의 화면을 말한다.

신(scene): 몇 개의 숏이 모여 하나의 의미를 만드는 단위의 장면을 말한다. 보통 신은 동일 시간과 동일 장소에서 일어나는 사건을 다룬다.

시퀀스(sequence): 여러 개의 신이 모여 하나의 완성된 내용을 가진 부분을 말한다. 연속성을 통해 하나의 에피소드를 이루는 독립적 구성 단위이다.

컷(cut): 숏과 거의 같은 의미로 사용되나 숏은 촬영 용어이고, 컷은 편집 용어이다. 편집에서 필요 없는 부분을 잘라내는 행위를 말하며, 제작 행위나 연기를 멈추는 것을 의미하기도 한다.

편집 유형은 여러 가지가 있다. 연속 편집은 화면 내에서 시간·장소·내용적인 연결성이 중요시되는 편집 방법이다. 매 숏 속의 인물·동작·음성·상황·의미 등이 제대로 연결되도록 커팅의 시점을 잘 결정해 시선이나 움직임의 방향을 맞춰 부드럽게 연결해 주어야 한다. 교차 편집은 두 가지 이상의 사건을 양쪽의 상황을 교대로 한 컷씩 서로 엇갈리게 편집하는 방법이다. 동시에 대조함으로써 흥미와 극적 긴장감을 유발할 수 있다. 편성 편집은 특별한 영상 편집 방식 없이 보통 내레이션을 매개로 화면을 연결해 가는 방법으로서 영상의 연속적 구성력이 약하다.

장면 전환의 편집 기법은 여러 가지가 있다. 컷은 하나의 숏에서 다른 숏으로 순간적으로 바꾸는 기법으로서, 이는 강조나 섬세한 묘사, 화면 크기 변화, 연속성을 표현하고자 할 때 사용되는 가장 강력한 효과의 전환 기법이다. 뉴스 한 아이템에서는 1분 20초 정도에 25컷 이상 장면이 바뀔 정도로 한 숏의 길이가 짧다. 가능한 한 많은 것을 보여 주기 위해 화면의 흐름을 다양하고 빠르게 편집한다. 페이드 인(F.I) 페이드 아웃(F.O)은 주로 많은 시간의 흐름을 표현할 때나 신이나 시퀀스를 구분하기 위해서 사용되는데, 서서히 장면을 바꿀 때 사용한다. 그리고 디졸브(Dissolve)는 숏과 숏이 순간적으로 중첩(Overlap)되면서 앞의 장면은 페이드 아웃되고 다른 장면으로 서서히 바뀌는 전환 기법을 의미한다. 와이프(Wipe)는 선이나 원·사각형·다이아몬드형 등으로 한 화상에서 다른 화상으로 일부분부터 없애 가며 나타나는 장면 전환 기법이다. 전화 통화를 하는 동시 상황이나 비교 상황, 프로그램의 타이틀이나 광고 제작에 쓰인다.

8. 시청률과 조사 방법

시청률은 방송 편성에서 가장 많이 의식하는 자료이다. 시청률 조사는 시청자의 구조와 시청 시간 및 시청 태도를 파악하는 조사이다. 즉 이 조사는 시청자의 인구 사회학적 특성과 함께 시청자가 좋아하는 프로그램과 시청 습관을 파악하여 프로그램 편성과 제작 방향을 잡게 해주고, 효과적인 광고 시간과 광고 가격에 대한 정보를 제공한다. 따라서 시청률 조사는 방송 기획자·편성자·제작자·광고주 등에게 중요하고도 민감한 기초 자료가 된다.

사실상 방송에 대한 조사는 광고주의 관심에 의해 시작되었다. 광고주들은 그들의 상업 광고가 전파를 타고 과연 얼마나 효과적으로 시청취자들에게 도달하는지에 관심을 가졌기 때문이다. 그들은 전문 조사 기관을 통한 정확한 시청취자의 규모와 구조에 대한 자료가 필요했던 것이다.

시청률의 종류에는 총시청률·시청 점유율·시청률의 개념이 있다. 시청자의 전체 크기를 알려면 총시청률(HUT/PUT)과 시청 점유율(Share)이 필요하다. 전자(Home Using Television)는 전체 텔레비전 보유 가구 중 시청중인 가구수로 나눈 백분율이고, 후자(Persons Using Television)는 시청 가구 중 각 방송국의 시청 비율을 말한다. 그리고 시청률(視聽率, rating)은 전체 텔레비전 시청 가구 중 특정 방송사의 프로그램 시청 가구의 비율을 말한다.

그러면 시청률 조사는 어떻게 이뤄지는가? 1999년 시작한 한국의 대표적인 시청률 조사 회사 TNS미디어코리아(Taylor Nelson Sofres MEDIA KOREA)의 예를 들어 보기로 한다(한편 미디어서비스코리아 (MSK)사는 1991년 이래 거의 독점적인 위치에 있었다). 우선 이 조사의 모집단 대상인 전국 8천 가구에 대해 기초 조사를 한 다음, 표본 집단인 전국 1천5백 가구(서울 및 수도권 8백 가구, 부산 2백20가구, 대구 1백80가구, 대전 1백50가구, 광주 1백50가구를 포함하여 6천 명)의 시청률 조사 대상 패널 가구를 선정한다.

조사 방법은 패널로 선정된 가구의 텔레비전 수상기에 새로운 피플미터인 작은 기기를 부착하고, 리모컨과 모뎀을 통하여 누가 언제 어떤 방송을 얼마만큼 시청하는지, 그 시청 패턴을 조사 회사의 중앙 컴퓨터에 자동적으로 전송하는 방식이다. 조사 회사 컴퓨터는 각 가구의 일일 시청 자료를 픽쳐 매칭(Picture Maching)이라는 방법을 통해 분류한다. 이는 시청자의 텔레비전 수상기에 나타나는 화면을 데이터화하여 조사 회사의 컴퓨터에 저장된 화면 데이터와 대조하여 시청률을 측정하는 방법으로서, 단 한번의 장치로도 공중파 방송뿐만 아니라 케이블 방송, VTR의 시청률을 모두 조사할 수 있도록 개발된 새로운 조사 기술이다. 이런 방식으로 조사된 자료는 매체별·지역별·시간별 등으로 분류 정리되어 매일 아침 방송사, 광고 회사 등에 보내진다.

한편 다른 조사 방법으로는 일기, 면접 조사, 전화 인터뷰, 미터기 등이 있다. 일기식은 과거에 사용했던 방식이고, 면접 조사는 기억에 의존하여 부정확하다. 전화 인터뷰는 신속성, 미터기는 정확성을 기할 수 있다는 장점이 있다. 그러나 전자는 조사 시간에 제약이 있고, 후자는 조사 장치가 비싸다는 단점이 있다. 따라서 이들을 보완한 피플미터 조사 방식이 보편적으로 가장 많이 사용되고 있다.

시청률 조사는 실제 전체 시청 가구에 대한 조사가 아니라 표본 집단이기 때문에 오차 범위 내에서 정확성의 한계가 있다. 예를 들어 시청률 1퍼센트의 오차는 수만 명의 오차를 생기게 한다. 그리고 리모컨 등 기기 조작의 물리 기술적 한계도 있다. 또한 시청에 있어서의 심리 상태나 집중도 등 시청의 질적 수준을 알 수가 없어 부정확성의 범위는 더 커질 수 있다. 시청률 조사는 조사 과정의 신뢰도를 높이기 위해 경쟁과 검증 방법의 필요성이 제기된다. 우리 나라의 경우 시청률 조사 회사들이 모두 사기업이기 때문에 공정하고 객관적인 조사 과정을 위해 시청률 조사 검증 기구에 의한 정기적 검증이 필요하다.

시청률은 프로그램에 대한 다양한 양적인 평가 자료가 된다. 그리하여 시청률은 방송사간의 경쟁을 유발시켜 질 좋은 프로그램을 만들거나, 반대로 선정적이고 폭력적인 프로그램을 만들게 하기도 한다. 시청률 경쟁은 불가피하나 방송 관계자들이 시청률을 기초 자료로서만 사용해야지 시청률 지상주의에 빠져서는 안 될 것이다. 특히 공영 방송은 상업 방송에 비하여 방송의 공공성 기능을 염두에 두고 지나친 시청률 경쟁을 지양해야 한다. 1995년 한때 우리 방송사들은 시청률 자료를 받아 보지 않기로 결의한 적도 있으나 결의는 오래가지 못했다. 시청률은 활용의 문제이다. 시청률을 잘 활용하면 과학적인 편성으로 시청자들에게 다양한 프로그램의 서비스를 할 수 있다.

한편 미국에서는 피플미터 방식을 사용하면서 다이어리 방식으로 보완하여 시청률 조사를 하고 있다. 특히 지역 텔레비전 시청률 조사에서 두 방식을 병행하고 있다. 미국에서 피플미터 텔레비전 시청률 조사는 1987년에 시작되었다. 시청률 조사 회사로서 넬슨(Nielsen)사와 아비트론(Arbitron)사가 서로 경쟁하다가 1994년 이후로 넬슨사가 거의 독점하고 있다.

전국 네트워크 시청률 조사는 전국 9천9백40만 가구 중 5천 가구를 샘플로 선정하여 2세 이상 개인의 시청률을 측정하고 있다. 이 조사는 7개 네트워크 채널(ABC, CBS, NBC, WB, UPN, PAX, Fox)과 다수의 케이블 TV(유료 포함) 채널을 포함하고 있다.

넬슨사를 포함한 조사 회사들은 1964년 미국 청문회를 계기로 방송 관련사들이 만든 비영리 단체 미디어시청률위원회(Media Rating Council)의 정기적 검증 대상이 되었다.

영국의 경우 시청률 조사 독점을 방지하기 위해 1981년 시청률조사위원회(BARB)가 설립된 이후 2개의 시청률 조사 회사(Taylor Nelson Sofres와 RSMB Television Research Limited)가 조사 기능을 수행한다. RSMB는 표본 가구의 선정과 관리를, TNS는 장치 설치와 자료 수집 및 분석을 각각 담당한다. 그리하여 두 회사는 안정적인 투자를 하며, 경쟁을 통하여 조사의 질적 제고를 하게 되어 있다.

프랑스의 경우 방송 관련사들이 공동 출자하여 만든 미디어메트리(Mediametrie)가 조사 기준과 조사 회사(Secodip과 Audimedia)를 선정한다. 비용은 자료 이용자들에게 이용료를 징수하여 충당한다. 그리고 CESP라는 기구가 이용자 의견 수렴 및 조사 회사에 대한 검증을 한다.

9. 방송 프로그램 제작 가이드

일반적으로 방송 프로그램의 편성은 보도·교양·오락 분야로 크게 나누어지고, 각 분야의 프로그램은 각각 장르별 특성과 기능을 지닌다. 따라서 방송 프로그램은 장르별 특성을 염두에 두고 제작되어야 한다. 여기서는 방송 프로그램 제작의 한 사례로서 사회 고발성 탐사 보도 프로그램의 기능과 내용을 살펴보고, 그 문제점을 지적하면서 제작 가이드 라인을 제시해 보고자 한다.

1) 탐사 보도 프로그램의 기능과 문제점

탐사 보도 프로그램은 뉴스 보도 프로그램의 한 형식으로서, 그 기원은 흔히 1870~80년대 미국 신문의 폭로 저널리즘에서 찾는다. 언론의 사회적인 문제에 대한 지속적인 감시와 문제 제기의 시발점이 된 것은 1870년 《뉴욕 타임스 *New York Times*》의 부정 폭로 기사라고 할 수 있다. 트위드당(Tweed Ring)의 공금 횡령에 대한 《뉴욕 타임스》의 폭로는 외압에 굴복하지 않고 지속되어 언론의 승리를 가져오게 되었다. 이후 여러 신문과 잡지는 부정의 폭로에 앞다투어 참가하게 되었으며, 미국 사회에 큰 영향력을 행사하게 되었다. 이러한 정치적 권력의 부정과 부패에 대한 언론의 감시와 폭로 작업은 이후 크루세이드(Crusades: 부정 추방 성전(聖戰))라고 일컬어졌다. 정치적 권력 이외에도 부조리한 상거래 행위와 같은 사회의 비리 사건에까지 확대되었던 크루세이드는, 이후 경쟁사들간의 과다 경쟁으로 흥미 위주의 사건 보도와 사생활 폭로로 전락하여 진정한 의미를 상실하기도 했다.

오늘날 미국의 탐사 보도 프로그램에는 CBS사의 〈60minutes〉나, NBC사의 〈Dateline〉, ABC사의 〈20/20〉 등이 있다. 한국의 경우 MBC의 〈PD 수첩〉 〈시사매거진 2580〉, KBS 제2TV의 〈추적 60분〉, SBS의 〈그것이 알고 싶다〉가 대표적인 프로그램이다.

이러한 사회 고발성 탐사 보도 프로그램은 사건 현장에 접근하여 생동감 넘치는 영상 언어와 분석적 심층 취재를 통하여 사회 문제의 발생 배경과 그 내용을 시청자들에게 폭로한다. 이러한 탐사 보도 프로그램은 일반 뉴스와 비교해서 프로그램 제작상 취재 마감 시간의 제약을 덜 받고, 한 아이템에 초점을 모아 장기 기획과 제작으로 만들어지는 장점을 가진 프로그램이다. 또한 사회의 부정부패와 비리 등 사회악을 고발함으로써 사회 규범을 강화시켜 사회 개혁과 사회 통합의 기능을 하는 공익성이 뛰어난 프로그램이다.

그러나 이러한 긍정적 기능에도 불구하고 프로그램의 역기능 또한 있을 수 있다. 인권 침해, 명예 훼손, 사생활 침해, 추측 보도, 변론 부족 등으로 이해 당사자들의 많은 반발과 압력을 받고 있다. 이외에 비리, 범죄의 모방, 사회적 불안감 및 사회 불신감을 조장할 가능성이 있다. 또한 객관성과 공정성의 시비, 분석적 접근 방식 결여, 진행 방식의 문제, 대안 제시의 부족, 내용의 선정성 등의 프로그램 제작상 문제점들이 자주 지적되곤 한다.

사회 고발과 감시가 올바르게 이루어지려면 방송은 사회 문제를 잘 지적하고 분석하며 대안 제시를 해야 한다. 일반적으로 탐사 보도 프로그램은 '탐사'와 '폭로'라는 성격을 부각시키고 있으므로 심층적인 취재에 논리적인 과정을 수반하여야 한다.

그러나 한국의 탐사 보도 프로그램의 제작 과정과 내용에 있어서 적잖은 문제점들을 노출하고 있다. 그것은 소재 선택의 제한성, 임의적인 논거 사용, 센세이셔널리즘에 대한 편승 등이다. 이러한 문제점들이 개선되기 위해서는 제작진의 취재 태도의 변화와 제작진 외부 환경의 변화가 동시에 수반되어야 할 것이다. 특히 취재에서 지적되는 문제점들은 인터뷰 방식, 진행 방식, 설득력 생산 방식, 자료 이용 방식 등이다. 여기서는 이러한 문제점들을 짚어 보고 그 해결을 위한 방법들을 생각해 보기로 한다.

2) 문제점 해결 방안

① 우선 제작진이 정치·경제·이념·국방 등 경성 아이템을 과감하게 다룰 수 있도록 방송사 경영진과 제작진을 포함한 방송 언론인들의 투철한 직업 의식이 필요하다. 흔히 경성 아이템이라고 불리는 주제들은 그 사회의 권력 구조와 밀접히 관련되어 있고, 그 구조의 결정 과정과 결과가 방송사나 사회 일반에 미치는 영향이 크므로 제작진들은 이러한 아이템의 선택을 스스로 기피하거나 아이템 선정에 있어서 외부의 압력을 받을 수 있다. 방송 선진국의 경우 방송 제작에 외압이 없다는 것은 방송사 경영인이 이를 잘 막아 주는 언론 본연의 자세를 잃지 않았음을 말해 주고 있다. 사회 고발에 있어서 성역은 있을 수 없다. 사회 고발성 탐사 프로그램은 자신의 의사나 이

해를 개진할 수 없는 사람들의 목소리를 대변하면서 정치·경제·사회적으로 힘 있는 세력의 부정과 비리를 파헤치는 것에 목표를 두어야 한다. 이때 권력 구조와 관련된 사회 문제를 방송이 고발함에 있어서 이를 또 다른 권력 관계의 차원에서 이용하려는 세력을 경계하여야 하며, 만약 이러한 상황이 발생할 경우 이 역시 고발하고 비판할 수 있어야 한다. 이를 위하여 방송사 경영진 및 언론 관계인들의 보다 투철한 직업 의식과 언론 자유의 수호 정신이 요구된다.

아이템 선정에 있어서 시민의 제보는 매우 중요한 비중을 차지한다. 사회 각계각층의 조직에 존재하는 비리·부정·부패는 그 조직의 성원이 아니면 내막을 잘 알 수 없는 경우가 많다. 조직 내부의 공익 정보 제공자들을 보호하고, 이들이 위신을 갖게 하는 사회적 분위기를 조성할 필요가 있다. 이는 프로그램의 아이템을 풍부하게 하고, 객관적인 증거를 확보하며 심층적인 취재를 하는 데 기여할 것이다.

② '사실 전달'에 있어서 객관성과 공정성을 유지하면서도 해당 사안에 대한 자료 입증과 입장 정리가 명확해야 한다. 아무리 고발적 성격을 띤다고 하지만 시종일관 피고발자를 궁지로 몰아붙이는 식의 취재는 곤란하다. 바람직한 고발 형식은 균형 있는 취재원의 선택, 가해자에 대한 변론권의 보장, 명확하지 않은 자료에 대한 보도 자제 등을 통해 자료 수집과 선택에 있어서 객관성과 공정성에 근접할 수 있을 것이다.

프로그램은 심층 탐사와 고발을 표방하고 있기 때문에 심층적인 자료 획득이 필요하다. 채택된 소재에 대한 기존 보도 내용을 점검하고, 법률적·학문적 배경 지식이나 논쟁들을 검토하여 소개하거나 기존 자료가 미비할 경우 새로운 조사 연구를 수행하는 방식이 필요하다. 기존 자료를 이용하는 경우 출처를 정확히 밝히지 않거나 오차 한계를 명시하지 않는 경우가 대부분인데, 이는 시간적·인적 자원의 부족과 전혀 무관한 것으로 '자료의 타당성과 신빙성'에 대한 의식 제고가 요청되는 부분이다. 이처럼 분석적 보도의 기초적인 부분이 방기될 때 방송의 신뢰성은 큰 타격을 입게 된다.

제작 기간이 3~4주 정도의 짧은 제작 일정에도 불구하고 공신력 있는 프로그램으로서의 전통을 이어가기 위해 가장 중요한 것은 '오보'의 방지이다. 취재 내용 중 결정적인 것이 객관성이 충분히 검증되지 않았거나 재론의 여지가 많다면 방영 시기를 늦추더라도 자세하게 검토해야 한다. 이를 위해서는 일주일 방영분 이상의 여유 있는 아이템에 대한 진행이 함께 진행되어야 할 것이다. 또 취재 내용의 부실함이 의심될 때는 후속 취재가 필수적이다.

시사 탐사 보도 프로그램은 뉴스와 비교하여 시간의 제약을 덜 받으면서 심층 취재하여 설득력 있게 시청자들에게 고발하는 프로그램이다. 따라서 뉴스 보도 중에서 부족한 부분을 골라 시의성 있는 아이템을 갖고 완전한 탐사가 이루어질 때까지 심도 있게, 그리고 필요한 경우 지속성 있게 연속 취재를 하여야 한다. 지금까지 1회 방송에두 가지의 아이템이 편성되는 것이 지배적인 방식이고, 겉핥기 식의 보도를 지양하기 위해 하나의 아이템으로만 편성하거나 연속 기획, 후속 취재 등이 시도된 바 있다. 그러나 두 가지 아이템에서 하나의 아이템으로 줄였던 경우, 보도가 깊이 있어졌다기보다 나열된 사실들의 양적 증가가 두드러졌다는 편이 타당하다. 신선한 아이템의 부족을 호소하며 타 방송사 프로그램과 중복된 아이템을 편성하는 것보다 한 아이템에 대한 지속적인 후속 취재나 연속 기획을 확대하는것이 바람직할 것이다. 이 경우 취재 과정에서 한 사안에 대한 전문적 지식이 심화될 수 있는 가능성도 존재한다.

③ 접근 방식과 진행 방식에 유의하여야 한다. 이는 논리 전개, 논거의 획득, 대안의 제시, 객관적인 진행 방식과 관련된다. 탐사 보도 프로그램은 정보 제공이나 문제 제기에 그치는 표면적 접근 방식보다는 원인 규명 및 분석적 평가와 함께 구체적 대안 제시까지 할 수 있어야 한다. 단순한 사실 정보의 전달이나 은폐된 사건의 폭로 등 문제 제기에만 그치는 접근 방식은 선정적으로 흐르기 쉬우며, 시청자를 허탈감에 빠뜨릴 수 있다.

또한 진행자의 권위적·계도적 진행이나 감정적 개입, 불필요한 개입 등 진행 과정이 문제가 되기도 한다. 진행자는 취재자에 대해 시청자의 입장에서 질문을 하지만 동시에 문제된 사안에 대해 궁극적으로 논평자의 역할도 하여야 한다. 이러한 논평은 어디까지나 취재 의도 및 취재 내용과 일치한 맥락에서 이루어지는 것이지 주관적·임의적 가치 판단 또는 상호 이율 배반적인 논평을 말하는 것이 아니다.

④ 프로그램 제작에는 인터뷰 방식이 많이 사용된다. 인터뷰 범주에서 꼭 필요한 범주(고발자와 피고발자를 포함하는 당사자, 주장의 신빙성을 검증할 제3자, 조언의 역할을 할 전문가 등)를 빠뜨리지 않도록 주의해야 된다. 제작진은 일반적으로 고발자나 피고발자가 취재에 응하지 않는 경우가 많아 취재에 어려움이 많다는 점을 호소한다. 그러나 이런 경우에도 몰래 찍기나 훔쳐보기 같은 손쉬운 방식의 유혹에 넘어가기보다 장기적이고 다각화된 방식을 통해 최소한의 대상 범주를 충족시켜야 하며, 취재의 완전한 불가능성이 예상될 때는 아이템을 포기해야 한다는 생각을 가져야 할 것이다. 인터뷰는 직접적인 의사 개진의 방식으로 어타의 의견 개진보다 시청자에게 절대적인 영향력을 행사한다. 따라서 인터뷰의 필수적인 기능은 충족되어야 하지만 전적으로 인터뷰에 의존하여 논리를 전개시켜 나가는 것에도 문

제가 있다. 구체적인 인터뷰 방식으로는 강제적 혹은 유도적 인터뷰 방식을 지양하고 논거 확증과 대안 제시 방향에서 인터뷰가 이루어져야 할 것이다. 이러한 의미에서 전문가 인터뷰는 단순한 원론적·당위론적 수준에 그치는 내용보다는 구체적인 정책이나 대안을 제시할 수 있는 내용을 담아야 할 것이다. 그리고 인터뷰 대상의 초상권 보호를 위하여 모자이크나 음성 변조를 많이 하고 있는데, 공무원 등 공직 관련 부서의 인터뷰자는 사실 정보 제공의 책임과 의무를 지는 공인이므로 선진 국가의 경우처럼 불필요한 배려는 하지 않는 것이 좋다. 그리고 너무 많은 모자이크 처리나 음성 변조는 사실감을 떨어뜨리며, 시청자의 피로와 싫증을 유발하기도 하므로 절제해야 한다.

⑤ 한편 방영된 프로그램 소재와 내용에 대해 상반되는 의견을 가진 이들이나 이해 당사자들로부터 제작진이 항의나 법률적인 소송 등을 제기받는 경우가 있는데, 이에 대한 언론사측의 법률적 지원책이 필요하다. 방송사 경영진은 법률적 문제에 대하여 제작 과정에서 도움을 주고, 차후의 문제를 전담할 법률적 지원 체계를 마련해야 한다. 이를 통해 제작진이 제시한 논거와 주장의 타당성이 한층 심화될 수 있을 뿐 아니라, 안정적이고 자신감 있는 제작 태도가 마련될 수 있을 것이다. 그리고 시청자들의 의문과 항의성 질의에 대해서는 프로그램 방송 후에라도 제작진이 취재 자료를 토대로 보충 설명과 해명을 할 수 있는 방송 시간도 마련함으로써 시민의 사회 참여도를 높이고, 불필요한 의혹과 오해를 없애면서 공공성을 제고하면 결과적으로 프로그램의 질을 향상시킬 수 있을 것이다.

제5장

광고와 홍보

1. 광고의 개념과 특징

광고는 마케팅의 관점에서 보면 상품의 교환 행위를 창출하는 아이디어와 서비스에 대한 일련의 기획 및 집행 과정이다. 또한 광고는 커뮤니케이션의 관점에서 보면 광고주와 소비자들 간의 메시지를 제작하고 해독하는 피드백 과정이다. 그러므로 이 두 관점을 합해 보면 광고는 마케팅 커뮤니케이션이라고 정의할 수 있다. 좀더 자세히 정의하자면 광고는 "불특정 다수에게 상품 또는 서비스의 존재, 특징, 편익성을 제시하고 설득하여 그들의 욕구나 필요를 자극시킴으로써 그에 대한 구매 행동을 촉진시키거나, 혹은 광고주 자신에 대한 일반적 신뢰도를 높이기 위해서 행하는 유료 커뮤니케이션"이라고 할 수 있다.

이상의 개념들을 바탕으로 한 광고의 커뮤니케이션적 특성은, 첫째 매스미디어를 통해 전달되는 커뮤니케이션, 둘째 상품과 서비스 등의 구매 행위를 설득하는 커뮤니케이션, 셋째 송신자가 미디어 사용료를 지불하는 유료 커뮤니케이션, 넷째 이윤 추구를 목적으로 하는 영리적 커뮤니케이션이란 점이다.

이와 같이 광고는 상품·서비스·아이디어 등의 판매를 촉진시키는 데 목적을 두고 있으며, 소비자들에게 관심과 흥미를 이끌어 최종적으로 구매 행동을 촉진시키는 데 그 목표를 갖는다고 할 수 있다.

2. 광고의 역사

고대 이집트에서 분실 공고('도망간 노예를 찾아 주면 사례금 지급'이라는 파피루스로 만들어진 포스터)가 있었는가 하면, 기원전 3000년 바빌론의 진흙판에는 연고 취급상과 신발 제조업자에 관한 내용의 광고가 존재한다.

이후 광고의 역사는 미디어의 역사와 함께 시작한다. 근대 사회에 이르러, 특히 18세기 산업 혁명과 인쇄술의 발달로 광고물이 포스터 · 전단 · 신문 등에 게재되었다. 특히 신문의 발달은 광고의 확산을 가속화시켰는데, 당시 광고의 내용은 상인들이 새로운 상품의 유입을 소개하는 공고였다. 19세기말 사진의 발명으로 잡지 광고가 등장하고, 전신 · 전화 · 영화 등과 같은 새로운 매체가 등장하여 대량 광고 시대를 열었다.

이제 광고는 상품 정보를 알리는 기능을 넘어서 소비자를 설득하는 기능을 가졌다. 그리고 광고는 기업들간의 시장 점유 경쟁에서 핵심적인 역할을 담당하게 되었다.

1950년대부터는 텔레비전이 대중화되면서 텔레비전 광고가 확산되었다. 그리고 1980년대 이후로 케이블 방송, 위성 방송, 인터넷과 같은 뉴미디어의 발달은 광고의 질과 양을 높이는 데 커다란 역할을 담당한다. 상품 광고는 소비자에게 제품 정보와 교육의 기회를 제공하는 역할도 하게 되었다.

한국의 경우 근대적 광고가 최초로 등장하게 된 시기는 19세기말 미국 · 영국 등과 통상 체결을 맺은 때이다. 그리고 1882년 《조선신보》, 1886년 《한성주보》에 각각 최초의 광고가 게재되었다. 1920년대 《조선일보》와 《동아일보》 지면의 30~40퍼센트는 광고가 차지했다. 그 당시 광고 내용은 주로 잡화·약품·화장품 등이었다.

해방 후 1960년대에 방송국들이 개국하면서 텔레비전 광고 시대의 서막을 알렸다. 1960년대는 제약 광고의 시대였다. 그리고 합동 통신사의 광고 기획실·만보사·애드코리아 등의 광고 대행사가 출현하였다. 1970년대는 경제 부흥과 텔레비전 보급이 확산되면서 더불어 광고 시장이 폭발적으로 증가하였다. 당시 3대 광고 대행사는 제일기획·연합광고·(주)오리콤이었고, 1980년대에는 해태그룹의 코래드, 현대그룹의 금강기획, 롯데그룹의 대흥기획, 태평양 그룹의 동방기획 등 대기업 계열의 광고 대행사가 등장하였다. 그리고 2000년 이후 약 2백 개 이상의 광고 대행사가 있다.

3. 광고의 기능

광고는 다음과 같이 여러 가지 기능을 수행한다.

첫째, 광고는 경제적 기능을 한다. 광고는 상품을 구매하고 싶은 욕망을 자극하여 소비를 촉진시키고, 제품 생산을 증대시킨다. 또한 새로운 상품 시장을 확대하고, 기업간 건전한 경쟁을 유도하여 더 좋은 품질의 상품을 만들도록 한다. 반면에 경쟁 기업을 중상·비방하기도 하고, 지나친 경쟁을 부추기면서 경제 자원을 낭비하고 제품의 품질을 저하시키는 역기능도 한다.

둘째, 광고는 마케팅 기능으로 판매를 촉진하고 제품을 차별화시킨다. 또한 마케팅 활동의 시너지를 창출하며, 상품이나 기업에 좋은 이미지를 심어 주기도 한다.

셋째, 광고는 사회 문화적 커뮤니케이션 기능을 수행한다. 광고는 소비자들에게 상품 정보와 사용 방법을 알려 주고, 현명한 선택과 건전한 소비 습관을 형성시켜 준다. 그리고 새로운 상품에 대한 흥미와 관심을 유발시키고 광고 자체를 즐기게 하기도 한다.

반면에 광고의 사회 문화적 역기능도 있다. 즉 광고는 과소비 심리를 자극하고 향락 풍조와 낭비를 조장함으로써 물질만능주의를 확산시키며 잘못된 소비 습관을 갖게 하기도 한다. 선정적 광고와 광고 모방 행위들은 사회 규범이나 풍속을 해치는 기능도 한다. 또한 과장 광고나 허위 광고는 소비자들을 속임으로써 상품에 대한 불신감을 조장한다.

4. 광고주와 광고 대행사

광고계의 주요 요소로는 광고주, 광고 대행사, 매체, 특수 서비스 제공업자가 있다. 우선 광고주 혹은 스폰서는 광고 비용을 지불하고 최종 결정을 내리는 당사자다. 광고 대행사는 광고주를 대행하여 광고 업무의 일부나 전체를 기획하고 이행한다. 그리고 매체는 광고주의 메시지를 수용자에게 전달하는 매스커뮤니케이션 채널을 의미한다. 특수 서비스 제공업자는 광고 관련 회사마다 각기 다른 다양한 서비스의 내용을 제공한다.

여기서는 광고주와 광고 대행사에 대해서 좀더 살펴보고자 한다.

광고주가 광고를 관리하는 방식은 크게 광고주와 관련 없는 개별적인 독립 광고 대행사를 이용하는 방법과, 광고주의 계열 회사로서의 광고 대행사를 이용하는 방법이 있다. 미국은 독립 광고 대행사가, 한국의 경우는 계열 광고 대행사의 비중이 상대적으로 높다. 한국의 주요 광고 대행사는 대기업에 속해 있다. 제일기획(삼성)·LG애드(LG)·금강기획(현대)·대홍기획(롯데) 등이 여기에 속한다.

독립 광고 대행사나 계열 광고 대행사는 각기 장단점을 갖고 있다. 우선 독립 대행사의 경우 다양한 광고주를 접촉한 경험이 축적되어 있고, 시장이나 소비자에 대해 보다 객관적인 시각을 유지할 수 있으며, 환경 변화에 매우 유연적일 수 있다. 그러나 광고주를 유치하기 위한 경쟁을 벌여야 하는 단점을 지니고 있다. 반면에 계열 대행사는 광고주의 이동이 거의 없고 기업으로부터 지원을 받을 수 있으며, 계열사의 광고를 일관되게 추진하고 광고비 수수료가 외부로 빠져나가지 않는 장점을 갖고 있다. 그러나 외부 광고주를 유치하는 데 있어서 제한적일 뿐만 아니라 독자적이고 객관적인 견해를 제시하는 데 한계를 지니고 있다. 또한 치열한 경쟁 상황을 다소 벗어나 있기 때문에 서비스의 질적 저하를 초래할 수 있는 가능성이 많고, 모기업과 성패를 같이해야 한다는 점이 단점이라고 할 수 있다.

광고 대행사는 제공하는 서비스에 따라 종합 광고 대행사와 특수 대행사가 있다. 전자는 광고·PR·이벤트·판촉 등과 같이 다양한 마케팅 커뮤니케이션을 제공한다. 후자는 여러 작업 중에서 특정 서비스만을 전문적으로 제공하는 대행사이다. 대표적으로 선거철 정치 광고 등을 하는 크리에이티브 부티크를 들 수 있다. 이 대행사는 주로 신선한 아이디어로 메시지를 개발하는 데 주력한다. 또한 매체 구매를 전담으로 하는 특수 대행사가 있다. 이들을 미디어 랩(media repre-sentative)이라고도 하는 데, 매체로부터 광고를 위한 시간이나 지면을 구매하는 일을 맡는다.

광고 대행사는 크게 기획부와 크리에이티브·매체, 그리고 조사 파트로 구성되어 있다. 여기서 광고주 담당자(account executive, AE)는 가장 큰 역할을 담당하는데, 이들은 광고주를 대신하여 광고 기획과 제작을 관리한다. 크리에이티브 부서는 카피라이팅·아트 디렉션·제작 등을 포함하는 일련의 크리에이티브 작업이 이루어진다. 크리에이티브 디렉터는 이러한 작업을 총괄하고, 카피라이터는 광고 메시지를 작성한다. 아트 디렉터나 디자이너는 디자인·사진·그림·활자체 등을 제작하고, 프로듀서는 방송 광고를 제작한다.

매체 부서는 효과적인 매체를 선택하는 매체 기획과 매체 구매를 담당한다. 조사 부서는 소비자·시장·매체·광고 효과 등 조사와 전략을 위한 일련의 연구를 수행한다.

5. 광고 제작과 전략

1) 광고 제작

광고는 특히 창조적 사고, 즉 크리에이티비티가 요구되는 분야이다. 그러므로 광고 제작은 처음부터 마무리까지 크리에이티브 과정에서 이루어진다. 광고는 판매를 목적으로 한 창조적 성격을 띠며, 소비자와 어떻게 커뮤니케이션할 것인가를 분석하고 판단하는 전략적 사고에 입각해 있기 때문이다. 그래서 마케팅 전략과 크리에이티브가 조화를 이루어야만 소비자들의 관심을 불러일으키고 상품을 파는 데 기여하게 된다.

뛰어난 광고들은 기발한 빅 아이디어를 가지고 사람들의 눈길을 끌며 오래도록 기억에 남는다. 그래서 광고는 창의적이면서 동시에 전략적이어야 한다. 이는 R.O.I라고 하는데, 즉 투자 이익을 얻기 위한 광고는 적절하고(Relevance) 독창적이며(Originality) 임팩트(Impact)가 있어야 한다는 것이다. 다시 말하면 광고란 적절한 메시지를 그 수준에 맞는 소비자들에게 적절한 시간과 장소에 전달해야 소비자들의 구매를 이끌어 낼 수 있다. 그리고 광고는 일상적인 것과는 거리가 먼 독창성을 갖고 수용자의 주의를 집중시켜야 하는 임팩트를 가지고 있어야 한다. 뛰어난 광고는 이러한 조건 이외에 명쾌한 컨셉트와 완벽한 아트워크에 의한 감동이 있는 광고이다.

2) 크리에이티브 전략

광고주 담당자(AE)는 정확한 시장분석을 통해 광고주를 납득시키고 동의를 얻어야만 크리에이티브를 팔 수 있다. 광고 전략의 핵심 항목은 광고 목표, 목표 대상, 약속과 근거, 바람직한 이미지 형성, 매체 전략 등이다.

① 광고 목표: 광고 목표란 마케팅 목표를 달성하기 위한 광고의 목표를 말한다. 광고는 소비자에게 상품을 인지시키고 호감도를 높이며 정보를 제공함으로써 소비자의 태도를 변화시켜 물건을 사고 싶어하는 욕구를 일으키는 것이 그 임무이다. 광고 목표는 인지도의 제고, 브랜드 이미지 창출 및 호감도 제고, 브랜드 이점 및 우월성에 대한 정보 전달, 인식상의 판매 장애 요소 제거, 판매 사원을 위한 가이드 라인 제시와 같은 커뮤니케이션 측면에서 세워진다.

② 목표 집단: 목표 집단은 구매 의사를 결정하는 데 영향을 미치는 사람들이다. 일반적으로 타깃 오디언스라고도 불리며, 크리에이티브 발상과 매체 전략의 핵심 도구이기 때문에 한 사람의 프로필처럼

구체적으로 기술되어야 한다.

③ 약속과 근거: 광고는 상품에 대한 소비자와의 약속인데, 이 약속은 단일 집약적이어야 하고, 제품·광고 목표·목표 집단과 직접적인 관련이 있어야 한다. 약속은 독창적이고 마음을 움직이는 영향력·신뢰성·편익성·만족감을 포함하고 있어야 한다. 그리고 광고는 소비자에게 약속을 믿게 할 수 있는 근거를 제시하여야 한다.

④ 브랜드 이미지와 개성: 브랜드 이미지는 한 상표를 경쟁자들과 구분짓는 값진 자산이다. 그러므로 브랜드 개성은 전략적으로 결정되어야 하며, 장기간 일관성을 유지할 때 얻어지는 자산이다. 광고는 브랜드 이미지를 창조하고 유지·강화하는 중심적인 역할을 한다.

⑤ 매체 전략: 매체 전략은 다양한 매체들을 어떻게 활용할 것인가, 소위 매체 노출과 도달률은 물론 빈도를 결정하는 것이다. 매체 전략은 광고 목표, 목표 집단, 약속, 브랜드 이미지, 크리에이티브, 광고 예산, 경쟁자와 같은 요소들을 고려해야 한다.

6. 광고 효과 이론

1) 단순 노출 효과 이론

단순 노출 효과 이론은 반복 노출하면 직접적으로 브랜드 선호도에 영향을 미친다는 이론이다. 그 근거는 감성적 인지 반응은 인지적 평가 없이 발생할 수 있고, 선호도를 결정할 수 있다는 것이다. 따라서 광고를 많이 한다는 것 자체가 중요한 전략이 될 수 있다.

2) 조건 반사 이론

감성적 조건 반사 반응을 광고 효과에 이용하는 이론이다. 자극 조건인 브랜드가 조건화된 반응을 유발시킨다는 것이다. 그리하여 생리적 또는 상징적으로 무조건 자극하고, 이런 무조건 자극과 조건 자극을 서로 적절하게 사용하여야 한다. 그리고 자극 조건인 브랜드는 새롭고 친숙하지 않아야 무조건 자극과 연결되기 쉽다. 무조건 자극이 제시된 후에 조건 자극이 계속 제시되는 것이 연상 구축에 효과적이다.

3) 광고 태도 이론

1980년대부터 광고에 대한 수용자의 즉시적인 감성적 반응에 관심을 갖기 시작했다. 감성 연구는 광고 태도의 개념을 정립함으로써 광고 효과를 설명한다. 즉 광고 태도는 중개 변인을 통하여 브랜드 태도나 구매 의도에 끼친 영향을 살펴보는 것이다. 광고 태도의 결정 요인은 광고 인지 반응을 포함하거나 감성적 반응만을, 혹은 두 가지를 모두 포함하기도 한다. 광고 태도는 광고 감성 반응을 통해 발휘된다. 또한 광고 감성 반응 이외에 광고 인지 반응도 작용한다. 광고 감성 반응은 광고 태도 이외에 상표 인지 반응이나 브랜드 태도에 영향을 끼친다. 그리고 새로운 브랜드가 광고 태도에 큰 영향력을 행사한다.

4) 정교화 가능성 모델

관여도가 소비자의 브랜드 태도를 형성하는 데 결정적인 역할을 한다고 보는 이론 가운데 하나가 정교화 가능성 모델이다. 이 이론에 따르면 태도 변화의 기본적인 차원은 정보 처리 과정의 깊이에 있다. 광고와 관련이 있는 정보를 주의 깊게 생각하고 분석함으로써 태도가 형성되거나 변화되는 경우, 그 태도는 오래 지속되며 예측 가능하다. 반면에 상표 속성이나 브랜드 장단점에 대해서 깊이 생각하지 않고 태도가 형성되거나 변화되는 과정도 있다.

5) 인지 반응 모델

1960년대에는 브랜드에 대한 회상(recall)이 설득을 좌우할 것이라는 견해가 지배적이었다. 그러나 1960년대 후반부터 여러 조사들은 광고 내용의 회상과 브랜드 태도 간의 낮은 상관 관계만을 확인했을 뿐이었다. 단지 저관여 상황에서는 브랜드명의 회상과 설득 간에 높은 상관 관계가 있었다. 따라서 내용을 회상하는 것이 중요하기보다 광고에 접촉할 때 떠오르는 생각들의 성격이 무엇인지가 더 중요하다. 이처럼 떠오르는 생각들을 '인지 반응'이라고 하며, 여기에 초점을 맞춰 설득 효과를 검증하는 연구를 인지 반응 모델이라고 한다. 인지 반응을 측정하기 위해서는 대체로 소비자에게 광고를 보면서 무슨 생각이 떠올랐는지 광고를 본 직후에 물어본다.

7. 광고법제

1960년대 한국에 방송 광고가 등장한 이후 심의는 방송윤리위원회와 방송사 자체가 담당했었다. 1980년대에 들어서 방송위원회·방송심의위원회가 사전 심의가 아닌 사후 심의를 담당했다. 1986년 언론기본법이 폐지되고, 방송위원회가 사전 심의를 담당하여 강력한 정부 규제이면서 법적 심의 제도로 바뀌어 2000년 7월까지 실시하였다. 그러나 2000년 8월 1일부터 통합방송법에 의거하여 한국광고자율심의기구에서 광고를 사전 심의하고 있다.

8. 홍보(PR)

1) PR(Public Relations)의 개념

PR은 우선 '공중 관계'라는 말이 의미하듯이 '조직이 그의 사회적 환경이 되는 공중(public)과의 원활한 관계를 유지하고자 하는 제반 노력'을 일컫는다. 본래 PR이라는 개념이 생기기 전에는 공시·공보 등의 의미를 지닌 퍼블리시티(publicity)로 이해되었다. 즉 설득적 퍼블리시티로서의 PR 개념은 사람들을 그들의 의사와는 상관없이 설득함을 의미한다. 그러나 이러한 일방통행식 방법만으로 소기의 목적을 달성할 수 없다고 하여 '관계'를 강조하는 PR 개념이 생겨났다. 즉 조직과 공중 사이의 대등하고도 상호적인 관계를 강조하게 된 것이다. 이러한 상호 작용적 개념은 PR을 '조직과 공중 사이의 상호 이해의 확립'으로 규정한다. 차일드(M. Childs)는 "PR의 기본적인 기능은 사회적으로 의미 있는 개인 및 기업 행위의 여러 측면을 공중의 이익을 전제로 조화시키려고 노력하는 것"이라고 설명했다.

PR은 조직과 그 공중 간의 상호 커뮤니케이션, 이해, 수용과 협력을 도모하고 유지하는 데 도움을 주는 특수한 경영 기능이다. PR은 문제나 쟁점을 관리하고, 경영진으로 하여금 여론을 인지하고 이에 반응하도록 도우며, 공공의 이익에 봉사하는 경영자의 책임을 규정하고 강조하며, 조기 경고 체계로 작용하면서 경영자로 하여금 주위 환경의 변화를 관찰하고 그 변화를 효과적으로 이용하도록 도우며, 건실하고 윤리적인 커뮤니케이션 테크닉을 주요 도구로 사용한다. 한편 커틀립(S. Cutlip)과 센터(A. Center)는 PR을 "상호 만족할 만한 쌍방적 커뮤니케이션을 기초로 사회적으로 책임 있고 수용될 수 있는 행동을 통해 여론에 영향을 미치기 위한 계획된 노력"으로 정의한다.

2) PR과 관련된 개념

퍼블리시티

퍼블리시티는 PR의 한 도구로서 뉴스미디어, 즉 신문과 방송, 기업사보나 뉴스레터와 같은 매스미디어에 기사를 싣는 것을 뜻한다. PR 주측으로는 광고란이 일반 기사란을 통하여 자사의 조직과 상품에 관한 홍보 기회를 노리게 되는 것이 보통이다. 이와 같이 매체측과 PR 주 사이에 그 서로의 필요에 의해 이루어지는 것이 퍼블리시티이다.

퍼블리시티의 가장 일반적인 방법은 '뉴스 릴리스' 혹은 '퍼블리시티 릴리스'이다. 뉴스 릴리스는 완전한 기사 형태로 만드는 경우, 자료 중심으로 준비하는 경우, 또는 양쪽을 겸하는 경우가 있다. 퍼블리시티의 내용은 간결한 문장으로 명백하고 진실해야 한다. 예컨대 기공식, 오픈 하우스, 준공식, 기자 회견 및 각종 특별 행사들은 '뉴스'로서 취급되도록 설계된다.

퍼블리시티와 언론 대행술은 종종 유사하게 쓰이는데, 이 두 용어 사이에는 분명한 차이가 존재한다. 언론 대행술은 주로 미디어가 보도하거나 방송하도록 이끄는 상상적인, 때로는 괴상한 진기(珍技)와 이벤트를 통해서 대중들의 흥미와 관심을 불러일으켜 주목을 얻는 것을 뜻한다. 언론 대행술은 주로 조직이나 개인을 대표하는 쇼 비즈니스 및 오락 분야와 밀접한 관련이 있다. 예를 들어 서커스 산업, 여행 알선업, 영화 산업, 텔레비전 프로그램 프로덕션 산업, 음반·음악·무대 예술, 연예·오락·스포츠 행사, 종교 행사 등에 많이 쓰인다.

광고

광고는 PR과 더불어 전통적으로 중요한 공중 커뮤니케이션 수단이며, 이에 대응되는 PR은 기업 자체의 이미지 업을 목표로 한다. 즉 광고는 PR 과정의 커뮤니케이션 단계에서 사용될 수 있는데, 이는 조직의 제품을 판매하기 위해서가 아니라 조직의 이해를 돕기 위해 사용된다. 그러나 기업 광고 또는 PR 광고는 기업 또는 기관 촉진의 목적으로 사용된다. 또한 공공의 복지 증진에 기여할 목적으로 광고되는 공익 광고, 그리고 의견 광고의 일종인 쟁점 광고 등도 모두 PR 목적의 광고라고 할 수 있다. PR 목적으로 사용될 때 광고는 조직을 팔기 위한 목적을 지닌다. 즉 조직 활동의 구체적인 면모를 커뮤니케이트하고, 공중의 명확한 이해를 불러오기 위한 특별한 메시지를 전달하기 위한 것이다.

공공 문제

공공 문제는 PR 기능의 한 부분으로서 지역 사회와의 관계와 정부와의 관계를 형성하고 유지하기 위한 특수한 PR 노력에 해당된다. 그러나 PR을 조직과 공중 간의 커뮤니케이션 관리로 정의한다면 PR은 경영자가 원하는 광범위한 기능을 하게 된다. 이러한 정의하에서 공공 문제는 PR의 하부 체계로서 특정 지역 사회의 관계, 공공 정책과 정부 관계 프로그램에 국한하여 사용된다. 경영자가 PR을 좁은 의미로 규정하여 공중에게 정보를 유포시키는 기능으로 보게 되면, 공공 문제는 조직이 환경과 접촉하고 있는 모든 것에 관여되기 때문에 기능 면에서 더 넓은 것으로 볼 수 있다.

선전

선전은 의미 있는 기호나 상징을 조작하여 대중의 태도에 영향을 미치는 기술이다. 선전은 주로 종교 단체, 자선 단체, 정치 단체가 그들의 주장이나 이념을 목표 집단에 알리기 위해 널리 사용한다. 선전은 설득적 커뮤니케이션이라는 점에서 PR과 공통점이 있지만, 선전은 수단 방법을 가리지 않고 정보를 유포하여 여론을 조작한다는 점에서 PR과 구별된다. 선전은 여론에 영향을 준다는 점에서 PR과 공통점이 있으나 선전 주체측에 유리한 정보만을 제공하는 일방성이 강한 반면, PR은 우호적인 공중과의 관계 형성을 위하여 양측이 서로 정보의 교환을 강조한다.

3) PR의 기능

우선 PR은 조직의 운영과 계획에 영향을 미칠 수 있는 여론·태도·

쟁점들을 예측·분석·해석하는 기능을 한다. 둘째 **PR**은 공중 관계와 사회 책임의 업무에 관한 조직의 정책 결정, 행동 방향, 커뮤니케이션 등에 관련하여 각급 수준의 경영진에게 조언하는 기능을 한다. 셋째 조직의 목표를 성취하기 위하여 관건이 되는 공중에게 조직 활동을 홍보하기 위한 행위 및 커뮤니케이션 프로그램을 지속적으로 조사·수행·평가하는 기능을 한다. 넷째 공공 정책을 변화시키거나, 그에 대한 영향을 미치기 위해 조직의 노력을 계획하거나 수행하는 기능을 한다. 마지막으로 이와 같은 기능들을 수행할 때 소요되는 지원들을 관리하는 기능, 즉 목표 설정, 기획, 예산, 스태프의 선발과 훈련, 그리고 시설 조달 등의 기능을 한다.

그러나 **PR**이 보편화되면서 역기능도 많이 생겨나고 있다. 여전히 일부 조직체에서는 **PR**의 진정한 목적을 제대로 인식하지 못하고 **PR**을 대중 조작의 수단으로 악용함으로써 여러 가지 부작용을 초래하고 있다. 특히 기업체들간의 과다 경쟁으로 **PR**을 위한 과대한 비용 지출은 결과적으로 상품 가격을 상승시켜 소비자에게 부담을 지우게 된다.

9. 방송 광고 심의에 관한 규정

제1장 총칙

제1조(목적)

이 규정은 방송법(이하 '법'이라 한다) 제32조 및 제33조의 규정에 의하여 방송 광고의 심의에 필요한 기준과 절차에 관하여 필요한 사항을 정함을 목적으로 한다.

제2조(심의의 범위)

① 방송 사업자는 이 규정에 의하여 심의·의결된 방송 광고물 이외의 방송 광고물을 방송하여서는 아니된다.

② 제1항의 규정에도 불구하고 다음 각호의 방송 광고물은 사전에 방송위원회(이하 '위원회'라 한다)의 심의·의결을 받지 않고 송출할 수 있다.

1. 법 제73조 제5항 단서의 방송 광고물.

2. 공직 선거 및 선거부정방지법 제70조 제1항의 방송 광고물.

3. 법 제73조 제4항의 규정에 의해 공공의 이익을 증진시킬 목적으로 제작된 비상업적 공익 광고.

4. 기타 위원회가 정하는 방송 광고물.

제3조(정의)

이 규정에서 사용하는 용어의 정의는 다음과 같다.

① '어린이'라 함은 13세 미만의 자를 말한다.

② '청소년'이라 함은 19세 미만의 자를 말한다.

제2장 일반 기준

제4조(법령의 준수)

① 방송 광고는 광고에 관한 제반 법령을 준수하여야 한다.

② 방송 광고는 위법 행위를 조장하여서는 아니된다.

제5조(품위 등)

방송 광고는 시청자의 정서를 해치거나 방송의 품위를 손상하는 다음의 표현을 하여서는 아니된다.

  1. 폭력, 범죄, 반사회적 행동을 조장하는 표현 및 생명을 경시하는 표현.

  2. 지나친 공포감이나 혐오감을 조성하는 표현.

  3. 과도한 신체의 노출이나 음란·선정적인 표현.

  4. 신체적 결함·약점 등을 조롱 또는 희화화하는 표현.

  5. 지나치게 비속하거나 사회의 선량한 풍속을 해할 우려가 있는 표현.

  6. 특정 성을 비하하거나 성적 수치심을 느끼게 하는 표현.

제6조(공정성)

① 방송 광고는 기업간의 공정한 경쟁을 도모하고 국민의 소비 생활에 편익을 주는 데 기여할 수 있도록 하여야 한다.

② 방송 광고는 소송 등 재판에 계류중인 사건 또는 국가 기관에 의한 분쟁의 조정이 진행중인 사건에 대한 일방적 주장이나 설명을 다루어서는 아니된다.

제7조(방송 프로그램과의 구별)

① 방송 광고는 방송 프로그램과 명확히 구별되도록 하여야 하며, 특정 방송 프로그램으로 오인될 수 있는 상황 설정이나 기법을 사용하여서는 아니된다.

② 방송 프로그램의 주요 고정 출연자를 등장시킨 방송 광고는 해당 방송 프로그램의 상황과 흡사하게 표현하여서는 아니된다.

제8조(음향·화면)

방송 광고는 다음 각호의 기법을 사용하여서는 아니된다.

① 방송 사고로 오인하게 할 정도로 오래 지속되는 음향·화면이나 무음향·무영상 상태.

② 재난이나 긴급 상황으로 오인하게 할 정도의 음향이나 화면.

③ 기타 시청자의 정서를 지나치게 불안하게 하는 음향이나 화면.

제9조(안전성 등)

① 방송 광고는 정상적인 안전을 해치는 표현을 하여서는 아니된다.

② 방송 광고는 안전과 관련하여 '완전' '완벽' '전혀' 등의 표현을 하여서는 아니된다.

제10조(국가 등의 존엄성)

① 방송 광고는 국기·국가·문화 유적 등과 같은 공적 상징물을 부적절하게 사용하거나 모독하여서는 아니된다.

② 방송 광고는 국민의 자존심과 감정을 존중하여야 한다.

제11조(환경 보존 등)

① 방송 광고는 자연 보호를 저해하는 표현을 하여서는 아니된다.

② 방송 광고에서 '무공해' '저공해' '환경 친화적' 등과 같이 일반적이고 광범위한 환경적 속성과 효능을 표현할 때에는 이를 구체적이고 정확하게 하여야 한다.

③ 방송 광고는 동물을 살상하거나 학대하는 표현을 하여서는 아니된다.

④ 방송 광고는 보호받고 있거나 멸종 위기에 처한 동식물의 멸종·

감소 등을 촉진시킬 우려가 있는 표현을 하여서는 아니된다.

제12조(개인 또는 단체의 동의)

① 다른 사람의 이름이나 초상을 사용한 방송 광고는 그 사용에 동의가 있었음을 증명하여야 한다. 다만 역사적 인물의 경우에는 그러하지 아니하다.

② 특정 기관이나 단체의 이름, 상징물, 시설 등을 이용한 방송 광고는 그 사용에 동의가 있었음을 증명하여야 한다.

제13조(표절 금지)

방송 광고는 국내외 다른 광고를 표절하거나 현저하게 모방하여서는 아니된다.

제14조(차별 금지)

방송 광고는 국가·인종·성·연령·직업·종교·신념·장애·계층·지역 등을 이유로 차별하거나 편견을 조장하는 표현을 하여서는 아니된다.

제15조(미끼 광고의 제한)

방송 광고는 판매의 목적이 아닌 상품이나 용역을 제공한다는 내용을 표현함으로써 더욱 고가의 상품이나 용역을 구매하도록 유인하여서는 아니된다.

제16조(잠재 의식 광고의 제한)

방송 광고는 시청자가 의식할 수 없는 음향이나 화면으로 잠재 의식에 호소하는 방식을 사용하여서는 아니된다.

제17조(비교 광고의 기준)

① 방송 광고는 경쟁 관계에 있는 상품·용역 또는 기업을 부당한 방법으로 비교하거나 배척하는 표현을 하여서는 아니된다.

② 방송 광고는 비교나 실물 제시에 있어 특성·성분·규격 등 비교의 기준을 명확히 밝혀야 하며, 부분적인 비교로써 전체적인 우위를 주장하여서는 아니된다.

③ 방송 광고는 당해 기업, 상품, 서비스의 우위 또는 특성을 강조함으로써 그밖의 상품이나 서비스, 또는 기업 전체까지도 우수하다는 표현을 하여서는 아니된다.

④ 방송 광고는 우위 또는 특성을 비교 주장함에 있어 비록 그 내용이 사실이라 할지라도 상대방을 비방 또는 중상하는 것이어서는 아니된다.

⑤ 방송 광고는 우위 또는 특성을 비교 주장함에 있어 그 내용과 밀접한 관련이 있는 단점이 있는 경우에는 이를 동시에 밝혀야 한다.

제18조(입증 책임)

소비자에게 중요한 영향을 끼치는 방송 광고의 객관적 주장에 대해서는 광고주가 공신력, 신뢰도와 타당성을 갖춘 조사나 자료로써 입증하여야 한다.

제19조(진실성)

① 방송 광고의 내용은 진실하여야 하며, 허위 또는 기만적인 표현을 포함하여서는 아니된다.

② 방송 광고는 소비자를 오인하게 할 수 있는 다음 각호의 표현을 하여서는 아니된다.

　1. 사실이 아니거나 근거가 불확실한 표현.

　2. 성분·재료·함량·규격·효능 등에 있어 오인하게 하거나 기만하는 내용.

　3. 부분적으로 사실이지만 전체적으로 소비자가 오인할 우려가 있는 표현.

　4. 객관적으로 인정받지 못하거나 확인할 수 없는 최상급의 표현.

　5. 공신력 없는 단체의 자료 또는 발표 내용 등을 인용하는 표현.

　6. 난해한 전문 용어 등을 사용하여 소비자를 현혹하는 표현.

　7. 제조 국가 등에 있어서 소비자가 오인할 우려가 있는 표현.

③ 방송 광고는 중요한 정보를 생략함으로써 소비자가 오인하게 하여서는 아니된다.

제20조(실연·실험·조사 등)

실연·실험·조사 등을 이용한 방송 광고에서는 연출이나 재연 등을 할 경우 그것이 연출이나 재연 등임을 밝혀야 한다. 다만 시청자가 연출이나 재연 등임을 명백히 알 수 있는 경우에는 그러하지 아니하다.

제21조(추천·보증)

① 방송 광고에 사용되는 추천이나 보증은 전체적으로 진실하여야 한다.

② 추천이나 보증을 사용한 방송 광고는 추천 또는 보증의 내용에 담긴 주장을 입증할 만한 객관적인 자료를 제시하여야 한다.

③ 전문인의 그 전문 분야에 관한 추천이나 보증은 그 집단의 대표성을 입증하여야 한다.

제22조(언어)

① 방송 광고는 표준어를 사용하는 것을 원칙으로 하며, 한글 맞춤법 및 외래어 표기법을 준수하여야 한다.

② 방송 광고는 국민의 바른 언어 생활을 해치는 비속어, 은어, 저속한 조어를 사용하여서는 아니된다.

③ 방송 광고는 상품명 · 기업명 · 기업 표어 등의 경우를 제외하고는 불필요한 외국어를 사용하여서는 아니되며(단 외국어 방송 채널의 경우에는 예외로 한다), 외국인 어투를 남용하여서는 아니된다.

④ 방송 광고는 그 화면에 상품명 · 기업명 · 기업 표어를 외국어로 표현할 때에는 한글로 병기하여야 한다. 다만 외국어 방송 채널의 경우에는 예외로 한다.

제23조(음악)

① 방송 광고에서는 외국어로 된 광고 노래를 사용할 수 없다. 다만 외국어 방송 채널의 경우에는 예외로 한다.

② 방송 광고는 동요 또는 민요(국내에 널리 알려져 있는 외국 민요를 포함한다)를 개사하거나 편곡하여 사용하여서는 아니된다.

제24조(어린이 · 청소년)

① 방송 광고는 어린이 및 청소년의 품성과 정서 · 가치관을 해치는 표현을 하여서는 아니된다.

② 방송 광고는 어린이 보호를 위하여 다음의 표현을 하여서는 아

니된다.

   1. 어린이가 상품과 관련된 상업문이나 광고 노래, 또는 제품의 특징을 전달하는 표현.

   2. 상품의 소유로 어린이의 능력이나 행동이 변할 것이라는 표현.

   3. 상품을 소유하지 못하면 열등감을 갖거나 조롱의 대상이 된다는 표현.

   4. 상품을 구입하도록 어린이를 충동하거나 부모 등에게 상품 구매를 요구하도록 자극하는 표현.

   5. 어린이의 사행심을 조장하는 표현.

   6. 어린이를 위험한 장소에 있게 하거나 위험한 행동을 취하게 하는 표현.

   7. 어린이의 건전한 식생활을 저해하는 표현.

③ 장난감, 게임기 및 기타 어린이들의 관심을 끄는 상품에 대한 방송 광고는 어린이의 판단과 경험을 고려하여 다음의 표현을 하여서는 아니된다.

   1. 상품의 크기와 비례를 실제 이상으로 보이게 하는 표현.

   2. 장난감이 기계적으로 움직이는지, 수동적으로 움직이는지 분명하지 않은 표현.

   3. 장난감과 실제 물건이 혼동될 수 있는 소리나 표현.

제25조(경품류 및 할인 특매)

① 경품류 및 할인 특매에 관한 방송 광고는 시행 기간 및 내용을 명시하여 소비자에게 구체적인 정보를 제공할 수 있어야 한다.

② 행사에 관한 방송 광고에서 경품류 및 사은품을 언급한 경우에는 허위·기만하는 표현을 하여서는 아니된다.

제3장 품목별 기준

제26조(식품)

① 식품(특수 영양 식품 및 건강 보조 식품을 포함한다)에 관한 방송 광고는 다음의 표현을 하여서는 아니된다.

1. 제품·품목·제조 방법 또는 성분 등에 관하여 허가를 받거나 신고 또는 보고한 사항 이외의 내용에 대한 표현. 단 제조 방법에 관하여 연구 또는 발견된 사실로서 식품학·영양학 등의 분야에서 공인된 사항이거나 성분 등이 공인된 시험 기관에서 입증된 사항은 예외로 한다.

2. 질병 예방이나 치료에 효과가 있다는 내용 또는 의약품으로 혼동할 우려가 있는 내용의 표현.

3. '최고' '가장 좋은' '특' 등의 표현이나 '특수 제조법' '젊음 유지' '미용 효과' 혹은 '천연' '무공해' 등의 모호한 표현으로 소비자를 현혹시키거나 현혹시킬 우려가 있는 표현. 이 경우 외국어 중 '베스트' '모스트' '스페셜' 등도 또한 같다.

4. 화학적 합성품인 경우 그 원료의 명칭 등을 사용하여 화학적 합성품이 아닌 것으로 혼동할 우려가 있는 표현.

② 식품에 관한 방송 광고에서는 제품에 함유된 특정 성분을 강조할 경우 해당 성분의 함량 표시를 하여야 한다.

③ 영·유아를 대상으로 하는 식품의 방송 광고에서는 그 상품이 모유를 대체할 수 있다는 표현을 하여서는 아니된다.

제27조(의약품)

① 의약품의 방송 광고는 효능이나 성능을 과장하거나 약품의 오

용과 남용을 조장하여서는 아니된다.

② 의약품의 방송 광고는 효능과 성능을 오인하게 할 다음의 표현을 하여서는 아니된다.

1. 효능이나 성능 등에 관하여 허가를 받거나 신고한 사항 이외의 내용에 대한 표현. 다만 식품의약품안전청장이 인정하는 공정서 또는 의약품집에 실려 있는 내용이나 공인된 임상 결과 등 근거 문헌을 인용하는 경우에는 그러하지 아니하다. 이 경우 인용 문헌의 본뜻을 정확히 전달하여야 하며, 연구자의 성명·문헌명과 발표 연월일을 명시하여야 한다.

2. 사용 전·후의 비교 등으로 그 사용 결과를 표시 또는 암시하거나, 적응 증상을 위협적인 표현으로 표시 또는 암시하는 내용.

3. 사용자의 감사장 또는 체험담을 이용하는 표현 또는 '구입·주문쇄도' 기타 이와 유사한 표현.

4. 의약품이 아닌 제품을 의약품이나 의·약학적인 치료 효과가 있는 것처럼 하는 표현.

5. 의사·치과의사·한의사·약사 또는 기타 이와 유사한 자가 이를 지정·공인·추천·지도 또는 선용하고 있다는 표현.

6. 효능·효과를 광고함에 있어 '확실히 보증한다'라는 등의 내용이나 '최고' '가장 좋은' 등의 단정적인 표현.

7. 주성분이 아닌 성분의 효능·효과에 관한 표현.

③ 의약품의 방송 광고는 오용과 남용을 조장하는 다음의 표현을 하여서는 아니된다.

1. 의약품의 부작용을 부정하거나 부당하게 안전성을 강조하는 표현.

2. 광고 대상을 효능·효과와 무관하게 특정 대상자에 한정하는 표현.

3. 의약품을 의약품이 아닌 것으로 오인하게 할 우려가 있는 표현.

④ 의약품의 방송 광고는 다음의 표현을 하여서는 아니된다.

1. 노래 가사에 제품명을 사용한 광고 또는 연호의 방법에 의한 광고.

2. 의약품의 효능·효과와 관련되는 질병의 증상이나 수술 장면 등의 위협적 표현.

3. 질병에 대한 불안감·공포감을 조성하거나 저속한 표현.

4. 멸종 위기에 처한 야생 동·식물의 가공품임을 표현 또는 암시하는 내용.

⑤ 의약품에 관한 방송 광고에서는 의사·치과의사·한의사·약사·간호사 및 보조인 또는 기타 이와 유사한 자(모델의 분장 포함)를 광고 모델로 사용할 수 없다.

⑥ 다음 각호의 의약품 등의 방송 광고는 하여서는 아니된다.

1. 별표의 의약품.

2. 식품의약품안전청장이 지정하는 광고 금지 대상 의약품.

3. 성병, 성기 및 부인과 질환에 관한 의약품과 기구.

4. 피임 기구 및 약품.

⑦ 의약품의 방송 광고는 식품의약품안전청장이 정하는 사항을 표시하여야 한다.

제28조(의약부외품 또는 의료 용구)

의약부외품 또는 의료 용구에 관한 방송 광고는 다음 각호의 표현을 하여서는 아니된다.

1. 의약부외품을 의약품으로 오인하게 할 우려가 있는 표현.

2. 품질·효능 등에 관하여 객관적으로 확인될 수 없거나 확인되지 아니한 사항.

3. 의사·치과의사·한의사·약사 또는 기타의 자가 이를 지정·공

인·추천·지도 또는 사용하고 있다는 내용 등의 표현.

제29조(화장품)

화장품에 관한 방송 광고는 다음 각호의 표현을 하여서는 아니된다.

　1. 의·약학적 효능·효과가 있는 것으로 오인할 우려가 있는 표현.

　2. 화장품의 부작용을 부정하거나 부당하게 안전성을 강조하는 표현.

　3. 기능성 화장품이 아닌 것으로서 제품의 명칭, 제조 방법, 효능·효과 등에 관하여 기능성 화장품으로 오인시킬 우려가 있는 표현.

　4. 의사·치과의사·한의사·약사 또는 기타의 자가 이를 지정·공인·추천·지도 또는 사용하고 있다는 내용 등의 표현.

제30조(건강 보조 기구 등)

① 건강 보조 기구 등의 방송 광고는 의료 기구로 오인하게 하거나, 효능·효과를 과신하게 하여서는 아니된다.

② 건강 보조 기구 등에 관한 방송 광고는 객관적인 근거 없이 안전성을 보장한다는 표현을 하여서는 아니된다.

제31조(농약)

① 농약에 관한 방송 광고는 농약의 오용과 남용을 방지하고 생활 환경을 보존하기 위하여 다음의 표현을 하여서는 아니된다.

　1. 농약의 명칭 또는 효과에 관하여 오해를 가져올 수 있는 표현.

　2. 농약의 오용과 남용을 조장하는 표현.

　3. 농촌진흥청(소속 시험장, 연구소, 도농촌진흥원 포함) 및 농업에 관한 시험 연구 기관 또는 검사 기관에서 추천·지도 또는 선용하고 있다는 등의 표현.

4. 구입량 및 구입 기간 등을 구체적으로 명시하지 아니한 '구입·주문 쇄도' 등의 표현.

5. 사은품 또는 현상품을 제공한다는 표현.

6. 농약의 사용을 직접적으로 강요하거나 농약의 사용이 농사에 필수적이라고 주장하는 표현.

7. 농약의 위험성을 부정하거나 안전을 강조하는 표현.

② 농약에 관한 방송 광고는 농약 사용시의 안전 사용 기준을 확인 후 사용할 것을 밝혀야 한다.

제32조(주류)

① 주류에 관한 방송 광고는 건전한 사회 질서와 국민 건강, 청소년의 건실한 생활을 해치는 다음의 표현을 하여서는 아니된다.

1. 지나친 음주 분위기를 묘사하거나 음주 행위를 지나치게 미화하는 표현.

2. 음주가 사회적 인정이나 성공에 필요하다고 주장하거나 이를 암시하는 표현.

3. 적당한 음주는 건강에 해롭지 않다는 표현.

4. 음주가 체력 또는 운동 능력을 향상시킨다거나 근심·걱정을 없애 준다거나 질병의 치료에 도움이 된다는 표현.

5. 높은 경각심을 필요로 하는 상황에서 음주하는 행위를 묘사함으로써 안전을 저해하는 표현.

② 주류에 관한 방송 광고에 등장하는 인물은 20세 이상이어야 한다.

③ 주류에 관한 방송 광고는 광고 노래, 경품류의 제공 및 할인 판매에 관한 표현을 하여서는 아니된다.

④ 주류가 아닌 상품의 방송 광고에서도 제1항 각호에서 금지된 내용의 표현을 하여서는 아니된다.

제33조(영화 · 비디오물 · 공연물)

영화 · 비디오물 및 공연물에 대한 방송 광고는 관람 기준을 구체적으로 밝혀야 한다. 다만 학습용 교재의 경우에는 그러하지 아니하다.

제34조(부동산 등)

① 토지 · 건물 등 부동산에 관한 방송 광고는 다음 각호의 표현을 하여서는 아니된다.

　1. 근거 없이 투자 수익을 보장하거나 투기를 조장하는 표현.

　2. '장기 저리 융자' 등 모호한 금융 혜택에 관한 표현.

　3. '근거리' '도보 통학 가능' '시내 10분 거리' 등 거리나 위치에 관한 불명확한 표현.

　4. '전세값으로 내 집 마련' '저렴한 분양가' 등 가격과 관련하여 소비자를 오인하게 하는 표현.

　5. '명문학군' 등 교육 환경과 관련된 근거 불확실한 표현.

② 토지 · 건물 등 부동산에 관한 방송 광고는 시행자 · 시공자 · 분양자를 명확하게 밝혀야 한다.

제35조(학교 · 학원 · 강습소)

학교 · 학원 또는 강습소에 대한 방송 광고는 다음의 표현을 하여서는 아니된다.

　1. 근거 없이 취업을 약속하거나 과정 이수 이후 급여를 과장하는 표현.

2. 공인되지 않는 학위나 자격증을 수여한다는 표현.

3. 근거 없이 대학·학교 등 법적 교육 기관과 혼동케 할 우려가 있는 명칭을 사용하는 표현.

제36조(여행·관광 등)

① 여행·관광 등에 관한 방송 광고는 요금 및 서비스 등을 표시하는 경우에 추가 비용의 유무와 서비스의 내용을 밝혀야 한다.

② 여행 및 관광 등에 관한 방송 광고는 일부에만 적용되는 최저 가격을 일반 가격으로 오인하게 하는 표현을 하여서는 아니된다.

제37조(투자 자문업 등)

증권거래법 제2조 제10항의 규정에 의한 투자 자문업, 투자 일임업에 대한 방송 광고에 있어서는 다음 각호의 표현을 하여서는 아니된다.

1. 일정 수익 또는 수익률의 실현을 약속하거나 보장하는 표현.

2. 고객 또는 제3자가 당해 투자 자문 회사를 추천하거나 보증하는 내용을 표시하는 내용.

3. 투자 자문 계약 재산 또는 투자 일임 계약 재산의 특정 기간 운용 실적을 발췌하여 광고하는 행위.

4. 투자 자문 회사가 이용하는 특정 투자 분석 기법이 투자 자문 계약 재산 또는 투자 일임 계약 재산의 운용 실적을 일정 수준 이상으로 확보하여 준다고 광고하는 행위.

제38조(음성 정보 서비스)

음성 정보 서비스에 관한 방송 광고는 다음의 사항을 명확히 밝혀야 한다.

　1. 제공되는 서비스의 내용.

　2. 정보제공업자명 및 정보제공업자의 전화번호.

　3. 기본 요금과 할증액.

제39조(통신 판매)

① 통신 판매로 상행위가 이루어지는 상품이나 용역의 방송 광고에서는 통신 판매 업체의 소재지를 정확하게 밝혀야 한다.

② 통신 판매의 방송 광고에서는 배달에 소요되는 기간 및 비용 등을 정확히 밝혀야 한다.

③ 통신 판매로 상행위가 이루어지는 상품이나 용역에 대한 방송 광고에서는 다음 각호의 표현을 하여서는 아니된다.

　1. 상품을 화면으로 제시하는 경우 실제 상품 크기와 다르게 하거나 화면에 나타난 상품의 색상·디자인 등이 차이가 있음에도 그 내용을 표시하지 않아 상품의 품질 등이 실제보다 우수한 것처럼 보이게 하는 표현.

　2. 객관적인 근거 없이 허위의 일반 소매 가격을 기준으로 하거나, 제조업자가 임의로 정한 권장(희망) 소비자 가격을 자기의 판매 가격과 비교 표시하여 실제보다 저렴하게 판매하는 것처럼 하는 사항.

　3. 한정 판매 상품에 대하여 당초 한정 판매 수량보다 적게 판매하거나 판매 수량에 제한이 없음에도 한정 판매라고 표현하는 행위와 누적 판매 수량을 사실과 다르게 표시하는 내용.

제4장 금지 및 제한 기준

제40조(종교)

종교에 관한 방송 광고는 종교 단체의 행사를 고지하는 내용이나 종교 관련 제품의 판매에 관한 내용 이외의 종교·신앙에 관한 내용을 다루어서는 아니된다. 다만 선교에 관한 전문 편성을 행하는 방송의 경우에는 예외로 한다.

제41조(정치)

방송 광고는 정당의 행사 안내, 행사 고지, 정책 홍보, 당원 모집 공고 등 정치 활동에 관한 내용을 다루어서는 아니된다. 다만 법령 또는 선거관리위원회의 결정 사항에 따른 경우에는 그러하지 아니하다.

제42조(방송 광고의 금지)

① 다음 각호의 1에 해당하는 경우에는 방송 광고를 할 수 없다.

1. 법령에서 광고를 금지하고 있는 경우.

2. 법령에서 금지된 내용.

② 다음에 해당하는 상품과 용역은 방송 광고를 할 수 없다.

1. 식품위생법 시행령에 의한 단란주점 영업 및 유흥주점 영업.

2. 사설 비밀 조사업 및 사설 탐정.

3. 혼인 매개, 이성 교제 소개업.

4. 점술·심령술·사주·관상 등의 감정 및 미신과 관련된 내용.

5. 무기·폭약류 및 이와 식별이 어려운 모조품.

6. 도박 및 이와 유사한 사행 행위.

7. 담배 및 흡연과 관련된 광고.

8. 조제 분유, 조제 우유, 젖병, 젖꼭지 제품.

9. 음란한 내용의 간행물, 영상 제작물, 공연물, 전기 통신을 통한 음성 정보 · 영상 정보 및 문자 정보.

10. 금융 관련 법령에 의해 인 · 허가받지 않거나 등록하지 않은 금융업.

11. 안마시술소.

12. 기부금품 모집 광고.

13. 직업 소개업.

14. 알콜 성분 17도 이상의 주류.

15. 지상파 텔레비전 방송 광고의 경우 묘지업 · 장의업.

16. 지상파 텔레비전 방송 광고의 경우 먹는 샘물.

③ 방송 광고는 이 규정에서 금지하고 있는 상품과 용역 등을 주된 소재로 다루어서는 아니된다. 다만 소비자에게 광고 효과를 주지 않는 경우에는 그러하지 아니하다.

제43조(방송 광고 출연 제한)

국가공무원법 또는 지방공무원법에 의한 공무원은 방송 광고에 출연할 수 없다. 다만 다음 각호의 1에 해당하는 경우에는 그러하지 아니하다.

1. 공익을 목적으로 하는 방송 광고에 출연하는 경우.

2. 법령 또는 선거관리위원회의 결정에 따른 정치 광고에 출연하는 경우.

3. 당해 소속 기관의 홍보를 위하여 제작한 방송 광고에 출연하는 경우.

제5장 심의 절차

제44조(심의 신청)

① 방송 광고물의 심의를 받고자 하는 자(이하 '신청인'이라 한다)는 별지 서식 제1호의 규정에 의한 심의 신청서 2부에 방송 광고물 및 관련 증빙 자료를 첨부하여 위원회에 제출하여야 한다.

② 제1항의 규정에 의한 심의 신청은 인편 또는 우편으로 하여야 한다. 다만 서울특별시에 소재하지 아니한 신청인이 서울특별시, 인천광역시, 경기도에 소재하지 아니한 방송 사업자 또는 전광판 방송 사업자를 통하여 광고하고자 하는 방송 광고물로 슬라이드 등 화면이 정지 화상만으로 구성된 방송 광고물과 라디오 방송 광고물 및 위원회가 정하는 일정 범위의 방송 광고물에 대해서는 심의 신청서 및 관련 증빙 자료(슬라이드 광고물의 경우에는 화면 내용을 포함한다)를 팩시밀리를 이용하여 송부하는 방법으로 신청할 수 있다.

제45조(심의 신청의 반려)

위원회는 신청인이 신청서에 기재한 내용과 방송 광고물이 서로 다를 경우에는 심의 신청을 반려할 수 있다.

제46조(심의 신청의 철회)

신청인은 위원회의 심의 결정이 있기 전까지는 심의 신청을 철회할 수 있다.

제47조(보정 및 자료 제출)

① 위원회는 제44조의 규정에 의해서 심의 신청을 받은 경우에 신청 요건을 갖추지 않았으나 보정이 가능하다고 판단되는 때에는 상당한 기간을 정하여 보정을 요청하여야 한다. 다만 경미한 사항은 직권으로 보정할 수 있다.

② 보정은 서면으로 제출하여야 하며, 보정이 있는 경우에는 처음부터 적법한 심의 신청이 있는 것으로 본다. 다만 보정 기간은 제48조의 규정에 의한 처리 기간의 산정에서는 제외한다.

③ 제1항의 규정에 의한 보정은 신청인의 이익을 위하여 필요한 경우에는 위원회 사무처에서 할 수 있다.

④ 위원회는 심의를 위하여 필요한 경우 신청인에게 필요한 자료의 제출을 요구하거나 관계자의 의견을 청취할 수 있다.

제48조(처리 기간)

① 위원회는 제44조의 규정에 의해 심의 신청을 접수한 때에는 이를 접수한 날부터 7일(공휴일은 포함하지 아니한다) 이내에 처리하여야 한다.

② 위원회는 제1항의 기간 내에 심의 신청을 처리할 수 없을 때에는 미리 그 지연 이유와 처리 가능한 기간을 명시하여 문서(전자 문서를 포함한다) 또는 기타 적절한 방법으로 신청인에게 통보하여야 한다.

제49조(유효 기간)

제50조 제1항 각호의 심의 결정은 심의·의결된 날로부터 2년간 효력이 있다.

제50조(심의·의결)

① 위원회의 방송 광고물에 대한 심의·의결은 다음 각호의 결정으로 한다.

　1. 방송가.

　2. 방송 불가.

② 위원회는 방송 광고물이 법령이나 이 규정에 위반되지 아니한 경우에는 방송가 결정을 하여야 한다.

③ 위원회는 다음의 경우에 조건을 붙여 제1항 제1호의 결정을 할 수 있다.

　1. 경미한 자료의 확인 또는 입증이 필요할 때.

　2. 방송 광고물의 부분적인 수정이 필요할 때.

④ 위원회는 필요한 경우 방송 매체, 방송 사업자, 방송 시간 또는 방송 광고가 가능한 방송 프로그램을 제한하는 조건으로 제1항 제1호의 결정을 할 수 있다.

제51조(심의·의결 사항의 통지)

① 위원회는 방송 광고물을 심의·의결한 때에는 그 결과 및 결정 이유를 지체 없이 신청인에게 문서(전자 문서를 포함한다)로써 통지하여야 한다.

② 위원회는 접수한 심의 신청서에 심의 결과를 기재하여 신청인에게 교부함으로써 제1항의 통지에 갈음할 수 있다.

③ 위원회는 제44조 제2항 단서 규정에 따라 심의를 신청한 자와 서울특별시에 소재하지 아니한 신청인에게는 팩시밀리를 이용하여 심의 결과를 통지할 수 있다.

제52조(재심의)

① 제50조 제1항 제2호의 규정에 의한 방송 불가 결정과 제50조 제3항 및 제4항의 규정에 의한 조건부 방송가 결정에 이의가 있는 신청인은 위원회에 재심의를 청구할 수 있다.

② 위원회는 이미 방송가 결정을 받은 방송 광고물이 법령 또는 이 규정에 위반되는 것이 명백하다고 인정되는 때에는 재심의에 부의할 수 있다.

제6장 보칙

제53조(방송 광고물의 사전 심의 위탁)

① 위원회는 법 제103조 제2항 및 동법시행령 제68조 제3항의 규정에 의하여 방송 광고물의 사전 심의와 관련된 업무를 민간 기구·단체(이하 '수탁 기관'이라 한다)에 위탁한다. 이 경우 수탁 기관은 신청인과의 관계에 있어 이 규정에서 정하고 있는 위원회로 본다.

② 제1항의 규정에 의한 수탁 기관의 선정 및 운영에 관한 사항은 위원회가 별도로 정한다.

제54조(시행에 필요한 세부 사항)

① 이 규정을 시행하는 데 필요한 세부적인 사항 및 기타 필요한 사항은 위원회가 별도로 정한다.

② 제1항의 규정에도 불구하고 제53조 제1항의 규정에 의한 수탁 기관이 있는 경우에는 이 규정을 시행하는 데 필요한 세부적인 사항과 기타 필요한 사항은 수탁 기관이 정한다.

제55조(라디오 방송 광고의 특칙)

위원회는 라디오 방송 광고에 대하여 위원회의 결정으로 이 규정의 일부를 적용하지 아니할 수 있다.

부 칙

제1조(시행일)

이 규칙은 2000년 9월 1일부터 시행한다.

제2조(경과 조치)

이 규정은 시행일 이전에 종전의 방송 심의에 관한 규정, 재심의에 관한 규칙에 의한 방송위원회의 심의·의결과 종합 유선 방송 심의 규정에 의한 종합유선방송위원회의 심의·의결은 이 규정에 의해 위원회가 심의·의결한 것으로 본다.

〈별표〉 방송 광고 금지 의약품(제27조 제6항 제1호)

강심제, 부정맥용제, 이뇨제, 혈압강하제, 혈관보강제, 혈관수축제, 혈관확장제, 동맥경화용제이담제(실리마린 함유제에 한함), 기타의 생식 기관 및 항문용약, 간장질환용제, 해독제.

제6장

매스미디어와 정치

1. 언론과 권력의 관계

매스미디어가 정치적 기능을 함에 따라 미디어는 정치적 개입과 통제로부터 완전히 자유롭지 못하다. 미디어는 토론의 장을 마련하여 여론을 조성하고, 여론 조사를 통하여 국가 정책 목표나 결정 과정에 참여한다. 그뿐만 아니라 뉴스 보도를 통해 정치 환경을 감시하고, 특히 선거 보도를 통해서는 국정에 참여할 인사들의 정보를 제공하기도 한다. 따라서 정부와 정당은 미디어의 보도와 여론 동향에 민감할 수밖에 없고, 여러 가지 상황에 따라 미디어에 영향력을 행사하려고 한다. 한편 미디어는 언론을 통제하려고 하는 국가 권력이나 정치 권력에 대항하여 언론의 자유를 추구하려고 노력한다. 이런 상황에서 언론과 권력 기관 사이에 상호 견제가 생기고, 언론은 권력을 감시하는 한편 권력은 언론을 통제하려고 한다.

언론의 국가 권력 견제는 무엇보다도 보도를 통한 정치 환경의 감시를 통해 이뤄진다. 정치 의제를 선정하여 보도하거나 권력의 남용, 권력 배후의 비리와 부정 등을 보도함으로써 정치 권력을 감시하여 견제한다. 한편 권력 주체는 권력의 찬탈, 정당화, 유지 등을 위해 미디어에 대한 검열, 편집인과 광고주에 대한 압력, 언론사 인사 개입 등으로 언론사에 경제적 · 정치적 압력을 행사하기도 한다.

오늘날 자유민주주의 국가에서조차 국가 권력의 정보 통제 방식은 존재한다. 그것은 주로 정보 관리와 조작의 방식으로 이루어진다. 즉 정보 유출 시기 조절, 정보 내용의 조작, 진위가 불분명하거나 추상적인 정보 발표, 일방적 반박 자료나 거짓말 공표 등으로 정상적이고 올바른 정보 유통을 방해하는 것이다.

2. 언론과 권력 관계의 모델

시버트(Fred D. Siebert)·피터슨(Th. Peterson)·슈람(W. Schramm)은 《언론의 네 가지 이론》에서 언론과 정부 권력과의 관계를 네 가지 모델로 나누어 설명한다.

1) 첫번째는 권위주의 모델이다. 이는 국가의 정치적 권위가 개인이나 언론에 우선하는 모델이다. 이 모델은 국가의 권위와 통치의 중요성을 강조하는 마키아벨리·홉스·플라톤·헤겔 등의 사상에 그 이론적 배경을 둔다. 이 모델은 제3세계 국가, 독재 국가, 파시즘 체제 등에서 흔히 볼 수 있는 유형이다. 권위주의적 정권은 언론의 정상적인 비판이나 도전을 용인하지 않고 억압하며 통제한다. 따라서 언론은 정권 유지에 순종하거나 협력할 수밖에 없는 상황, 즉 정권에 대해 종속 관계에 놓인다. 1970~80년대 한국의 언론 상황이 이런 유형의 관계에 속한다고 볼 수 있다.

2) 두번째는 자유주의 모델이다. 이는 오늘날 자유민주주의 국가에서 볼 수 있는 언론 기능의 자유가 보장된 모델이다. 로크·루소·밀턴·밀·제퍼슨 등의 자유주의론자들의 사상이 이 모델의 배경을 이루고 있다. 언론이 권력으로부터 자유로워야 비판과 다양한 의견 제시가 가능해져서 사상의 민주주의가 이루어진다. 따라서 언론은 독립적이고 자율적인 기능으로서 '제4부'의 역할을 한다. 그리고 언론은

정부 권력에 건전한 감시와 견제 기능을 하는 파수견(watch dog)에 비유되기도 한다. 그런데 자유민주주의 국가에서서 언론의 자유는 권력뿐만 아니라 더 나아가 미디어 소유자와 광고주, 이익 단체들의 압력 등으로부터도 편집과 경영의 자유를 가짐을 의미한다.

한편 국가가 외부 세력으로부터 공격당하거나 국가간 갈등으로 국익에 관련된 사안에 대해서 언론이 권력 집단을 옹호하거나 사회 체제 질서 유지에 적극적으로 나서기도 한다. 언론이 국익을 위해 국가를 호위하는 경우는 자유주의 모델이나 사회 책임의 모델의 어느 경우에도 해당된다고 볼 수 있다. 전쟁이나 테러 방지 정책에 대해 미국 정부의 입장을 옹호하는 미국 언론의 태도를 그 예로 볼 수 있다.

3) 세번째는 사회 책임 모델이다. 이는 언론이 정부 권력으로부터 자유로운 대신 사회적 책임을 지는 유형이다. 1947년 미국 언론자유위원회의 보고서에서 나온 개념인데, 이 개념은 정치·경제적으로 비대해진 언론이 언론 자신의 이익보다는 국민과 사회의 이익을 위해 봉사해야 한다는 모델을 만든다.

4) 네번째는 공산주의적 전체주의 모델이다. 이는 언론이 국가의 소유물로서 당과 국가의 목표에 기여하는 모델이다. 당연히 국가는 언론을 마음대로 통제하고 관리할 수 있고, 언론은 국가 지배층과 국가 이데올로기에 복종한다. 언론은 공산주의 국가 발전을 위해 국민에게 혁명 사상을 주입하고, 선전·동원의 수단으로서 기능한다.

이상의 네 가지 모델에 맥퀘일은 발전 미디어 모델과 민주적 참여 미디어 모델을 추가한다. 전자는 제3세계 국가에서 볼 수 있는 모델로서, 경제 발전과 국가 건설에 있어서 언론이 일시적·한정적으로 권력의 통제를 받으면서 정치권에 사회 발전의 목표나 전략을 제시하는 등 가이드 역할을 한다. 후자는 선진 자유주의 민주 국가에서 볼 수 있는 모델로서, 민영 미디어의 상업화·독점화 그리고 공영 방송의 관료화를 비판하면서 자유주의·평등주의·이상주의의 정신을 혼합한 경우이다. 이 경우 언론과 권력은 수평적인 관계가 된다.

3. 미디어와 여론

미디어는 여론을 주도하고 형성하는 기능을 한다. 미디어는 의제 설정 기능을 수행함으로써, 그리고 의견 지도자들을 많이 등장시켜 대중에게 특정 의견을 주지시킴으로써 여론을 형성한다. 또한 여론은 노엘 노이만의 이론대로 침묵하는 다수의 논리로 여론이 형성되기도 한다. 그것은 피에르 부르디외(P. Bourdieu)의 표현대로 본래 '여론은 여론이 아니'고 의견 지도자, 엘리트층의 의견일 수 있다.

미디어는 여론화 과정을 통해 공중의 의견을 통합하고 수렴하여 정책에 반영함으로써 민주주의 정치에 기여하기도 하고, 보수 기득권층과 엘리트층의 의견을 전달함으로써 정치 권력과 체제 유지의 수단이 되기도 한다.

한편 근래 한국에서는 인터넷 매체가 여론을 형성하고 선거에도 영향을 미치는 것으로 나타났다. 인터넷 신문이나 포털 사이트 등은 정치 사회적 이슈에 따라 네티즌 사이에 자유로운 의견 표시와 토론이 가능하도록 장을 마련하는 등 정치 참여와 여론 형성의 기능을 한다. 특히 특정 정치인의 팬 클럽은 온라인상에서 적극적인 정치 참여 활동을 하는 모습도 나타난다. 그러나 인터넷 여론 광장의 어두운 면도 보인다. 인터넷상의 정치 참여적 토론과 여론 조성에서 허위 사실 유포, 인신 비방, 여론 조작 등은 우려할 만한 수준이다.

4. 미디어의 정치적 기능

미디어를 통한 정치 토론, 정치 광고, 미디어 유세, 선거 보도 등은 미디어가 정치 환경 조성과 권력 형성의 과정에 일정 부분 참여함으로써 정치적 기능을 하는 측면들이다. 정치인들이 기자 회견이나 뉴스 브리핑, 정치 토론 등을 통해 정치적 메시지를 대중에게 보내는 것도 미디어의 정치적 기능의 일부이다. 정부나 정치인들은 미디어를 정치 홍보의 수단으로 이용하기도 한다.

미디어는 선거에 있어서 어느 특정 후보를 지지하기도 한다. 이 경우에도 선진 민주 국가의 언론은 사설·칼럼 등 특정 정당과 후보를 지지하나, 선거 상황과 여론 보도 등에 있어서는 중립적이고 객관적인 자세를 취한다.

1) 선거와 미디어

정치 현상 가운데 선거는 가장 중요한 정치 행사이다. 오늘날 미디어, 특히 텔레비전을 통한 선거는 정치 선거 비용 절감과 타락 선거 방지, 국민 참여와 텔레데모크라시의 가능성 등의 여러 가지 장점과 함께 부정적인 측면도 보인다.

우선 '경마 저널리즘'이라고 부르는 바대로 미디어는 정치를 경마 중계 방송처럼 극화하는 단점이 있다. 즉 텔레비전 미디어는 당선 가능성이 많은 선두 주자 정치인들의 인물·이미지·인기·화젯거리 등을 중심으로 드라마적인 구성을 하여 보도함으로써 시청자 국민으로 하여금 흥미와 오락으로서 정치 현상을 바라보게 한다는 것이다. 경마 저널리즘은 정견·노선·사상 등의 본질적인 내용보다는 후보별 인기도, 투표율 예측, 동원된 청중수 등에 관심을 두고 경주·스포츠·전투 등에 비유하는 용어들을 사용한다. 이런 보도 경향을 내세우면서 정책이나 이슈 및 정당 중심의 보도와 토론은 뒷전으로 밀려나게 되는 현상이 나타난다. 또한 경마식 보도 관행은 선두 후보자들에게 유리하거나 정반대로 불리하게 영향을 미칠 수 있다. 소수의 선두 주자들만이 유권자들에게 더욱더 잘 알려지는 대신에, 다른 후보들의 심한 견제를 받거나 흑색 선전 등 비방의 표적이 될 수 있다. 그리고 유권자들도 견제 심리나 동정심이 생겨 상대적으로 열세인 후보에게 투표하여 의외의 선거 결과를 낳을 가능성도 있다.

사실상 갈수록 정치인들도 영상 미디어의 영향을 의식하여 자신의 이미지 홍보에 치중하는 경향이 많다. 즉 그들은 미디어를 통해 정책이나 소신을 널리 알리기보다는 어떻게 해서든지 카메라에 정치인 자신의 얼굴을 내비치려 애쓰고 좋은 이미지만을 보여 주려 한다. 미디어는 정치인의 경력·외모·성격 등에서 흥밋거리를 찾고 인물 위주로 보도하며, 특히 지명도가 높은 정치인이나 선거 후보자들을 집중 보도하는 경향이 있다. 이런 상황에서 유권자는 정책이나 사상보다는 인물에게 인간적 관심을 갖게 되고, 정치인의 정책이나 비전보다는 그의 지연이나 학연 혹은 경력 등에 의존하게 된다.

정치인은 선거 캠페인 중 각종 이벤트를 열어 현장감이나 볼거리를 찾는 미디어 취재 관행으로 시청자의 관심을 끌기도 한다.

정치 토론 과정에서 나타나는 정치인의 이미지 홍보와 이미지 결정은 대단히 위력적이다. 열세였던 케네디 후보가 닉슨과의 대통령 후보 대토론에서 외모·순발력 등의 좋은 이미지로 선거 판세를 역전한 것이 대통령으로 당선되는 데에 결정적인 역할을 한 유명한 사례도 있다.

미디어의 선거 예측 보도는 선거 정세 분석 등은 물론 유권자의 투표 방향에 영향을 줌으로써 전체 선거 결과에 영향을 미칠 수 있다. 물론 과학적인 여론 조사에 의거한 선거 예측은 정확한 여론 파악과 여론 동향의 이해를 돕게 됨으로써 투표에 참고 사항이 될 수 있다. 그러나 비과학적인 여론 조사와 주관적 해석이 실린 부정확한 예측 보도는 여론을 왜곡하고 오도할 뿐만 아니라 투표의 방향에도 부정적인 영향을 미친다. 한국의 경우 1996년 15대 국회의원 총선에서 선거 결과를 예측하지 못한 여론 조사가 신뢰를 잃기도 했다.

2000년 대선 때에도 출구 조사가 정확하지 못하여 큰 충격을 주었다. 그 원인은 출구 조사의 규정 때문에 정확한 출구 조사가 이뤄지지 못했고, 투표 내용을 밝히기 꺼려 하는 유권자들의 성향 때문이었다. 2002년 대선 때에는 투표 수거함 방식을 도입하여 정확한 출구 조사가 가능했고, 이후 한국에서 출구 조사의 권위와 신뢰가 자리잡게 되었다.

2) 정치 광고

한편 정치 광고도 미디어의 정치적 기능 중 하나이다. 정치 광고는 정당이나 후보가 대중 매체에 돈을 지불하고 대중에게 정치적 메시지를 직접 전달하는 것이다. 정치 광고는 상품 광고와 마찬가지로 우선 후보자를 대중에게 알리고 인지도를 높이려는 선거 전략에 사용된다. 따라서 무명 후보자에게는 유권자에게 자신을 소개할 수 있는 좋은 기회가 된다. 정치 광고에서 후보자는 정책을 소개하거나 이슈나 의제 설정을 통하여 자신의 강점을 강조하려고 한다. 또한 정치인의 기존 이미지를 보강하거나 새로운 이미지를 만들려고 한다. 때로는 경쟁 상대 후보를 공격하는 성격의 광고를 하기도 한다. 공격적인 이슈 설정은 그 내용이 정당하다고 유권자가 인정하면 성공적이지만, 반대로 그 공격이 비열하고 부당하다고 여겨지면 패배의 결정적인 요인으로 작용할 수도 있다. 1980년대 미국 대선 때 민주당은 공화당 레이건 후보의 나이를 선거 이슈로 삼을지를 저울질하다가 포기한 적이 있는 것도 바로 공격적 이슈 설정의 역작용을 의식한 것이었다.

정치 광고는 정치 자금이 부족한 군소 정당이나 후보에게는 불리한 제도이다. 그리하여 정치 광고는 광고비를 충당하기 위한 기금 모금의 수단으로 이용되기도 한다. 또한 정치 광고는 정당의 정책이나 정치인 정견을 유권자들에게 알리기보다는 후보의 이미지 만들기에 치중하며 유권자의 감성에 호소하는 전략을 구사함으로써, 이미지 정치 또는 정치의 감성화라는 부정적 측면을 보이기도 한다. 제16대 한국 대통령 선거 때 민주당 노무현 후보의 '눈물'이란 정치 광고가 그 전형적인 예이다. 또한 노후보의 정치 광고에서는 서민 이미지를 강조하면서 유권자의 사회적 속성에 호소하는 전략이 구사되기도 하였다.

정치 광고가 이론적으로 유권자의 투표 태도의 변화를 목표로 하지만, 실제로 그런 태도의 변화를 가져오기란 매우 드물다. 다만 기존의 태도를 구체화하고 강화하거나 보강하는 수준에 머물 뿐이다.

5. 선거 방송 심의에 관한 특별 규정

제1장 총칙

제1조(목적)

이 규정은 방송법 제33조에 따라 공직선거및선거부정방지법(이하 '선거법'이라 한다)이 정한 선거 방송, 기타 선거에 관련한 내용이 포함된 프로그램의 방송(이하 '선거 방송'이라 한다)을 심의하기 위하여 필요한 사항을 정함을 목적으로 한다.

제2조(법 규정의 준수)

방송은 선거 방송에 관한 사항으로서 이 규정에 정하지 아니한 것은 방송법, 선거법, 방송 심의에 관한 규정 및 중앙선거관리위원회의 공직 선거 관리 규칙 등 관련 법 규정을 준수하여야 한다.

제3조(적용 범위)

① 이 규정은 선거법 제2조 소정의 선거(이하 '선거'라 한다)에 입후보할 후보자의 선출과 관련된 내용의 프로그램을 방송하는 경우에도 이를 적용한다.

② 이 규정은 선거법 소정의 선거 기간에 해당하지 않는 때의 방송에 대하여도 명백히 선거와 관련된 경우에는 이를 적용한다.

제2장 심의 기준

제4조(정치적 중립)

① 방송은 선거의 후보자(입후보 예정자를 포함한다. 이하 '후보자'라 한다)와 선거에 참여하는 정당(이하 '정당'이라 한다)에 대하여 정치적 중립을 지켜야 한다.

② 방송은 특정한 후보자나 정당의 주의·주장 또는 이익을 지지·대변하거나 옹호하여서는 아니된다.

제5조(공정성)

① 방송은 선거에 관한 사항을 공정하게 다루어야 한다.

② 방송은 방송 순서의 배열과 그 내용의 구성에 있어서 특정한 후보자나 정당에게 유리하거나 불리하지 않도록 하여야 한다.

제6조(형평성)

① 방송은 선거 방송에서 후보자와 정당에 대하여 실질적 형평의 원칙에 따라 공평한 관심과 처우를 제공하여야 한다.

② 방송은 선거 방송에서 선거가 실시되는 방송 구역 내의 각 지역을 균형 있게 다루어야 하며, 여러 종류의 선거를 다룸에 있어서 적절한 균형을 유지하여야 한다.

제7조(객관성)

① 방송은 선거에 관련된 사실을 객관적으로 정확히 보도하여야 하며, 자극적이거나 선동적인 보도 또는 흥미 위주의 보도를 하여서

는 아니된다.

② 방송은 선거의 쟁점이 된 사안에 대한 여러 종류의 상이한 관점이나 견해를 객관적으로 다루어야 한다.

제8조(특집 기획 프로그램의 편성)

방송은 선거 기간 중에는 선거와 직접 관련이 없는 경우에도 특정한 후보자나 정당에 유리 또는 불리한 영향을 미칠 우려가 있는 특집 기획 프로그램을 편성하여서는 아니된다.

제9조(시사 정보 프로그램)

선거법에 의한 선거 방송을 제외한 다른 선거 관련 대담·토론·인터뷰·다큐멘터리 등 시사 정보 프로그램은 선거 쟁점에 관한 논의가 균형을 이루도록 출연자의 선정, 발언 횟수, 발언 시간 등에서 형평을 유지하여야 한다.

제10조(제작 기술상의 균형)

선거에 관련된 모든 프로그램은 음향과 음성, 촬영, 화면 구성, 조명 등의 기술적 측면에서 후보자나 정당에 대하여 가능한 한 동등한 조건으로 제작하여야 한다.

제11조(사실 보도)

① 방송은 선거 방송에서 유권자의 판단에 영향을 미칠 수 있는 중요한 사실을 과장·부각 또는 축소·은폐하는 등으로 왜곡하여 보도하여서는 아니된다.

② 방송은 선거 결과에 대한 예측 보도로 유권자를 오도하여서는

아니된다.

③ 방송은 선거와 관련한 보도에서 감정 또는 편견이 개입된 용어를 사용하여서는 아니된다.

제12조(대담·토론의 중계)

방송은 선거와 관련하여 다른 언론 기관 또는 단체 등이 개최하는 대담·토론 등을 다룰 때에는 형평을 유지하여야 한다.

제13조(균등한 기회 부여)

① 방송은 편견 없는 뉴스 가치 판단에 따른 순수 뉴스의 보도에 있어서도 전체적인 형평을 유지하여야 한다. 이 경우 순수 뉴스라 함은 방송사가 편성한 정규 뉴스 및 종합 구성 형식 등의 프로그램에서 방송되는 진실성 있는 보도 기사를 말한다.

② 방송은 후보자를 초청하는 대담·토론 프로그램의 경우 모든 후보자가 참여할 수 있도록 유의하여야 한다.

제14조(계층·종교·지역에 따른 보도)

방송은 선거와 관련하여 계층·종교·지역에 따른 지지 또는 반대를 조장하는 내용을 방송하여서는 아니된다.

제15조(사실과 의견의 구별)

방송은 선거 방송에서 사실 보도와 해설·논평 등을 구별하여야 하며, 해설이나 논평 등에 있어서도 사실의 전달과 의견을 명백히 구분하여야 한다.

제16조(출처 명시)

방송은 선거와 관련하여 확인되지 않은 내용을 보도하여서는 아니
되며, 특정 개인이나 집단의 의견 또는 다른 매체의 보도 내용을 인
용할 때에는 그 출처를 밝혀야 한다.

제17조(여론 조사의 보도)

① 방송은 선거와 관련된 여론 조사(이하 '여론 조사'라 한다)의 결
과를 보도할 경우, 그 조사의 공정성이나 정확성에 상당한 의심이 있
을 때에는 이를 방송하여서는 아니된다.

② 방송은 여론 조사의 결과를 보도할 경우에는 조사 기관, 의뢰
기관, 조사 대상, 조사 기간, 조사 방법, 오차 한계 등을 밝혀야 한다.

③ 방송이 영상 기술과 도표(그래프·그림·표 등)를 이용하여 여론
조사의 결과를 보도할 경우에는 경쟁자나 경쟁 집단 사이의 차이가
과장 또는 축소되지 아니하도록 하여야 한다.

④ 방송이 여론 조사의 결과를 해설하는 경우에는 그 조사의 전제
여건과 현저히 다른 여건을 가진 상황에 대하여 그 조사 결과를 임의
로 적용하여서는 아니된다.

제18조(연예 오락 프로그램)

방송은 연예 오락 프로그램에서 후보자 또는 선거 관련 내용을 소
재로 다룰 경우에는 후보자나 정당의 품위를 손상하거나 선거에 대
하여 부정적으로 표현하여서는 아니된다.

제19조(정당 등에 의한 협찬 방송의 금지)

방송은 정당 또는 후보자에 의한 협찬 방송을 하여서는 아니된다.

제20조(후보자 출연 방송 제한 등)

① 방송은 선거일 전 90일부터 선거일까지 선거법의 규정에 의한 방송 및 보도·토론 방송을 제외한 프로그램에 후보자를 출연시키거나 후보자의 음성·영상 등 실질적인 출연 효과를 주는 내용을 방송하여서는 아니된다. 다만 선거에 특별한 영향을 미칠 우려가 없거나 프로그램의 성질상 다른 것으로 변경 또는 대체하는 것이 현저히 곤란한 경우에는 그러하지 아니하다.

② 방송은 제1항에서 규정한 기간중 후보자를 보도·토론 프로그램의 진행자로 출연시켜서는 아니된다.

③ 방송은 특정한 후보자나 정당에 대한 지지를 공표한 자 및 정당의 당원을 선거 기간중 시사 정보 프로그램의 진행자로 출연시켜서는 아니된다.

제21조(광고 방송의 제한)

방송은 선거일 전 90일부터 선거일까지 후보자 모델이 된 광고를 방송하여서는 아니된다. 후보자의 성명·경력·사진·음성 또는 상징을 이용하는 등 후보자에게 선거 운동 효과를 주는 광고 또한 같다.

제22조(방송 사고 등)

① 방송은 선거와 관련한 방송의 과실 송출이나 일시적인 방송 중단 등의 사고 또는 과실로 혼란을 일으키게 하거나 특정한 후보자 또는 정당 등에 피해를 주어서는 아니된다.

② 방송은 제1항의 방송 사고 등에 대하여는 지체 없이 그 사유를 밝히거나 정정 방송을 하여야 한다.

③ 방송은 선거 방송의 내용이 사실과 다른 내용으로 판명된 때에

는 지체 없이 이를 정정하여야 한다.

제3장 보칙

제23조(유용성 · 다양성)

① 방송은 유권자에게 그 의사 결정에 도움이 될 풍부하고 깊이 있는 정보를 제공할 다양한 프로그램의 개발을 위하여 노력한다.

② 선거에 관련된 프로그램은 생활 시간대를 고려하여 많은 사람들이 시청취할 수 있도록 편성한다.

③ 방송은 방송국이 주관하여 그 부담으로 실시할 수 있는 후보자의 방송 연설 및 경력 방송과 대담 · 토론 방송 등을 능동적으로 방송한다.

제24조(계도와 감시)

① 방송은 선거의 의의와 중요성을 계도하여 국민의 선거 참여에 기여한다.

② 방송은 선거 운동의 불법 · 탈법 및 타락을 방지하기 위하여 힘쓴다. 다만 그로 인하여 다른 사람의 권리를 침해하거나 선거에 대한 유권자의 불신감을 조성하거나 또는 주요 쟁점이 흐려지지 않도록 유의한다.

제25조(반론권)

방송은 특정한 후보자나 정당이 명백한 인신 공격 또는 사실로 확인되지 않은 내용의 방송으로 피해를 입었다고 주장하는 경우, 이를 검토하여 합당한 반론의 기회를 제공한다.

제26조(의견 진술의 특례)

위원회는 의견 진술 지정일 7일 전에 서면으로 통지를 함에 있어서 필요하다고 인정하는 경우에는 당사자 등의 명시한 의사에 반하지 아니하는 한, 위 조항에서 정한 기간의 여유를 두지 아니하고 의견 진술일을 정할 수 있으며, 그 통지도 구두 등의 방법으로 할 수 있다.

부칙

제1조(시행일)

이 규정은 2000년 3월 17일부터 시행한다.

제2조(다른 규칙의 개정)

심의위원회 구성 및 운영에 관한 규칙 부칙 제2조 제3항을 "방송법 제33조 제1항의 규정에 의한 방송 심의에 관한 규정이 제정되기 전까지는 각 심의위원회와 선거방송심의위원회는 종전 방송위원회의 '방송 심의에 관한 규정' '재심의에 관한 규칙' 및 종전 종합 유선 방송위원회의 '종합 유선 방송 심의 규정'에 따라 심의·의결한다. 단 방송 프로그램에 대한 사전 심의는 폐지한다"로 한다.

제7장

매스미디어와 대중 문화

미디어 문화학자 존 피스크(J. Fisk)가 말한 것처럼 '텔레비전은 문화로서' 기능한다. 일반 대중은 텔레비전·신문·디스크 등 각종 대중 매체를 통하여 음악·미술·연극·영화·애니메이션 등 다양한 문화 예술의 장르를 접하게 된다. 매스미디어는 문화 예술의 생산자와 소비자 사이에서 매개자로서 문화 예술 생산물들을 경제적인 비용으로 수용자에게 분배하는 기능을 한다. 특히 매스미디어의 기술적 발전은 소수의 향유 대상이었던 문화 예술을 다수의 공중도 즐길 수 있게 해주었다. 이것은 매스미디어가 문화민주주의에 기여했다는 긍정적인 평가를 받게 한다. 그러나 다른 한편으로는 매스미디어가 대중의 저급한 취향에 부응하여 문화 예술의 질을 저급화시켰다는 부정적인 평가를 받기도 한다. 대중 문화에 대한 상반된 견해는 매스미디어 수용자인 대중 수용자(mass audience)에 대한 서로 다른 평가에서 비롯된다. 여기서는 대중을 포함한 대중 문화의 개념을 알아본 후 대중 문화 비판론과 긍정론의 내용을 살펴보기로 한다.

1. 대중 문화의 개념

대중 문화는 popular culture 혹은 mass culture의 번역이다. 따라서 대중의 개념에는 두 가지의 다른 의미가 있다. 즉 산업화 이전의 민중(poeple)과 같은 개념으로서의 대중이 있고, 산업화 이후 일반적으로 말하는 대중(mass)의 개념이 그것이다. 이런 맥락에서 민중 문화(popular culture)의 의미로서 대중 문화와, 일반적으로 사용하는 대중 문화(mass culture)를 구분하기도 한다. 전자는 민중의 전통적이고 토속적인 문화를 의미하며, 계급과 이데올로기적 성격을 가진 능동적 주체로서의 민중의 문화이다. 반면에 후자는 산업화 이후의 불특정 다수의 군중으로서 원자화되고 분산화된 수동적 대중의 문화를 가리킨다.

그런데 위에서 설명한 것처럼 민중 문화와 대중 문화가 시기적으로 그렇게 확연히 구별되는 것은 아니다. 또한 민중의 개념도 산업화 이전뿐만 아니라 산업화 과정에서 등장하는 프롤레타리아 계급을 포함하기도 한다. 따라서 민중 문화는 대중 문화에 비해 시대적·계급적 제한이 있는 개념으로서, 서로 중첩되면서 전자가 범위가 더 큰 후자에 포함될 수 있다.

그리고 민중 문화나 대중 문화는 모두 피지배적 문화이다. 이는 민중 문화나 대중 문화가 계급적·권력 관계적·미학적인 측면에서 볼 때 상류층 문화, 엘리트 지배 문화, 고급 문화(high culture)에 피지배적인 위치에 있는 문화라는 뜻이다. 그렇다면 대중 문화는 고급 문화에 비해 저급 문화(low culture)로서, 엘리트 문화에 비해 민중 계급 문화로서 그 자리매김이 된다. 미학적으로 고급 문화는 지적이고 심미적이며 교양 있는 문화이고, 대중 문화는 오락적·상업적 문화일 뿐이다. 또한 대중 문화는 지배 문화에 비해 피지배 문화 혹은 저항 문화로서 자리매김이 될 수 있다.

이런 맥락에서 볼 때 매스미디어와 관련된 문화는 대중 문화(mass culture)이다. 현대 대중 문화는 라디오·텔레비전·신문·소설·광고 등 매스미디어에 의해 중개되거나, 그것에 의해 만들어지는 문화이다. 따라서 오늘날 대중 문화는 미디어 문화(media culture)라고도 부를 수 있을 것이다. 매스미디어에 의한 대중 문화는 그 콘텐츠의 대량 복제와 대량 전달 및 대량 소비를 특징으로 지니고 있다.

　오늘날 매스미디어와 관련된 대중 문화는 계급·미학 등의 차원에서 상당히 다층적이고 다원적인 요소들을 포함하고 있다. 현대 대중 문화는 이런 요소들 이외에 성별·연령·직업 등의 인구 사회학적 변수와 문화적 취향 등의 다양한 요소를 동시에 갖고 있다. 따라서 현대 대중 문화는 어느 특정 계급과 그 이데올로기를 지니는 문화라고 단정하기보다는 다양한 인구 사회학적 성층 구조를 지닌 문화이고, 순수 예술과 대중 예술이 중첩되고 혼합된 문화이다. 현대 대중 문화의 성격을 이렇게 규정하기 전에는 대중 문화의 한쪽만을 강조하여 비판하거나 옹호하는 두 가지 상반된 관점들이 존재하였다.

2. 대중 문화 비판론의 기원

　대중 문화 비판론은 대중 사회와 대중을 보는 비판적이고 비관적인 시각에서 출발한다. 프랑스 혁명 이후 계몽론자들은 대중을 충동적이고 비이성적 행동을 하는 우중(偶中)으로 보았다. 르봉(G. Le Bon)·타르드(J. G. de Tarde) 등은 군중 행동을 하나의 사회 병리 현상으로 보았다. 보수주의적 사회론자들은 지식과 교양이 상류 계층의 전유물이므로 대중은 저급하고 불량하다고 간주하였다.

　시인 워즈워스(W. Wordsworth)는 대중 예술이 폭력과 자극을 원하는 대중의 요구에 부응하여 인간의 심성과 판단력을 무디게 한다고 비판하였다. 매슈 아널드(M. Arnold)도 대중 문예물이 교양 수준이 낮은 대중들에게 맞는 조잡한 내용을 담고 있다고 대중과 대중 문학을 경멸했다. 이들은 대중의 등장으로 인한 구계급 사회의 붕괴와 평등주의의 도래를 경멸하고 동시에 두려워한 것이다. 그러나 스콧(W. Scott) 경은 대중 작가의 상업적 보상의 정당성을 주장하면서 수용적 측면에서 대중의 존재를 긍정적으로 평가하였다. 이러한 비판과 긍정의 19세기 대중 문화 논쟁은 영국의 《에든버러 리뷰》지에 잘 나타나 있다. 그 당시는 신문과 잡지에 관련된 대중 문화 논쟁이 대부분이었다. 엘리엇(T. S. Eliot) · 리비스(F. R. Leavis) · 오르테가이가세트(J. Ortega y Gassett), 미국의 반 덴 하아그(E. van den Haag) 등도 대중 사회의 도래와 대중 문화의 확산을 비판하였다.

3. 프랑크푸르트학파의 대중 문화 비판론

프랑크푸르트학파에는 아도르노(T. W. Adorno) · 호르크하이머(M. Horkheimer) · 로웬탈(L. Lowenthal) · 마르쿠제(H. Marcuse) · 벤야민(W. Benjamin) 등의 사상가들이 있다. 이들은 한결같이 문화 산업에 기반한 대중 문화가 상업성 · 오락성 · 이데올로기 등의 속성으로 현실 도피와 사이비 욕구를 조장하여 대중의 사회 비판 의식을 마비시킨다고 비판한다. 그리고 대중 문화가 아편과 같은 찰나적 쾌락과 그릇된 정보를 제공한다는 것이다. 프랑크푸르트학파는 대중 문화의 지배 이데올로기성, 비예술성, 정치적 순응성, 규격화된 동질성, 비인간성 등을 비판한다. 대중 문화는 대중의 사회 비판 의식과 저항 의식을 무력화시키고, 대중을 수동적인 존재로 만들어 전체주의의 온상을 만들 우려가 있다는 것이다.

1) 아도르노의 대중 음악 비판론

아도르노(T. W. Adorno)의 대중 음악 비판은 위와 같은 관점을 견지한다. 아도르노는 음악의 경제적 기반에 대한 연구를 통해 독점 자본주의 사회에서의 음악 조직, 취향, 작곡과의 관계를 분석한다. 그리하여 그는 음악에 생산력과 생산 관계의 개념을 연관시켜 생산력은 작곡·재생의 기술이며, 생산 관계는 경제적·이데올로기적 조건으로서 청자와의 관계에 해당한다고 설정한다. 이때 생산력이 생산 관계에 영향을 주고, 그 역도 성립한다. 즉 쇤베르크 음악처럼 아방가르드적 작곡이 소수 청중의 반응만을 불러일으키거나, 바그너 음악, 베토벤 음악의 천재성이 점차 대규모 청중을 낳는다. 역으로 음악 시장이 작곡 양식에 영향을 주기도 하는데, 독일 대부르주아지의 상승이 슈트라우스의 음악을 지원하나 시민 사회의 음악 시장이 그 반동적 성격을 제한하기도 한다.

그는 음악의 청중 유형 연구에서 전문가형 청취자를 제외하고는 스노비즘과 페티시즘적인 취향의 청취, 현실 도피와 눈물 흘림 등 감정적 청취, 자극과 위안의 오락적 청취 등이 바람직하지 못한 청취 태도이고, 이 가운데 오락적 청취는 매스미디어와 밀접하게 관련된 청취 태도로 본다.

이어 아도르노는 19세기 중엽 오페레타·레뷰 등에서 출발하여 현대 대중 매체를 통해 나타나는 경음악을 경멸하고 신랄하게 비판한다. 이때 경음악은 아도르노가 말하는 무겁고 진지한 음악에 대비되는 대중 음악을 의미한다.

경음악은 미적으로 타락의 결과이고, 뮤지컬·재즈·유행가 등의 음악 장르로서 문화 산업적 상업주의 성격이 강한 음악을 말한다. 경음악은 문화 산업과 매스미디어에 의해 규격화되고, 사이비 개성을 연출하며, 비정치성과 대중 최면을 그 속성으로 갖는다. 아도르노는 상업 재즈가 준비된 상투적인 즉흥 연주이며, 진정한 계급 의식과 흑인 해방과는 거리가 먼 비정치적 성격을 가진 음악이라고 비판한다.

이렇게 아도르노는 자본주의 사회에서 문화 산업과 매스미디어에 의해 규격화되고 무비판적으로 소비되어 가는 대중 음악이 현실 변혁적 의식을 담아내지 못함을 비판한 것이다. 대중 음악은 결과적으로 대중의 의식을 탈정치화하면서 지배 이데올로기에 공헌하는 기능 음악이자 소비 음악에 불과한 것이다. 아도르노는 이런 음악적 전통으로서 쇼팽·브람스·슈트라우스·스트라빈스키 음악을 들고 있으며, 이들 음악은 귀족 상류 계급의 허위 의식의 소산이라고 주장한다. 이어 그는 힌데미트의 음악은 프티부르주아적이고, 반면에 혁명 계급의 이상을 그린 베토벤의 음악이나, 무조 음악을 창작한 쇤베르크의 음악이 형식과 이데올로기를 깬 '진지한 음악(serious music)'이라고 덧붙인다. 아도르노에 의하면, 진정한 음악은 자본주의 사회의 구조적 모순과 이데올로기를 비판해야 하는 것이다.

2) 벤야민의 복제 미디어론

벤야민은 인쇄·사진 같은 복제 미디어의 기술 발달에 따라 예술 작품의 총체성(totality) 개념이 심각한 변화 과정에 놓이게 되는 것을 우려한다. 그에 따르면 전통적으로 예술 작품은 유일무이한 일회적 현존으로서 아우라(aura)라는 현장의 분위기를 가지고 있다. 기술 복제는 오리지널한 작품의 아우라까지 복제할 수는 없어도 이와는 다른 차원의 예술 영역을 펼친다.

즉 복제 기술은 작품의 일회적 출현 대신에 대량적 출현으로 대중의 접근을 가능하게 한다. 이처럼 복제에 의한 아우라의 붕괴는 대중 욕구의 증가에 부응하는 사회적 조건이 된다. 복제는 대중이 예술 접근에 있어서 작품의 일회성을 극복하고 지속적인 수용을 가능하게 하는 것이다.

미디어에 의한 예술 작품의 복제 가능성은 예술을 아우라의 제의적(祭儀的) 가치로부터 해방시켰다. 이제 영화 필름의 복사로 진품(원판) 존재의 의미가 없어졌고, 제의 가치(kultwert)보다는 진열 가치(Ausstellungswert)가 강조되는 시대에 왔다. 즉 제의 가치를 지닌 마법의 도구로서의 예술 작품과 예술의 자율성이란 환상이 사라지고, 전시성의 증가로 작품의 질적 성격의 변화가 나타난 것이다.

벤야민에 따르면, 이같은 예술 작품의 내적 성격의 변화는 연극과 영화의 비교의 예에서 엿볼 수 있다. 연극의 행위가 총체성을 표현한다면 영화의 표현은 장면의 조립으로 파편적이다. 연극은 무대에서 배우가 관객과 함께 현장감 있는 분위기를 연출하지만, 영화는 배우가 카메라라는 기계 앞에서 연기함으로써 아우라가 상실된 예술이다. 이같이 영화·라디오 등 매스미디어에 의한 연기자의 표현은 의회를 통한 대의민주주의 정치 형태와 유사하다. 작가와 관객이 유리된 결과, 촬영소 밖에서 스타 예찬의 현상이 나타나기도 한다. 영화는 촬영·조명·편집 등의 기술을 통해 현실의 모습이 기술 세계에서 환상처럼 펼쳐지는 것이다. 영화는 고속 촬영, 확대 촬영 등의 테크닉을 통해 인간의 시청각 감각을 심화시키고 다양화한다. 대중 관객은 집단적으로 이런 영화를 오락으로서 감상하고, 또 비평도 할 수 있다. 복제 기술에 의한 예술의 대중화 현상은 대중이 예술에 대해 비판적 수용

태도를 가져오는데, 벤야민은 이를 '예술의 정치화'라고 말한다.

그런데 파시즘은 대중의 정치 운동을 허가하지 않으면서 예술을 미화하고, 모든 기술적 수단을 총동원하려고 한다. 벤야민은 이를 '정치의 예술화'라고 부르며, 한 정치 지도자를 예찬하기 위해 대중을 억압하는 방식이라고 지적한다. 벤야민에 따르면, 예술을 위한 예술의 이데올로기는 파시즘이 대중 선전과 대중 선동 또는 전쟁을 위해 뉴스 등 대량 복제 미디어를 총동원하기 위한 이데올로기일 뿐이다.

벤야민은 복제 기술과 미디어의 발달에 따른 아우라의 상실을 목도하지만, 영화와 같이 새로운 대중 매체 예술이 사회 비판적이고 긍정적으로 기능할 수 있는 가능성도 보았던 것이다.

이상에서 살펴본 바와 같이 프랑크푸르트학파의 대중 문화 비판론은 장단점을 갖고 있다. 이 학파는 주로 고전 작품과 순수 예술을 문화적 기준으로 삼고 대중의 심미적 판단 능력을 과소평가함으로써 엘리트적 관점을 취하고 있다는 비판을 받는다. 그럼에도 불구하고 이 학파가 후대 대중 문화 연구가들의 관점에 끼친 영향은 크다. 미국의 맥도널드(D. Mcdonald)·로젠버그(B. Rosenberg) 등은 매스미디어 중심의 대중 문화가 고급 문화에 심각한 위협이 된다고 보고, 고급 문화를 보호하는 입장을 취하였다.

4. 미디어와 문화 예술의 관계

프랑크푸르트학파의 대중 문화 비판론에서 살펴본 것같이 미디어에 나타나는 대중 문화는 대단히 부정적이다. 대중 문화 비판론에는 충분히 그 근거가 있지만, 미학적·정치 경제적·이데올로기적 관점에서 지나치게 편향적이라고 비판받을 수 있다. 아무리 세련된 대중 문화 비판론일지라도 고급 문화와 대중 문화를 이분법적으로 구분하는 엘리트주의적인 태도에서 벗어나지 못하고 있다. 또한 매스미디어의 다양한 기능을 상기하지 않고, 수용자가 불특정 다수로서의 일반 대중이라는 생각도 대중 문화의 부정적인 면을 강조하는 선입견이 되고 있다.

이같은 사고와 선입견은 미디어의 기능과 내용에 기초하여 미디어와 예술 상호 관계를 살펴보아야 제거될 수 있을 것이다. 대표적인 매스미디어인 텔레비전의 경우, 그 기능은 뉴스 보도와 오락 제공 및 교육 기능으로 나누어 볼 수 있다. 이렇게 텔레비전의 다양한 기능이 존재함에도 불구하고 오락적 기능만 강조하여 텔레비전은 오락 매체라는 선입견을 갖는 것은 부당하다. 텔레비전은 교육 매체의 기능도 잘 수행하기 때문이다.

미디어와 문화 예술의 관계도 매체의 기능과 관련하여 생각해 보아야 할 것이다. 일반적으로 사람들은 텔레비전이 순수 예술과는 관련성이 없고, 순수 예술은 텔레비전과 같은 매중 매체를 경멸한다고 생각한다. 순수 예술과 저급한 텔레비전이 대립적이라는 편견은 실제 텔레비전의 기능을 간과한 태도에서 비롯된다. 텔레비전과 같은 매스미디어는 문화 예술의 다양한 장르를 수용자에게 소개하고 전달하는 동시에, 문화 예술은 이러한 텔레비전의 기능을 이용한다. 존 워커(John A. Walker)는 매스미디어가 텔레비전·영화·광고 등에서 미술을 자주 이용하고 있다고 설명한다. 그리고 역으로 미술은 이런 매스미디어의 기능과 기술 및 효과를 이용한다. 이렇게 실제로는 미디어와 예술의 상호 의존 관계가 성립한다. 대중은 미디어를 통해 예술을 감상하고, 그에 대한 정보도 얻는 경우가 많다. 오페라·오케스트라·연극·콘서트 등에 직접 가보는 사람들보다 텔레비전을 통해 간접 감상하는 대중이 더 많다.

그러면 미디어에 나타나는 예술은 순수 예술인가, 대중 예술인가? 실제로 미디어는 이 두 장르를 보여 주고, 이런 장르가 혼합된 예술 장르도 보여 준다. 탈현대에 와서 예술의 장르와 질은 점차 그 성격이 모호해지는 포스트모던한 성격을 보여 준다. 텔레비전은 문화다원주의 입장에서 이러한 새로운 예술 경향을 반영하고 있다.

한편 매스미디어에 나타난 예술을 접하는 수용자는 불특정 다수인 일반 대중일 것이란 선입견이 존재한다. 따라서 미디어가 보여 주는 예술은 그 수준이 매우 낮고 천박할 것이라는 편견이 따르게 된다. 그러나 사실상 오늘날에 와서 미디어 수용자는 다양한 미디어 채널만큼이나 상당히 파편화되고 분산된 대중이다. 미디어는 분산되고 세분된 수용자의 취향과 수준에 맞는 다양한 예술 형태와 컨텐츠를 제공한다. 특히 전문화된 미디어와 채널은 예술과 수용자의 수준이 일치하는 서비스를 제공하고 있다. 그러나 일반 공중파 방송에서는 순수 문화 예술 프로그램이 부족하고, 그 편성 시간대도 심야 등 시청률 사각 지대에 놓여져 있다. 제작과 편성에 있어서 미디어측의 세심한 배려가 요구된다.

한편 매스미디어의 교양과 교육적 기능에도 불구하고 여가와 오락적 도구로서의 텔레비전은 대중 문화의 여러 가지 특징적 현상을 보여 준다. 예를 들어 스타덤 현상을 들 수 있다. 텔레비전과 영화·신문·잡지 등 미디어는 영화배우 및 가수와 탤런트를 대중 스타로 만드는 데에 지대한 기여를 한다. 미디어는 심지어 철학자까지도 대중 스타로 만드는 힘을 갖고 있다.

　매스미디어는 대중 문화를 전달하는 매개의 역할을 하지만, 동시에 새로운 대중 문화를 형성하기도 한다. 예를 들어 드라마·광고 등을 통해서 유행과 신드롬 등 새로운 대중 문화 트랜드를 형성하기도 한다. 동아시아에 나타난 한류 현상은 그 좋은 예가 될 수 있다. 그러나 매스미디어의 구독률 및 시청률 경쟁은 만화·영화·드라마·오락 프로그램 등을 통하여 대중 문화의 상업주의 성격과 선정성 및 폭력성을 증가시키기도 한다.

제8장

뉴미디어와 정보 사회

1. 뉴미디어와 테크놀로지

뉴미디어는 올드미디어에 비해 상대적으로 최근에 탄생한 미디어이다. 우편·전화·라디오·텔레비전 등이 재래식 미디어라면, 뉴미디어는 기존의 미디어에 컴퓨터 및 첨단 통신 기술을 결합시킴으로써 과거와는 전혀 상이한 형태의 정보 수집과 처리, 그리고 전송 및 이용이 가능한 미디어를 말한다.

그러나 뉴미디어들이 기존의 미디어를 완전히 대체한 것으로 볼 수는 없다. 이에 관해서 로저스(E. M. Rogers)는 새로운 테크놀로지를 이전의 커뮤니케이션 매체들의 연속선상에서 보아야 한다고 설명한다. 그에 따르면 커뮤니케이션 역사의 전개 과정은 다음과 같이 중첩되면서 크게 5단계로 발전한다. 그것은 구어 커뮤니케이션 시대(BC 35,000~현재), 문자 커뮤니케이션 시대(BC 4,000~현재), 인쇄 커뮤니케이션 시대(8세기 이전~현재), 텔레커뮤니케이션 시대(1844~현재), 컴퓨터 커뮤니케이션 시대(1946~현재)이다.

뉴미디어의 발달에 결정적인 영향을 준 기술은 전자공학 기술이다. 컴퓨터와 새로운 통신 기술의 발전, 그리고 이것들의 기술적 결합이 뉴미디어의 기술적 기초를 이루고 있다. 이러한 현상을 'C&C 혁명(Computer and Communication Revolution)'이라고 부르거나, '컴퓨니케이션(Compunication)' 현상 또는 '텔레마틱스(telematics)' 등으로 부른다.

통신 기술은 초기에 마이크로웨이브를 사용하는 방식이었는데, 이는 제한된(1,000MHz) 주파수 대역으로 인해서 일정 거리 이상의 송신이 어려웠다. 이후 유선망에 주로 사용되었던 동축 케이블(coaxial cable)이 등장하여 깨끗한 음질이나 화질의 메시지를 전송할 수 있었지만, 이 역시 전송 과정에서의 신호 약화나 왜곡, 또는 전자기 장애에 의한 혼선이나 잡음을 막는 데에는 한계가 있었다. 그 다음으로 위성이 등장하여 주파수 대역이 4~6GHz대의 C-밴드나 11~14GHz대의 Ku-밴드를 이용함으로써 물리적인 장애를 받지 않고 광범위한 지역에까지 양질의 메시지를 전송하게 되었다. 최근에 이르러 디지털 기술과 멀티미디어는 광섬유(optical fiber) 케이블을 이용하게 되었는데, 이는 신호를 빛에너지로 전환하여 전송하는 방식으로서 높은 주파수 대역을 사용하기 때문에 전송 속도도 매우 빠르고, 단위 채널당 정보 전송 용량도 월등히 높은 장점을 지니고 있다. 이는 매우 가볍고 설치가 용이하며 전송 과정에서 신호가 왜곡되거나 손실되는 일이 없이 깨끗한 음질과 화질의 정보 송수신이 가능하다.

2. 뉴미디어의 종류와 특성

우선 뉴미디어는 분류 방식에 따라 다양하게 나누어진다. 정보 전달의 매개에 따라 유·무선 미디어, 전달 정보의 형태에 의한 분류에 따라 문자·음성·영상 미디어, 매체 구분에 따라 신문·방송·통신 미디어로 분류할 수 있다. 그리고 패키지형 뉴미디어로 콤팩트디스크(CD)·비디오디스크·MP3·DVD 플레이어가 있다. 그러나 이러한 형식적 분류도 매체간 기술적 통합과 융합에 따라 그 경계가 모호해지고 멀티미디어형으로 발전하는 경향이 있다. 여기서는 케이블 방송, 직접 위성 방송(DBS), 인터넷, 지상파 디지털 TV 방송, 위성

DAB 등을 중심으로 그 기능적 특성을 살펴보고자 한다.

이러한 뉴미디어들은 기존의 대중 매체들과 다른 특징을 지니고 있다. 기존의 대중 매체는 소수의 매체 제작자가 만든 획일화된 메시지를 다수의 수용자에게 일방적으로 동시에 전달함으로써 대중성·획일성·일방성·동시성·수동성의 특징을 지닌다. 반면에 뉴미디어는 탈대중성·다양성·쌍방향성·비동시성·능동성·종합화·영상화 등을 특징으로 한다. 그리고 뉴미디어는 수용자 개념보다 적극적이고 능동적 개념인 이용자에 의해 소비되는 경향을 보인다.

1) 케이블 TV 방송

케이블 TV 방송은 유선 케이블로 연결하여 방송하는 텔레비전 시스템을 말한다. 케이블 방송사는 프로그램 자체 제작과 주로 지상파 방송 및 위성 방송의 재전송을 한다. 케이블은 많은 전문화된 채널과 정보량을 전송할 수 있는 기술적 장점과 개인 가정집까지 연결되어 있는 동축선을 사용하여 안정적인 서비스를 한다는 장점을 갖고 있다. 오늘날에 와서는 지역 정보 통신망, 쌍방향 서비스, 인터넷 서비스, 원격 서비스 등의 기능도 하여 부가 서비스 기능이 날로 확대되어 가고 있다. 케이블 방송의 사업 구조는 채널, 프로그램 공급업자인 PP(Program Provider), 유선 방송국 사업자인 SO(System Operator), 그리고 전송망 사업자인 NO(Network Operator)로 구성되어 있는데, 현재 사업 영역별 인수·병합·겸업이 허용되고 있는 추세이다.

2) 위성 방송

위성 방송(Satellite Broadcasting)이란 적도 상공 36,700km의 정지 궤도에 쏘아올린 방송 위성을 이용한 방송 시스템을 말한다. 위성 방송 서비스에는 DBS(Direct Broadcast Service)와 개인 수신자에게 직접 위성 방송 프로그램을 제공하는 DTH(Direct to Home) 서비스가 있다. 위성 방송은 지름 45cm의 접시 안테나와 세톱박스란 수신기를 이용하여 시청자의 직접 개별 수신이 가능하게 하거나, CATV를 이용하여 재분배 공동 수신이 가능하다. 위성 방송은 방송의 광대역성으로 난시청 지역 문제를 해소하고, 해외 방송까지 선명한 화질과 고음질로 시청할 수 있는 장점을 갖고 있다. 또한 인공위성을 통하기 때문에 자연 재해나 전쟁 등 인재에 구애받지 않고 긴급 재난 방송을 할 수 있다.

한국은 1995년 무궁화 위성 1호부터 1999년 무궁화 위성 3호까지 성공적으로 발사하여 아리랑 TV·KBS·EBS 등 국내외 위성 방송을 실시하고 있으며, 최대 1백68개의 위성 채널을 확보할 수 있게 되었다.

위성 방송은 1980년말까지만 해도 케이블 방송에 비해 송수신 비용이 많이 드는 단점이 있었다. 그러나 디지털 압축 기술의 보편화와 고출력화, 저렴한 수신기 개발 등으로 대중화되었다. 그리고 위성의 전송 방식이 아날로그에서 디지털로 전환되면서 다채널 방송 서비스 제공이 가능하게 되었다. 또한 위성 방송에서는 한정 수신과 스크램블 기능이 가능하다. 오늘날 디지털 위성 방송은 광역성·다채널·고품질·경제성으로 각광받는 미디어가 되었다.

또한 위성 방송은 문화적 기능을 수행한다. 위성 방송은 해외에 자국의 문화를 소개하고, 해외 동포들에게 문화적 정체성을 갖게 하는 긍정적인 기능이 있다. 반면에 외국 위성 방송 프로그램이 국경을 넘어(spill over 현상) 문화 충격이나 자국 문화 침식의 부정적 기능을 하기도 한다. 그러나 세계화·정보화가 되어가는 시대적 추세로 볼 때 이같은 부정적인 면은 점차 완화되어 가고 있다.

3) 인터넷

인터넷은 일종의 컴퓨터 네트워크로서 정보의 바다라고 불리는 가상 공간에서 네티즌들이 서로 많은 정보를 주고받을 수 있는 최신의 매체이다. 1970년대에 미국에서 중앙 컴퓨터 없이 지역 단위의 컴퓨터 시스템을 연결하여 정보를 분산·저장하는 기술을 개발한 이래, 1980년 중반에 슈퍼 컴퓨터를 연결하는 시스템을 구축하면서 인터넷은 탄생되었다. 세계 각국에서도 이와 유사한 네트워크가 구축되면서 인터넷은 상호 연결되기 시작했다. 인터넷 발전의 결정적인 역할을 한 것은 1990년 월드 와이드 웹의 출현이다. HTML(Hyper Text Markup Langage)을 이용한 웹서비스는 음성·화상·문자 등을 동시에 전송할 수 있어 인터넷 이용자의 폭발적인 증가를 가져왔다.

스트리밍·멀티캐스트 혹은 푸시(push) 등 서비스는 정보를 동시에 많은 이용자들에게 전송하는 기술로서 인터넷의 대중화와 세계화에 기여했다.

인터넷은 문자·음성·이미지·동영상 등의 콘텐츠를 단일화된 디지털 신호로 처리하기 때문에 통합 미디어적 특성을 갖는다. 또한 신문·텔레비전·잡지 등의 요소와 기능도 함께 갖기 때문에 기술적 통합성 이외에 매체적 통합성의 특성도 함께 갖는다. 인터넷은 뉴스 보도·영화·오락·금융·쇼핑 등의 분야별로 다양한 전문 사이트와 포털 사이트가 무한한 정보와 정보량을 전송한다. 그리하여 인터넷 방송(Webcating), 인터넷 신문, 웹진, 재택 쇼핑, 전자상거래 등이 사이버 공간에서 이뤄지고, 이용자들간의 피드백과 수평적 상호 작용성도 뛰어나서 가상 공동체(사이버 커뮤니티)의 형성이 이뤄지기도 한다. 그리고 개인 홈페이지에 이어 블로그는 대안 매체로서의 1인 미디어의 등장을 의미하기도 한다. 인터넷 미디어는 한정적 지면이나 시간적 제약이 없는 하이퍼텍스트로 기존 미디어의 단점을 극복한다. 또한 인터넷은 여론 형성과 전자 정부 및 전자 민주주의 발전에 기능적으로 기여하고 있다.

한편 해킹으로 인한 개인 및 주요 국가 기관의 정보 유출, 저작권 침해, 사생활의 침해, 익명의 사이버 테러, 계층간 정보 격차, 음란물과 스팸 메일 유포, 인터넷 언어 종속, 인터넷 중독 등의 부작용들이 나타나기도 하였다.

한국인터넷진흥원이 출간한 2004 한국 인터넷 통계집에 따르면, 2003년말 전세계 인터넷 이용자수는 6억 7천만 명을 넘어섰다. 미국의 인터넷 이용자수는 전체 인구의 63퍼센트인 2억 6천만 명이고, 한국의 인터넷 이용자수는 전체 국민의 70퍼센트인 3천만 명을 넘었다. 인구 1만 명당 세계 주요 국가 인터넷 이용자수 조사(2003년)에서 한국은 6천34명을 기록하여 1위인 6천7백47명의 아이슬란드에 이어 2위에 올랐다. 그리고 스웨덴이 5천7백30명으로 3위를 차지했고, 미국(5천5백14명)과 뉴질랜드(5천2백20명)가 그뒤를 이었다. 그리고 세계 초고속 인터넷 인프라는 2003년 1억 회선을 넘었고, 초고속 인터넷 보급에서는 한국이 부동의 1위를 달리고 있다.

4) 디지털 TV, DAB, DMB

고해상도를 장점으로 하는 HDTV(High Definition TV) 이외에도 역시 고품질을 장점으로 하는 지상파 디지털 TV 방송이 있다. 이는 1990년말부터 선진국에서 시작되었고, 한국도 현재 부분 방송을 하고 있다. 디지털 방송은 기존의 아날로그 방송에 비해 영상과 음질이 선명하고 안정적이며, 기술적으로 압축·저장·재생이 간편하고, 쌍방향 서비스 및 VOD, 데이터 방송, 인터넷 서비스 등 다양한 부가 서비스와 기능이 풍부한 장점을 갖고 있다. 따라서 텔레비전을 통한 날씨, 교통 등 각종 정보와 홈쇼핑, 홈뱅킹, 주식 거래가 가능하고, 각종 게임과 오락 서비스가 가능해진다.

위성 DAB(Digital Audio Broadcasting)는 위성을 통한 음성뿐만 아니라 데이터, 영상 정보 등을 고정 또는 이동 수신기에 제공하는 디지털 방송 시스템을 말한다. 즉 이는 이동중인 휴대용 첨단 단말기에까지 교통 네비게이션 정보, 텔레비전을 포함한 다채널 동영상 등 멀티미디어 정보 서비스를 받을 수 있는 새로운 위성 방송 시스템이다. 그리하여 차량 단말기, 개인 휴대 전화, 노트북 등에 갖가지 멀티미디어 신호를 제공하는 방송 시스템을 DMB(Digital Multimedia Broadcasting)라고도 부른다.

3. 정보 사회의 개념

다양한 첨단 미디어와 정보가 넘치는 현대 사회는 '정보 사회' '지식 사회' '후기 산업 사회' '감시 사회' '포스트모던 사회' 등의 다양한 용어로 정의되고 있다. 이들 용어는 모두 산업 사회의 특성과 대비되는 개념을 갖고 있다. 일반적으로 정보 사회는 20세기 중반 이후 전자 제어 기술, 컴퓨터 기술, 통신 기술 등 정보 통신 기술이 사회적 기반을 형성하는 사회 형태라고 볼 수 있다. 즉 정보 통신 기술의 발달로 인하여 정보가 대량으로 신속하게 전달되고 가공되며 저장됨에 따라 정보의 생산·유통·소비에 기초한 새로운 사회 구조를 갖는 사회인 것이다.

그러나 단순하게 정보의 양이 늘어나고 정보 통신 기술이 발달했다는 이유만으로 정보 사회를 이전 산업 사회와 비교되는 특징으로 이해할 수는 없다. 이는 사회를 일차원적이고 단절적으로만 파악한 기술 결정론적인 이해에 불과하다. 정보 사회가 등장하게 된 배경에는 기술뿐만 아니라 이를 수용할 수 있는 사회적 조건, 이해 관계, 그리고 다양한 권력 관계를 배태하고 있음을 고려해야 한다.

일찍이 벨(D. Bell)은 그의 저서 《후기 산업 사회의 도래》에서, 후기 산업 사회란 경제 생활의 중심이 물질적인 생산에서 서비스(정보 관련 서비스) 생산으로 이동하며, 직업 분포에서 화이트칼라(전문직·관리직·사무직)와 같은 정신노동자층이 전통적 산업 사회의 육체노동자층을 압도하고, 과학적·이론적 지식이 사회 혁신과 정책 결정의 원천이 되며, 대학 및 연구소를 거점으로 지식 산업이 융성하게 되는 새로운 사회라고 주장했다. 여기서 후기 산업 사회는 정보를 중심으로 구성되는 사회라고 볼 수 있다.

정보 통신 기술 혁신을 거점으로 정보 사회를 규정하는 개념은 미국의 마틴(J. Martin)의 '텔레마틱 사회,' 프랑스의 노라와 밍크(S. Nora & A. Minc)의 '정보화 사회,' 영국의 포레스터(T. Forester)의 '하이테크 사회' 이외에 '네트워크 사회' '사이버 사회' 등 다양하다. 정보 사회의 개념은 정보가 대량으로 신속하게 유통 소비되는 이념형적 사회 형태를 지칭하며, 반면 정보화 사회 또는 고도 정보 사회 개념은 정보화 과정을 중시하는 사회 형태를 지칭한다. 즉 정보화 사회가 정보 기술 기반의 변화에 따라 초기 전산화 단계, 온라인 네트워크 단계, 인터넷 등의 범세계 정보 네트워크 단계로 그 사회적 성격을 달리하고 있으나, 그럼에도 불구하고 이념형적 특징과 그러한 사회상을 정보 사회라고 할 수 있을 것이다.

4. 정보 사회를 보는 관점들

웹스터(F. Webster)는 다음의 몇 가지 관점에서 정보 사회의 개념들을 정리한다.

1) 기술적 관점

이는 정보 처리, 저장 및 전송의 획기적인 기술 발전으로 인하여 사회의 모든 분야에서 정보 기술을 활용하게 되어 정보 사회가 출현했다는 생각이다. 이 생각은 컴퓨터의 대중적인 확산, 처리 능력의 향상과 종합 정보 통신망의 확산으로 인하여 오늘날 업무의 대부분이 컴퓨터를 통해 이루어졌다는 사실에 주목한다. 그러나 이 관점은 기술 결정론적인 시각에 의존해 있으며, 기술 혁신의 사회적 · 경제적 · 정치적 차원을 완전히 분리된 영역으로 간주하는 한계를 갖고 있다.

2) 경제적 관점

이는 정보 사회가 현대 사회에서 경제적 부는 지식이나 정보 산업의 결과로 인해서 생겨난다고 보는 관점이다. 즉 지식과 정보가 부의 원천이 되고 있으며, 실제로 GNP에서 점점 차지하는 비율이 높아지는 분야도 지식 산업으로부터 나오고 있다. 이미 1960년대 드러커(P. Drucker)는 현대 사회에서 경제는 재화 경제에서 지식 경제로 전환되고 있으며, 지식이 현대 경제의 토대라고 주장하였다. 1960년대 초반 맥클럽(F. Machlup)은 정보 관련 산업군을 5개의 범주로 구분하여 각 부문이 생산해 내는 GNP의 정도를 측정한 후, GNP가 차지하는 비율이 커진다면 '정보 경제'가 출현하고 있는 것으로 본다.

이와 같은 경제학적 접근은 정보 산업의 성장을 가시적으로 보여 주지만, 정보 부문과 비정보 부문, 그리고 정보 부문 내의 범주를 구성하는 데 있어서 그 경계가 모호하다거나 분류 기준에 있어서 가치 판단이 개입될 여지가 많다는 점이 문제가 된다.

3) 직업적 관점

이는 정보 업무와 관련된 직업들이 사회에 지배적으로 될 때 정보 사회가 등장한다고 보는 생각이다. 실제로 선진 산업 사회의 경우 현대로 올수록 산업 구조가 1차 산업에서 3차 산업으로 변화되면서 사무직·공무원·금융업 등 정보를 바탕으로 이루어지는 서비스 직업군들이 점차 증가하고 있다. 이와 같은 시각은 벨(D. Bell)의 주장의 핵심적인 부분으로서, 그는 화이트칼라의 증가와 산업노동자의 쇠퇴를 근거로 정보 사회의 등장을 주장하고 있다. 그러나 이러한 주장은 경제적 정의에서와 마찬가지로 먼저 정보노동자의 범주를 어떤 기준을 가지고 설정할 것인지에 대한 문제가 제기된다. 정보 노동의 업무 성격과 질에 있어서 명확하지 않은 범주가 문제점으로 드러난다.

4) 공간적 관점

여기서 강조되는 점은 지역을 연결하고 시간과 공간을 조직하는 데 지대한 영향을 미치는 정보 통신망이다. 산업 사회와 달리 정보 사회에서는 인터넷을 비롯한 각종 통신망의 확산으로 물리적인 제약을 받는 지리적 공간을 뛰어넘어 사이버 공간이라는 시·공간적 제약을 벗어난 새로운 공간이 출현하였다. 그리고 정보 유통의 양과 속도의 증가를 특징으로 한 정보 통신망은 전지구적 범위를 무대로 지역간·기업간·국가간의 경계를 무너뜨리고 통합된 사회와 시장을 조직화한다. 이런 점에서 정보 사회는 '연결망 사회'라고도 하며, 통신망은 상상할 수 없을 정도의 많은 양의 메시지·영상·대화를 수송한다.

그러나 통신망의 범주, 정보 유통의 방법이나 양, 그리고 속도가 어느 정도 수준에 올라야 정보 사회라고 명명할 수 있는지에 대해 어떤 지표를 사용해야 하는지 명확하게 규정하지 못하고 있다.

5) 문화적 관점

이 관점은 기호와 이미지의 폭발에 의한 의미의 상실 또는 의미의 해체 등 탈근대적인 현상에서 착안한 것이다. 각종 미디어를 통해 전파되는 무수한 이미지들은 기호화되어 삶의 구석구석을 침투하고, 사이버 공간을 무한히 떠돌아다닌다. 이 과정에서 기호는 점점 그 자체로서의 의미를 상실해 가게 되고, 원래 의도했던 의도가 재해석되거나 왜곡되는 의미화 과정이 폭발적으로 일어난다. 이제 기호는 어떤 '실체'를 표현하는 것이 아니라 자기 준거적인 시뮬라시옹(simulation: 模寫)만으로 존재할 뿐이다. 하이퍼 리얼리티(hyper-reality)의 세계가 등장하면서 진짜와 가짜의 구분이 사라진다. 사람들은 더 이상 텔레비전 화면에 등장하는 정치가의 행동을 진실이라고 여기지 않으며, 연예인들의 이미지에 대해서도 모두 설정되고 거짓된 것으로 인식한다. 그렇다고 사람들이 진실을 요구하는 것도 아니다. 단지 자신이 선호하는 기호만을 취합하고 결합해서 받아들일 뿐이다. 그런데 이같은 문화적 관점은 '의미화의 폭발'을 측정할 수 있는 기준이 없기 때문에 이를 정보 사회라고 개념화하기가 쉽지 않다.

지금까지 웹스터의 논의를 중심으로 정보 사회에 대한 관점을 살펴보았다. 한 사회의 변화는 기술에서부터 경제·정치·문화 등 다양한 영역들이 서로 상호 작용하면서 복잡하게 얽힌 권력 관계를 통과한 후에 일어나게 된다. 정보 사회의 개념은 근대 산업 사회와의 연속성을 충분히 고려하면서 사회 문화적, 그리고 정치 경제적 맥락 속에서 도출되어야 한다.

5. 정보 사회의 특징

1970년대 벨(D. Bell)이 예견한 대로 정보 사회는 인간의 지식과 정보에 의존하는 생산 방식이 지배적이다. 그리고 토플러(A. Toffler)는 정보 사회의 특징을 다양화·유연화·분산화·개별화 등의 개념으로 규정했다.

론펠트(D. Ronfeldt)는 정보 사회가 등장하기 위해서는 다음과 같은 기술적 전제 조건이 충족되어야 한다고 주장한다. 우선 컴퓨터의 하드웨어와 소프트웨어가 대중적으로 보편화되어야 하며, 둘째로 각종 통신망이 전세계를 연결하고 확장된 사이버 스페이스의 세계가 일반화되어야 한다. 게다가 네트워크 접속이 간편하고 신속해야 하며, 데이터 전송 속도 또한 빨라야 한다. 셋째로 데이터 뱅크와 정보 유틸리티가 일반 대중들에게도 확산되어 실용적으로 활용되어야 하고, 거의 모든 정보가 디지털화되어 정보의 수송 시간을 단축시켜야 한다. 넷째로 컴퓨터칩, 운영 체계, 소프트웨어 인터페이스, 통신망, 데이터베이스 등이 서로 호환성을 갖추도록 표준화되어야 한다. 마지막으로 이 모든 것을 포함하는 정보 고속도로가 구축되어야 한다.

이같은 기술적 발달은 아날로그형 미디어에서 디지털형 미디어로의 전환을 의미한다. 일방적이고 중심적인 텔레비전과 같은 아날로그형 미디어는 컴퓨터와 같은 상호 작용적이며 탈중심적인 디지털형 미디어로 전환되면서 사회적 관계의 변화를 가져왔다. 디지털은 송신 지점을 제거함으로써 송신자 중심의 아날로그적 관계 구조를 탈피하도록 한다. 그리고 디지털은 통합된 네트워크를 중심으로 사회를 구성함으로써 국가간의 경계를 초월하고 사회 구조를 해체한다.

이와 관련하여 《카오스의 아이들》의 저자 러쉬코프(D. Rushkoff)는 디지털 문화의 특성을 다음과 같이 제시하고 있다. 그에 따르면 디지털 문화의 확장은 첫째 선형적 사고의 몰락과 카오스의 부상, 둘째 이원성의 몰락과 전체성의 부상, 셋째 기계론의 몰락과 애니미즘의 부상, 넷째 중력감의 몰락과 공감 몽환의 부상, 다섯째 메타포의 몰락과 압축 재현의 부상, 여섯째 신의 몰락과 자연의 부상 등의 현상을 가져온다.

이처럼 디지털 문화는 과거의 선형적 커뮤니케이션에 의한 선형적 사고의 소멸과 함께 '모자이크식 커뮤니케이션'을 부상시키면서, 비선형적인 의사소통과 전달 방식을 확산시켰다. 그리고 이는 바르트(R. Barthes)가 선언했던 '저자의 죽음'이라는 의미에서 텍스트의 의미를 입체적으로 사고하도록 만들었다. 그리고 디지털 문화는 인터넷을 통해 통합 네트워크를 만들었다.

지금까지의 논의를 바탕으로 정보 사회의 특징을 다음과 같이 몇 가지로 구분하여 더 살펴보고자 한다.

1) 시·공간의 압축

정보 사회의 시·공간 압축 현상은 근대 사회가 출현하면서 교통 혁명이나 정보 통신 혁명으로 인하여 공간으로부터 시간을 분리시킴으로써 '거리의 소멸'을 가져온 결과이다. 하비(D. Harvey)는 시·공간 압축 현상이 후기 자본주의 체계가 지니고 있는 대량 생산 체제의 과잉 축적의 위기를 벗어나기 위한 기획과 동시에 등장한다고 주장한다. 시·공간 압축은 합리성과 효율성의 원리에 적합한 시간과 공간의 조직 체계로 등장한다.

오늘날과 같이 자본주의가 급속하게 유연적인 축적 체제로 전환되고, 전지구를 단위로 하여 금융 자본이 교환되고 있으며, 노동력 또한 국가간 경계를 초월해서 이동하는 세계화의 흐름 속에서 정보 기술은 시·공간을 압축시키는 핵심 기제로 작동한다. 노동 시장은 유

연화되고, 소비 영역(관광 · 여행 등)도 개별화되며, '일회적인 계약'
이 사회적 관계를 형성하는 일반 법칙으로 등장한다.

이러한 현상은 가속화되는 회전 시간과 관련되어 있으며, 새로운 생산물의 격증 및 유연한 기술 형태의 급증과 밀접하게 관련되어 있다. 그리고 경제가 기호와 이미지에 기초함에 따라 이 기호들의 회전 시간과 이 생산물들의 회전 시간은 거의 '즉시적'으로 변해 간다. 그리고 사회 생활의 속도감이 증대하면서 장소를 초월하고 파괴하게 된다.

이와 같은 시 · 공간 분리 또는 시 · 공간 압축 현상은 컴퓨터와 같은 정보 통신 기술의 발달이 없었다면 불가능한 일이다. 맥루한(M. McLuhan)이 말한 것처럼 전자 회로가 '시간'과 '공간'의 장벽을 무너뜨렸고, 정신적 · 사회적 · 경제적 · 정치적 지역주의를 종식시키고 있다. 우리는 모든 것이 동시에 일어나는 지구촌에 살고 있다.

오늘날 컴퓨터는 이러한 시 · 공간의 변화 과정을 더욱 가속화시켰다. 컴퓨터에 의한 시간의 즉시성은 거리를 소멸시키고 장소를 파괴함으로써 사람들이 시 · 공간적 선택을 할 수 있게 하였다. 노동자들의 근무 시간은 유동적으로 변해 가고 있으며, 여가 생활도 개별적인 차원에서 자유로운 시 · 공간적 흐름에 맞춰 있다. 탈표준화되고 유연적인 시간이 삶의 리듬을 구성한다. 현대 사회에서 유목민적 생활양식이 증가하고 있다.

2) 경계의 소멸

정보 사회는 사회의 모든 영역간 경계가 모호해지는 '무경계(無境界) 사회(borderless society or fuzzy society)'가 된다. 거리의 소멸과 함께 지리적 경계의 개념도 모호해진다. 기업 · 국가 · 지역 간에 빈번한 상호 교류와 발달된 소통 수단 때문에 경계와 차이가 좁혀지고 있다. 미국에서 유행하는 패션이나 팝송이 동시에 일본이나 한국에서도 유행하는가 하면, 외국의 기업이나 노동자들이 우리 나라의 기업이나 노동자들과 동등한 조건하에 활동한다. 다국적 기업이나 핫머니(hot money)는 국경을 초월하여 세계적 규모로 움직이며, 일국의 정책이나 제도도 이러한 움직임 앞에서는 무력해진다. 인터넷을 통한 국제적 정보 유통은 국가의 정보 및 통신 규제를 무력화시킨다.

국가간·기업간·사회간의 경계가 사라지면서 사람들은 개인적 차원에서 경험 지평과 활동 범위를 무한히 확장시켜 나갈 수 있게 되었다. 개인적 차원에서는 일과 여가의 구분이 더욱 모호해질 것이다. 또한 현실 세계와 가상 공간 사이의 경계도 흔들리면서 자아 정체성의 혼란이 오기도 한다.

정보 사회에서는 영역 구분이 해체된다. 정보 통신 체계를 바탕으로 세계화가 급속하게 진행되면서 모든 분야의 경계가 희미해진다. 그리고 경계를 초월하는 복잡하고 신속한 흐름만이 존재하는 사회로 변화되고 있다. 시·공간 압축의 결과로 지구는 하나의 촌락적 개념으로 협소화되었다.

초국적 기업의 활동은 이미 국가간·민족간 경계를 뛰어넘어 자본의 흐름에 따라 진행되고 있다. 이들은 최신 정보 통신 장비, 소프트웨어, 자본 등을 적극적으로 활용하여 국가간의 경계를 허물어뜨린다. 정보 통신 수단의 발달로 세계 어느곳과도 실시간적으로 접촉할 수 있을 뿐만 아니라, 광대역 통신망과 멀티미디어 덕분에 접촉의 깊이와 폭도 크게 향상되었다.

경계의 소멸은 전지구적 단위에서의 다양한 문화적 혼성화 과정에서도 나타난다. 정보 통신 시스템의 발달로 인하여 시·공간을 초월한 문화적 교류가 확대되면서 그동안 지배적이었던 자국 중심적인 민족 문화 담론이 점차 사라지고, 소위 '세계 문화' 혹은 '지구 문화'가 지구 곳곳에서 출현하고 있다.

3) 네트워크 사회

정보 사회는 모든 분야가 연결된 네트워크 사회이다. 네트워크 사회란 네트워크 규모가 확장되는 사회를 의미하며, 각종 네트워크를 타고 흐르는 정보의 통합이 이루어지는 현상을 뜻한다. 그리하여 네트워크 사회는 수평적 협력에 의해 움직이는 민주적인 구조를 갖고 있다. 네트워크 사회의 특징은 다음과 같다.

첫째로, 네트워크 사회는 많은 독립적인 시스템들의 협력 체제에 의해 이루어지는 다원화·수평화된 사회라 할 수 있다. 여기에서 네트워크는 협력과 조정의 채널인 것이다. 이 채널을 통해 흐르는 것은 정보이다. 따라서 사회가 네트워크화될수록 정보의 중요성은 커진다.

둘째로, 네트워크 사회에서 개인들은 조직의 구성원으로서의 정체성을 상실하게 된다. 개인은 자신의 능력과 전문성에 따라 고용되어 일하고, 조직에 도움이 되지 않을 때 떠나게 된다. 종신 고용의 의식도 희박해지지만, 조직에 복종하는 사고방식도 동시에 희박해진다.

셋째로, 네트워크 사회는 본래 커다란 외부 경제 효과를 갖는 사회이다. 전화망이나 컴퓨터망과 같은 네트워크는 그에 가입하는 사람이 늘어날수록 망 자체의 가치가 커진다. 이에 따라 사회적 네트워크도 규모가 커짐에 따라 부가 가치가 높아진다. 네트워크의 확장은 정보의 공유 가능성의 확장이고, 정보는 비소모성과 누적 효과성을 갖는 공공재이므로 공유할수록 높은 부가 가치를 창출하기 때문이다.

4) 사이버 스페이스

사이버 스페이스는 컴퓨터를 통해 세계적으로 긴밀하게 연결됨으로써 형성되는 새로운 커뮤니케이션의 공간이다. 그리고 가상 공간이긴 하지만 컴퓨터 네트워크를 따라 변해 가는 현실적 공간이며, 현실적 문화이기도 하다. 사이버 공간은 가상(virtual) 현실, 데이터 가시화(data visualization), 그래픽 사용자 공유 영역(graphic user interface), 네트워크, 멀티미디어, 하이퍼그래픽(hypergraphics) 등과 관련되어 있으며, 전세계적으로 네트워크가 형성되어 있고, 컴퓨터에 의해 유지·접근·형성되는 다차원적·인공적 '가상(virtual)' 현실이다.

사이버 공간은 다양한 기호들과 접촉하면서 새로운 이미지나 상징 또는 의미를 만들어 낸다. 대표적인 사이버 공간인 인터넷은 가상 네트워크, 상호 작용적 과정, 비선형적 하이퍼텍스트 등의 특징을 갖는다.

사이버 공간과 같은 전자화된 세계에서는 장 보드리야르(J. Baudrillard)의 말대로 가상과 진실 사이에 구별과 긴장이 더 이상 존재하지 않는다. 사이버 공간은 중심의 의미가 부재하는 보편성, 무질서의 시스템, 미로와 같은 투명성을 특징으로 갖는다. 또한 시간적·공간적 제약으로부터 자유롭고, 익명성과 다중 정체성, 탈억제, 평등성, 친밀성과 협동성, 다양하고 융통성 있는 인간 관계, 기록의 영구적 보존 등을 특징으로 지닌다. 그러나 중요한 점은 사이버 공간이 현실과 동떨어진 가상 세계가 아니라는 점이다. 이는 카스텔(M. Castells)이 말한 바와 같이 현실적인 가상성의 문화를 지닌 공간인 것이다.

6. 정보사회론의 쟁점

　정보 사회를 바라보는 입장은 크게 낙관론과 비관론으로 나눈다. 전자는 산업 사회에서 나타났던 사회 문제들(계급 갈등, 환경 등)은 정보 사회의 도래와 함께 종식된다는 과학적 이성의 승리를 지지하는 입장이다. 그리고 후자는 정보 사회라 하더라도 여전히 산업 사회에서 존재했던 사회 문제들은 지속될 뿐만 아니라 새로운 불평등과 사회 문제들이 출현한다는 묵시록적인 입장이다.

1) 정보 사회 낙관론

　낙관론자들은 기술 중심적 진보관의 입장에서 산업 사회와 자본주의가 안고 있던 근본적인 문제들, 즉 지역간 불평등, 빈부 격차, 노동의 소외 현상, 환경 문제 등이 정보 사회에서 거의 해결될 것으로 예견한다. 대표적으로 벨(D. Bell)·토플러(A. Toffler)·마틴(J. Martin), 윌리엄스(F. Williams)·네이스빗(J. Naisbitt) 등과 같은 낙관론자들은 산업 사회의 표준화·대량화·동시화·권력 집중의 원리가 정보 사회에서는 분권화·탈집중화·개인화의 원리로 사회 조직 원리가 뒤바뀌게 된다고 주장한다. 벨은 정보 사회를 탈산업 사회로 규정하면서, 새로운 사회는 통신망과 네트워크화로 인해 시공간적 제약을 극복함으로써 사람들의 사회적·경제적·정치적 활동 영역이 확장되고 있다는 점을 강조하였다. 한편 네이스빗은 오늘날 사회의 변화를 산업 사회에서 지식 정보 사회로의 이행, 인위적 기술 사회에서 고도 기술 사회로의 변천으로 보고, 국가 경제 체제에서 세계 경제 체제로의 변화, 단기 정책에서 장기 정책 수립, 중앙 집권 체제에서 지방 분권 체제로의 변화, 제도적 복지 사회에서 자조 사회로의 진전, 대의 민주주의에서 참여민주주의 이행, 위계 체제에서 네트워크 체제로의 변화, 북의 시대에서 남의 시대로 변화, 양자 택일 사회에서 다원 선택 사회로 전환되고 있음을 주장한다.

그러므로 정보 사회의 사회 조직 원리는 기존의 중앙 집권화되고 수직적인 조직 원리에서 유연화된 조직 원리로 탈바꿈하게 된다. 이로써 노동의 성격 또한 변하게 되는데, 단순 반복적인 노동이 사라지고 정신 노동이 지배적인 사회가 된다. 그리고 사이버 공간의 등장으로 인해 수많은 사람들이 동일한 입지에서 지식을 공유하고 함께 참여하는 새로운 방식의 노동 형태가 등장하게 된다. 특히 컴퓨터의 등장은 의사소통의 방식을 혁신적으로 변화시킴으로써 시·공간적 제약을 극복하고, 일방적이 아닌 쌍방향적 소통을 가능하게 해주고 있다. 이러한 사회 구조 안에서 사람들은 다양한 연결망을 통해 다양한 의견과 사상들을 공유하고 토론하게 되면서 시민 사회를 활성화시키고 민주주의를 실현하는 데 커다란 기여를 하게 된다.

2) 정보 사회 비관론

비관론자들은 정보 사회가 도래하더라도 어떤 정보든 자본과 권력으로부터 자유로울 수 없기 때문에 정보 사회는 여전히 산업자본주의 사회에서 존재했던 고질적인 병폐들을 그대로 존속시킬 뿐만 아니라 그것의 외연을 더욱 확대해 간다고 주장한다. 이들은 마르크스주의적 또는 사회구성주의적 시각에서 정보 사회를 분석함으로써 산업자본주의의 이윤 가치의 하락을 극복하기 위한 전략으로 정보 산업이 자본주의의 새로운 주력 산업으로 출현했다는 것이다. 뿐만 아니라 자본주의의 경제적 모순을 극복하기 위한 이데올로기적 전략으로서 정보사회론이 대두되었다고 주장한다.

비관론적 입장에 서 있는 대표적인 이론가로서 실러(H. Shiller)는 미국의 예를 들면서 미국의 정보 산업은 군수 산업의 발달과 긴밀하게 연결되어 발달한다는 점을 강조한다. 그리고 정보 통신 테크놀로지의 비약적 발전이 정보의 풍요를 낳은 것은 사실이지만, 그로부터 혜택을 입는 집단과 그렇지 못한 집단, 즉 정보 부자와 정보 빈자의 분화가 뚜렷이 나타난다고 주장하면서 정보의 풍요 속에서 증가하는 정보의 결핍 현상에 주목한다. 실러에게 있어 정보화는 기업 엘리트, 미디어 엘리트, 정치 엘리트 집단의 공생 관계로 형성된 자본주의의 확산을 통해 이윤 창출을 하기 위한 도구일 뿐이다.

한편 웹스터(F. Webster)를 비롯한 몇몇 이론가들은 정보 사회가 자본주의 경제 위기를 극복하기 위한 전략으로서 사람들에게 현실의 위기 상황을 은폐시키고 자본주의를 유지하는 이데올로기였다고 본다. 그러므로 정보 사회를 주도하는 집단은 여전히 막강한 산업 자본가들이며, 이들에 의해 정보는 대부분 경제적 이윤을 위한 도구에 지나지 않는다. 정보 사회는 결국 산업 사회의 연장이며, 자본주의 질서를 영속화하고 재생산하는 사회인 것이다.

따라서 정보 사회는 다국적 자본과 기존의 권력 계층 및 자본가 계급, 그리고 정보에 쉽게 접근할 수 있는 고도의 전문직 종사자들에게만 혜택을 가져다 주는 사회이다. 동시에 정보화와 자동화의 진전에 힘입어 실업률이 높아지고, 노동 시장은 이중으로 분절화되는 현상이 급속하게 진행된다. 그리고 정보 사회의 불평등은 국내적 수준에서 머무르는 것이 아니라 전지구적 차원으로 확대되고 있다. 그리하여 권력과 부가 집중되는 정보화 선진 국가와 정보 빈국 간의 양극화 현상은 심화되고 있다.

　이상과 같이 두 가지 상반된 견해는 정보 사회를 기술 중심적으로 바라볼 것이냐, 사회 구성론적으로 바라볼 것이냐의 해석적 기준의 차이 때문에 나타난다. 그러나 정보 사회가 낙관적이냐 비관적이냐의 문제를 놓고 따질 것이 아니라, 정보를 어떻게 이용하고 분배할 것이냐의 문제로 논의의 방향을 잡는 것이 보다 중요하고 바람직하다.

제9장

매스미디어의 법과 윤리

1. 매스미디어의 자유와 권리

1) 언론의 자유

언론의 자유는 헌법이 보장하는 표현의 자유의 일부분이며, 일종의 정치적 자유이다. 언론의 자유는 인권과 민주주의 사상의 발전의 궤적과 함께한다. 1644년 영국의 존 밀턴(J. Milton)이 그의 책 《아레오파지티카 *Areopagitica*》에서 출판 허가제를 반대한 이후, 1649년 영국의 인민협약, 1766년 버지니아주의 권리장전, 1789년 프랑스인권 등은 언론 자유를 인간의 기본적 권리로서 선언한다. 오늘날 미국의 수정헌법 제1조는 "의회는 종교의 설립과 자유로운 종교 활동, 말할 자유와 언론의 자유, 집회 결사의 자유, 그리고 피해의 구제를 정부에 청구하는 것을 막을 수 있는 어떠한 법률도 제정할 수 없다"고 규정한다.

한국의 헌법 제21조도 언론의 자유를 다음과 같이 보장하고 있다.

① 모든 국민은 언론·출판의 자유와 집회·결사의 자유를 가진다.

② 언론·출판에 대한 허가나 검열과 집회·결사에 대한 허가는 인정되지 아니한다.

③ 통신·방송의 시설 기준과 신문의 기능을 보장하기 위하여 필요한 사항은 법률로 정한다.

④ 언론·출판은 타인의 명예나 권리 또는 공중 도덕이나 사회 윤리를 침해하여서는 아니된다. 언론·출판이 타인의 명예나 권리를 침해한 때에는 피해자는 이에 대한 피해의 배상을 청구할 수 있다.

요컨대 언론의 자유는 인간 정신에 대한 사전 검열이 없이 밀턴이 말한 바대로 자유로운 '사상의 공개 시장' 형성의 권리를 의미한다. 사전 검열이 없어도 오류와 진실은 서로 충돌하다가 결국 진실이 이길 것이라는 사상의 시장 원리와 진리의 자율조정론을 주장한 것이다.

이러한 언론 자유의 정신은 미국의 독립운동 당시 토머스 제퍼슨(T. Jefferson)에 의해 강조된다. 그는 자유로운 언론 취재와 보도가 민주주의 정치의 국민 참여와 밀접한 관계가 있다고 보며, "신문 없는 정부보다 정부 없는 신문을 택하겠다"는 명언을 남기기도 했다. 이렇게 언론 자유는 정부 권력의 남용을 감시하며 민주주의 체제를 수호하는 기본 제도로서 여겨졌다.

언론 자유의 사상은 검열과 규제가 없는 절대 자유를 지향하나, 자유만큼 사회적 책임을 수반하기 때문에 언론 자유의 범위는 무제한적인 것은 아니다. 그리고 언론이 사회적 가치 혹은 개인적 가치와 충돌할 때 양자의 균형점을 모색하는 것이 바람직하지만, 언론의 자유를 우선시해야 한다는 주장이 다소 우세하다.

2) 알 권리

'알 권리'란 말은 1945년 미국 AP 통신사의 쿠퍼(K. Cooper)가 처음 사용한 말이다. 알 권리는 국민이 국가의 간섭을 받지 않고 자유롭게 정보를 수집하고 국가에 정보 공개를 요구할 수 있는 권리를 말한다. 이는 정보의 자유로운 유통과 국가 운영의 투명성 제고 및 국민의 민주주의 참여를 위해 필요한 권리라고 인식된다. 현실적으로 국민 개개인이 국가를 상대로 정보를 수집하기는 어렵기 때문에 언론 기관이 이 기능을 대행한다. 국민은 대부분의 정보를 미디어에 의존하여 얻는다. 따라서 언론은 국민의 알 권리를 충족시키기 위해 사회적 책임의 역할을 다해야 하는 것이다.

1950년대 미국에서 일어난 알 권리 운동으로 제정된 1966년 정보자유법은 국가 정보의 공개를 명문화하였다. 미국의 수정헌법은 명시적이고 구체적으로 이 권리를 적시하고 있지는 않지만, 공익 실현을 위한 공적인 정보 공개에 대한 국민의 권리를 인정하고 있다.

한국도 1966년 정보공개법을 제정하고, 1998년 1월부터 시행된 공공 기관의 정보 공개 제도에 의해 국민의 알 권리 충족에 부응하고 있다. 그러나 미국과 마찬가지로 국가 안보와 직결된 기밀 정보의 공개는 제외된다. 한편 정부 내의 관료주의나 실책·비리 등을 은폐하기 위해 국가 정보가 공개되지 않는 경우도 있다. 한국 정부의 경우, 특히 안보·통일·외교 분야의 정보들은 국가가 민감하고 중요한 국가 기밀이라고 판단하여 공개하기를 꺼린다. 또한 공개 여부의 결정 기간과 공개 시한이 너무 긴 편이다. 2005년 한일협정에 관한 정부 문서가 공개되어 정치 사회적 파장이 있었으나, 국정 운영의 투명화와 국민 참여를 위해서 국가 비밀주의는 가급적 최소한의 범위에 머무는 것이 바람직하다.

3) 액세스권

초기의 언론 자유는 언론의 국가 권력으로부터의 자유를 의미했다면, 현대에 와서는 거대해진 매스미디어로부터의 개인의 자유를 의미하게 된다. 액세스권은 미디어의 정보 독점화와 거대화 및 권력화에 대항하여 일반 국민 개인들이 언론에 접근하여 자신의 의견을 반영할 수 있는 권리를 말한다.

미디어 자본과 조직이 거대해진 현대 사회에서 사상의 자유 시장에 개인이 자신의 사상·의견·정보를 내놓고 전파시킬 가능성은 희박하다. 한국의 경우, 언론의 자유가 있지만 언론 시설의 기준을 법률로 정하여 실질적으로 자본이 적은 사업자나 개인은 미디어를 소유할 수 없다. 따라서 액세스권은 법률로서 국민의 개인적 미디어 접근을 최대한 보장해야 한다는 논리에서 비롯된 권리이다. 국민은 시청료·구독료·광고료 등을 지불하고 미디어를 이용하기 때문에 액세스권이 있다고도 볼 수 있다. 그러나 이 권리는 실제로 반론권·의견 광고·투서 등으로 제한적으로 행사되고 있다. 방송의 경우, 시청자가 직접 만드는 '액세스 프로그램'이 실현될 수 있고, 일종의 소비자 운동의 일환으로 언론 비평과 언론 모니터 활동 등으로 액세스권이 실현되기도 한다.

미국의 경우 반론권은 신문 같은 인쇄 매체에서는 금지되고, 방송에서는 인정하고 있다. 신문은 편집과 발행의 독립권이 있기 때문에 제3자의 개입이 부당하다고 판단한 것이다. 한국의 경우 1981년 언론사와 언론 피해 당사자 간의 중재 업무를 전담하는 언론중재위원회의 설립과 함께 반론권 제도를 도입하였다.

2. 매스미디어 관련법

1) 명예 훼손

모든 국민은 개인적으로 인격권의 일부로서 명예를 갖는다. 그러므로 언론 보도의 자유가 개인의 명예까지 훼손할 수는 없다. 일반적으로 언론의 명예 훼손은 의도성·부주의·실수 등으로 특정 개인의 신분을 공표하고 실제적인 피해가 있을 경우 성립된다. 한국 형법은 비방할 목적으로 공연히 사실 또는 허위 사실을 유포할 경우에 명예 훼손이 성립한다고 규정한다. 명예 훼손 관련 형법은 다음과 같다.

제307조(명예 훼손)

① 공연히 사실을 적시하여 사람의 명예를 훼손한 자는 2년 이하의 징역이나 금고 또는 5백만 원 이하의 벌금에 처한다. (개정 1995.12.29)

② 공연히 허위의 사실을 적시하여 사람의 명예를 훼손한 자는 5년 이하의 징역, 10년 이하의 자격 정지 또는 1천만 원 이하의 벌금에 처한다. (개정 1995.12.29)

제308조(사자의 명예 훼손)

공연히 허위의 사실을 적시하여 사자의 명예를 훼손한 자는 2년 이하의 징역이나 금고 또는 5백만 원 이하의 벌금에 처한다. (개정 1995.12.29)

제309조(출판물 등에 의한 명예 훼손)

① 사람을 비방할 목적으로 신문, 잡지 또는 라디오 기타 출판물에 의하여 제307조 제1항의 죄를 범한 자는 3년 이하의 징역이나 금고 또는 7백만 원 이하의 벌금에 처한다. (개정 1995.12.29)

② 제1항의 방법으로 제307조 제2항의 죄를 범한 자는 7년 이하의 징역, 10년 이하의 자격 정지 또는 1천5백만 원 이하의 벌금에 처한다. (개정 1995.12.29)

제310조(위법성의 조각)

제307조 제1항의 행위가 진실한 사실로서 오로지 공공의 이익에 관한 때에는 처벌하지 아니한다.

명예 훼손은 개인의 권익과 사회의 권익이 충돌하는 사이에 발생할 수 있다. 언론의 명예 훼손 혐의가 공공의 이익을 위한 것인지의 여부는 전적으로 사법적 판단의 몫이 된다. 이 경우에도 진실에 입각한 보도인지, 그리고 보도 내용이 사회적 관심과 공익 목적에 부합하는 것인지가 관건이다. 형법은 비록 개인의 명예가 훼손이 있더라도 언론 보도가 공익을 위한 목적이었다면 언론사나 기자를 처벌하지 않는다. 또한 보도 내용이 사실이 아니더라도 검찰의 공식 발표를 근거로 한 보도는 명예 훼손 등 위법성이 없다. 오보인 경우에조차 그럴 만한 상당한 이유가 있다면 면책될 수 있다. 그러나 한국 민법의 경우 비방이나 고의성 여부와 관계 없이 명예 훼손은 소송의 대상이 된다. 미국의 경우, 일반적으로 개인의 명예권에 비해 언론의 자유권에 더 우월적인 지위를 인정하는 경향이 있다.

2) 사생활 침해

사생활(프라이버시)은 1896년 미국 대법관 새뮤얼 워렌(S. D. Warren)과 루이스 브랜다이스(L. D. Brandeis)가 말한 바 '홀로 있을 권리(right to be let alone)'로서, 개인이 평온을 유지하고 개인적 비밀을 지키며 행복을 추구할 수 있는 기본권에 속한다. 대한민국 헌법 제17조도 "모든 국민은 사생활의 비밀과 자유를 침해받지 아니한다"라고 규정하고, 제10조는 "모든 국민은 인간으로서의 존엄과 가치를 가지며 행복을 추구할 권리를 가진다"라고 명시하고 있다. 제5조 주거의 자유 및 제18조 통신의 비밀에 관한 규정도 프라이버시 보호에 관한 것이다.

따라서 무분별한 언론 보도가 개인의 생활 영역을 침범하거나, 개인의 성명·초상 등의 신상 정보를 당사자의 허가 없이 이용하거나 공개하는 것은 개인의 사생활을 침해하는 위법 행위가 된다.

3) 저작권

저작권이란 지적 창조물인 저작물에 대한 독점적 소유권을 보호하는 법이다. 한국은 1957년 저작권이 제정된 이후로 1990년대에 몇 차례 개정을 하였다. 그리고 계속된 미국의 압력을 받아 1987년 세계저작권협약에도 가입하였다.

엄격한 저작권 규정은 개인의 권리를 보장하지만, 역으로 언론의 자유와 국민의 자유로운 정보 공유 및 유통과 상충할 수 있다. 따라서 보도·비평·재판·교육 등 공익적 목적을 위해서 일부 복제를 허용함으로써 저작권을 제한하기도 한다. 미국의 경우 '공정한 이용의 원칙'을 기준으로 이러한 저작권 행사에 융통성을 두었다. 한국의 저작권법 제1조도 저작자의 권리를 본질적으로 침해하지 않는 범위 내에서 문화의 향상에 이바지함을 목적으로 한 저작물의 '공정한 이용'을 규정하고, 필요에 따라 강제 허락, 보호 기간의 한정 등을 정하기도 한다.

3. 매스미디어 윤리의 기초

매스미디어에 종사하는 언론인들은 공공의 이익과 선을 위해 지켜야 할 도덕적 기준과 윤리를 갖는다. 윤리는 법보다 더 큰 범주의 사회적 규범이다. 성문화되어 있지 않는 법규 이외의 매스미디어 활동이 어떤 가치에 근거하며, 왜 지켜져야 하는지는 사회철학적·윤리적 범주에 속하는 문제이다. 매스미디어의 자유와 사회적 책임의 윤리에 기초가 되는 몇 가지 개념은 다음과 같다.

1) 중용의 윤리

먼저 중용의 개념이다. 어느 한쪽에 치우치지 않는 균형 정신을 말한다. 아리스토텔레스는 이성의 인식과 계획에 따라 늘 올바른 길을 택하는 행동의 능력인 윤리적 덕이 중용이고, 이는 지나침과 모자람의 사이를 목표로 하는 성질이라고 설명했다. 공자(孔子)도 어느 한편으로 치우치지 아니하고 정도에 알맞은 것이 중(中)이고, 언제나 바르고 일정한 것이 용(庸)이라고 설명했다.

그러나 중용이 산술적이고 물리적인 중간만을 의미하는 것은 아니다. 위에서 선지자들의 설명에서 보듯이 중용에는 하나의 덕으로서의 가치가 개입되어 있다. 따라서 이 가치는 관점에 따라 조금 다르게 해석되고 판단될 수 있다. 예를 들어 공정 보도 혹은 균형 보도의 차원에서 어떤 선거의 많은 후보 토론자들을 모두 불러 물리적으로 똑같은 시간을 주는 것이 과연 공정하고 중용의 윤리에 부합하는 것인가는 이론의 여지가 있다.

2) 절대적 도덕 윤리

칸트(E. Kant)의 지상 명령의 개념처럼 행위의 윤리적 판단에서 상대적 가치나 기준을 인정하지 않고, 보편적·절대적·의무적으로 적용되는 도덕을 말한다. 이 도덕적 기준에 따르면 어떤 목적을 위해서 정당화된 수단이 수반되어야 한다. 예를 들어 아무리 선과 공익을 위한 미디어 보도라도 위장이나 속임수로 취재를 하거나, 연출이나 조작을 했다면 이는 윤리적으로 정당하지 못한 행위인 것이다.

3) 공리주의 윤리

벤담(J. Bentham)과 밀(John S. Mill)의 '최대 다수의 최대 행복'의 원칙에 따르면, 최대 다수의 사회 구성원들이 최대한의 행복을 구하도록 하는 가이드 라인이 윤리이다. 이는 국민의 알 권리와 공익을 위해 소수가 희생될 수 있다는 논리의 근거가 된다. 예를 들어 개인의 명예 훼손도 오로지 공익을 위한 미디어 보도 과정에서 발생한 것이라면 그 개인은 이를 감내해야 한다는 것이다. 미디어 보도의 비리 폭로로 인한 공인들의 명예나 사생활이 침해되어도, 그것이 사회 정의 및 기강을 바로잡아 더 많은 국민의 행복을 위한 보도라면 윤리적으로 용인되어야 한다는 것이다. 그러나 아동이나 여성 성폭행, 청소년 비행 같은 사회 약자에 대한 사건 보도에 있어서 사회적 소수의 명예나 사생활은 존중되어야 한다. 결국 공리주의의 윤리 개념은 소수와 다수의 개념 범위의 모호성, 그리고 결국 법적으로 공익 목적의 여부가 판별되는 점에서 여전히 논란의 여지가 남아 있다.

4) 진실성의 윤리

보도에 있어서 사실에 입각한 진실성은 정확성과 공정성의 개념을
포함한다. 어떤 이유에서든지 과장 보도와 허위 보도는 언론 윤리상
용납하지 않는다. 언론사간 과열 경쟁 혹은 정부의 압력 등으로 사건
을 과장하거나 허위 보도하는 경우는 정확성이나 진실성의 윤리에
위배된다. 또한 진실성 있는 보도란 형평성 있게 균형 감각을 유지하
는 것을 말한다. 이를 위해서 기자는 취재원과의 관계에서 사적인 관
계가 개입되지 않도록 주의하고, 공정성 훼손으로 인한 언론의 신뢰
도를 실추하는 일이 있어서는 안 된다는 것이다.

5) 사회 정의의 윤리

존 롤스(J. Rawls)의 '무지의 베일(ignorance veil)' 이론처럼 인간은
모두 평등하나 사회적 지위·인종·계급 등 사회적 장막이 이를 가리
고 있다. 사회 정의는 사회적 차별에 가려진 본래의 위치로 돌아가는
평등주의이다. 이는 기존의 불평등성을 고려하여 기계적·산술적 공
평성이 아닌 사회적 약자를 보호하는 평등 원리를 말한다. 이런 윤리
에 의하면, 언론은 정의와 평등을 지향하는 보도 자세를 윤리적 기준
으로 삼아야 한다.

6) 다원적 가치의 윤리

윌리엄 로스(W. Ross)의 주장처럼 가능한 한 다양한 가치들이 사회

에 반영되어야 한다. 사건마다 복잡하고 다양한 측면에서의 가치와 판단이 개입하기 때문에 언론 보도는 가능한 한 이를 완전하게 다 보여 주어야 할 것이다. 사실과 가치가 혼재된 사건일수록 보도는 다양한 가치의 측면들을 조명하여 국민에게 제시할 윤리적 의무를 지닌다.

지금까지 살펴본 바와 같이 몇 가지 주요 윤리 개념이 존재하지만, 실제 현장과 현실에 있어서 미디어 활동의 윤리적 실천이 잘 이뤄지지 않은 경우가 종종 발생한다. 자유의 남용, 지나친 상업주의, 과열 경쟁 등으로 미디어는 종종 비윤리적인 행위를 한다.

따라서 각 신문사와 방송사마다 옴브즈맨 프로그램을 만들고, 자사 윤리 강령이나 직능별 윤리 실천 강령 등을 만드나, 구색 갖추기식 선언에 불과하고 윤리 위반시 법적 강제성은 없다. 사실상 언론사 윤리 강령들은 그 내용이 너무 추상적이고 상식적이며, 그 어떤 구체적 실천 지침이 없다. 선진국의 경우 몰래 카메라 사용을 프로그램 진행 과정상 밝혀야 한다든지, 수사나 법원 심리중인 피고인이 범죄자라는 인상을 주어서는 안 된다는 등 보다 구체적인 행동 지침이 있다.

따라서 보다 구체적인 윤리적 규제는 심의 규정이나 법적 제재를 통해 이뤄지게 된다. 여기서는 다소 길지만 방송법과 심의 규정, 그리고 윤리 강령 등을 독자가 직접 보고 판단할 수 있도록 전문을 인용해 보고자 한다.

4. 방송법

第1章 總則

第1條(目的)

이 法은 放送의 자유와 독립을 보장하고, 放送의 公的 責任을 높임으로써 視聽者의 權益 保護와 민주적 輿論 形成 및 國民 文化의 향상을 도모하고 放送의 발전과 公共 福利의 증진에 이바지함을 목적으로 한다.

第2條(用語의 定義)

이 法에서 사용하는 用語의 定義는 다음과 같다. (개정 2004.3.22)

① '방송' 이라 함은 방송 프로그램을 기획·편성 또는 제작하여, 이를 공중(개별 계약에 의한 수신자를 포함하며, 이하 '시청자' 라 한다)에게 전기 통신 설비에 의하여 송신하는 것으로서 다음 各目의 것을 말한다.

1. 텔레비전 방송: 정지 또는 이동하는 사물의 순간적 영상과 이에 따르는 음성·음향 등으로 이루어진 방송 프로그램을 송신하는 방송.

2. 라디오 방송: 음성·음향 등으로 이루어진 방송 프로그램을 송신하는 방송.

3. 데이터 방송: 방송 사업자의 채널을 이용하여 데이터(문자·숫자·도형·도표·이미지, 그밖의 정보 체계를 말한다)를 위주로 하여 이에 따르는 영상·음성·음향 및 이들의 조합으로 이루어진 방송 프로그램을 송신하는 방송(인터넷 등 통신망을 통하여 제공하거나 매개하는

경우를 제외한다. 이하 같다).

　4. 이동 멀티미디어 방송: 이동중 수신을 주목적으로 다채널을 이용하여 텔레비전 방송·라디오 방송 및 데이터 방송을 복합적으로 송신하는 방송.

② '放送 事業'이라 함은 放送을 행하는 다음 各目의 事業을 말한다.

　1. 地上波 放送 事業: 放送을 목적으로 하는 地上의 無線局을 관리·운영하며, 이를 이용하여 방송을 행하는 사업.

　2. 종합 유선 방송 사업: 종합 유선 방송국(다채널 방송을 행하기 위한 유선 방송국 설비와 그 종사자의 총체를 말한다. 이하 같다)을 관리·운영하며, 전송·선로 설비를 이용하여 방송을 행하는 사업.

　3. 衛星 放送 事業: 人工衛星의 無線 設備를 所有 또는 임차하여 無線局을 관리·운영하며, 이를 이용하여 방송을 행하는 사업.

　4. 放送 채널 使用 事業: 地上波 放送 事業者·綜合 有線 放送 事業者 또는 衛星 放送 事業者와 특정 채널의 전부 또는 일부 시간에 대한 專用 使用 契約을 체결하여 그 채널을 사용하는 事業.

③ '放送 事業者'라 함은 다음 各目의 者를 말한다.

　1. 地上波 放送 事業者: 地上波 放送 事業을 하기 위하여 第9條 第1項의 規定에 의하여 許可를 받은 者.

　2. 綜合 有線 放送 事業者: 綜合 有線 放送 事業을 하기 위하여 第9條 第2項의 規定에 의하여 許可를 받은 者.

　3. 衛星 放送 事業者: 衛星 放送 事業을 하기 위하여 第9條 第1項의 規定에 의하여 許可를 받은 者.

　4. 放送 채널 使用 事業者: 放送 채널 使用 事業을 하기 위하여 第9條 第5項의 規定에 의하여 登錄을 하거나 승인을 얻은 者.

④ '中繼 有線 放送'이라 함은 지상파 방송(방송을 목적으로 하는

지상의 무선국을 이용하여 행하는 방송을 말한다. 이하 같다), 또는 이 法에 의한 韓國放送公社 및 特別法에 의하여 설립된 放送 事業者가 행하는 위성 방송(인공 위성의 무선국을 이용하여 행하는 방송을 말한다. 이하 같다)이나 大統領令이 정하는 放送을 수신하여 中繼 送信(放送 編成을 변경하지 아니하는 녹음·녹화를 포함한다)하는 것을 말한다.

⑤ '中繼 有線 放送 事業'이라 함은 中繼 有線 放送을 행하는 事業을 말한다.

⑥ '中繼 有線 放送 事業者'라 함은 中繼 有線 放送 事業을 하기 위하여 第9條 第2項의 規定에 의하여 許可를 받은 者를 말한다.

⑦ '音樂 有線 放送'이라 함은 음반·비디오물 및 게임물에 관한 법률에 의하여 판매·배포되는 음반에 수록된 음악을 送信하는 것을 말한다.

⑧ '音樂 有線 放送 事業'이라 함은 音樂 有線 放送을 행하는 事業을 말한다.

⑨ '音樂 有線 放送 事業者'라 함은 音樂 有線 放送 事業을 하기 위하여 第9條 第5項의 規定에 의하여 登錄을 한 者를 말한다.

⑩ '電光板 放送'이라 함은 상시 또는 일정 기간 계속하여 電光板에 報道를 포함하는 放送 프로그램을 표출하는 것을 말한다.

⑪ '電光板 放送 事業'이라 함은 電光板 放送을 행하는 事業을 말한다.

⑫ '電光板 放送 事業者'라 함은 電光板 放送 事業을 하기 위하여 第9條 第5項의 規定에 의하여 登錄을 한 者를 말한다.

⑬ '傳送網 事業'이라 함은 放送 프로그램을 綜合 有線 放送局으로부터 視聽者에게 傳送하기 위하여 有·無線 傳送, 線路 設備를 설치·운영하는 事業을 말한다.

⑭ '傳送網 事業者'라 함은 傳送網 事業을 하기 위하여 第9條 第10項의 規定에 의하여 登錄을 한 者를 말한다.

⑮ '放送 編成'이라 함은 放送되는 사항의 종류·내용·분량·시각·배열을 정하는 것을 말한다.

⑯ '放送 分野'라 함은 報道·敎養·娛樂 등으로 放送 프로그램의 영역을 분류한 것을 말한다.

⑰ '放送 프로그램'이라 함은 放送 編成의 단위가 되는 放送 내용물을 말한다.

⑱ '綜合 編成'이라 함은 報道·敎養·娛樂 등 다양한 放送 分野 상호간에 조화를 이루도록 放送 프로그램을 編成하는 것을 말한다.

⑲ '專門 編成'이라 함은 특정 放送 分野의 放送 프로그램을 전문적으로 編成하는 것을 말한다.

⑳ '유료 방송'이라 함은 시청자와의 계약에 의하여 수 개의 채널 단위·채널별 또는 방송 프로그램별로 대가를 받고 제공하는 방송을 말한다.

⑳-2 '채널'이라 함은 동일한 주파수 대역을 통해서 연속적인 흐름 또는 정보 체계의 형태로 제공되어지는 텔레비전 방송·라디오 방송 또는 데이터 방송의 단위를 말한다.

㉑ '放送 廣告'라 함은 廣告를 목적으로 하는 放送 내용물을 말한다.

㉒ '協贊 告知'라 함은 타인으로부터 放送 프로그램의 製作에 직접적·간접적으로 필요한 경비·물품·용역·인력 또는 장소 등을 제공받고, 그 타인의 명칭 또는 상호 등을 告知하는 것을 말한다.

㉓ '放送 編成 責任者'라 함은 放送 編成에 대하여 결정을 하고, 責任을 지는 者를 말한다.

第3條(視聽者의 權益 保護)

放送 事業者는 視聽者가 放送 프로그램의 企劃·編成 또는 製作에 관한 의사 결정에 참여할 수 있도록 하여야 하고, 放送의 결과가 視聽者의 이익에 합치하도록 하여야 한다.

第4條(放送 編成의 자유와 독립)

① 放送 編成의 자유와 독립은 보장된다.

② 누구든지 放送 編成에 관하여 이 法 또는 다른 法律에 의하지 아니하고는 어떠한 규제나 간섭도 할 수 없다.

③ 放送 事業者는 放送 編成 責任者를 선임하고, 그 姓名을 放送 시간 내에 매일 1回 이상 公表하여야 하며, 放送 編成 責任者의 자율적인 放送 編成을 보장하여야 한다.

④ 綜合 編成 또는 報道에 관한 專門 編成을 행하는 放送 事業者는 放送 프로그램 製作의 자율성을 보장하기 위하여 취재 및 製作 종사자의 의견을 들어 放送 編成 規約을 제정하고, 이를 公表하여야 한다.

第5條(放送의 公的 責任)

① 放送은 인간의 존엄과 가치 및 민주적 基本 秩序를 존중하여야 한다.

② 放送은 國民의 화합과 조화로운 國家의 발전 및 민주적 輿論 形成에 이바지하여야 하며, 지역간·세대간·계층간·성별간의 갈등을 조장하여서는 아니된다.

③ 放送은 타인의 名譽를 훼손하거나 權利를 침해하여서는 아니된다.

④ 放送은 범죄 및 부도덕한 행위나 사행심을 조장하여서는 아니

된다.

⑤ 放送은 건전한 가정 생활과 아동 및 청소년의 선도에 나쁜 영향을 끼치는 음란·퇴폐 또는 폭력을 조장하여서는 아니된다.

第6條(放送의 공정성과 公益性)

① 放送에 의한 報道는 공정하고 객관적이어야 한다.

② 放送은 성별·연령·직업·종교·신념·계층·지역·인종 등을 이유로 放送 編成에 차별을 두어서는 아니된다. 다만 종교의 선교에 관한 專門 編成을 행하는 放送 事業者가 그 放送 分野의 범위 안에서 放送을 하는 경우에는 그러하지 아니하다.

③ 放送은 國民의 윤리적·정서적 감정을 존중하여야 하며, 國民의 기본권 옹호 및 국제 친선의 증진에 이바지하여야 한다.

④ 放送은 國民의 알 권리와 표현의 자유를 보호·신장하여야 한다.

⑤ 放送은 상대적으로 소수이거나 이익 추구의 실현에 불리한 집단이나 계층의 이익을 충실하게 반영하도록 노력하여야 한다.

⑥ 放送은 지역 사회의 균형 있는 발전과 민족 문화의 창달에 이바지하여야 한다.

⑦ 放送은 사회 교육 기능을 신장하고, 유익한 생활 정보를 확산·보급하며, 國民의 문화 생활의 질적 향상에 이바지하여야 한다.

⑧ 放送은 표준말의 보급에 이바지하여야 하며, 언어 순화에 힘써야 한다.

⑨ 放送은 政府 또는 특정 집단의 정책 등을 公表함에 있어 의견이 다른 집단에게 균등한 기회가 제공되도록 노력하여야 하고, 또한 각 정치적 이해 당사자에 관한 放送 프로그램을 편성함에 있어서도 균형성이 유지되도록 하여야 한다.

第7條(적용 범위)

放送에 관하여는 다른 法律에 특별한 規定이 있는 경우를 제외하고는 이 法이 정하는 바에 의한다.

第2章 放送 事業者 등

第8條(所有 制限 등)

① 放送 事業者가 株式을 발행하는 경우에는 記名式으로 하여야 한다.

② 누구든지 大統領令이 정하는 특수한 관계에 있는 者(이하 '特殊關係者' 라 한다)가 所有하는 株式 또는 持分을 포함하여, 지상파 방송 사업자 및 종합 편성 또는 보도에 관한 전문 편성을 행하는 방송 채널 사용 사업자의 株式 또는 持分 총수의 100分의 30을 초과하여 所有할 수 없다. 다만 다음 各號의 1에 해당하는 경우에는 그러하지 아니하다. (개정 2004.3.22)

1. 國家 또는 地方自治團體가 放送 事業者의 株式 또는 持分을 所有하는 경우.

2. 特別法에 의하여 설립된 法人이 放送 事業者의 株式 또는 持分을 所有하는 경우.

3. 종교의 선교를 목적으로 하는 放送 事業者에 出資하는 경우.

③ 第2項의 規定에도 불구하고 독점 규제 및 공정 거래에 관한 법률 제2조 제2호의 규정에 의한 기업 집단 중 자산 총액 등 대통령령이 정하는 기준에 해당하는 기업 집단에 속하는 회사(이하 '대기업'이라 한다)와 그 계열 회사(특수 관계자를 포함한다) 또는 定期 刊行物의 登錄 등에 관한 法律에 의한 日刊 新聞이나 뉴스 통신 진흥에 관

한 법률의 규정에 의한 뉴스 통신(이하 '뉴스 통신'이라 한다)을 경영하는 法人(特殊 關係者를 포함한다)은, 지상파 방송 사업 및 종합 편성 또는 보도에 관한 전문 편성을 행하는 방송 채널 사용 사업을 겸영하거나 그 株式 또는 持分을 所有할 수 없다. (개정 2002.12.18, 2003.5.29, 2004.3.22)

④ 정기 간행물의 등록 등에 관한 법률에 의한 일간 신문이나 뉴스 통신을 경영하는 법인은 종합 유선 방송 사업자 및 위성 방송 사업자에 대하여, 대기업과 그 계열 회사를 경영하는 법인은 위성 방송 사업자에 대하여 각각 그와 특수 관계자가 소유하는 주식 또는 지분을 포함하여 당해 방송 사업자의 주식 또는 지분 총수의 100분의 33을 초과하여 소유할 수 없다. (개정 2003.5.29, 2004.3.22)

⑤ 地上波 放送 事業者 · 綜合 有線 放送 事業者 및 衛星 放送 事業者는 市場 占有率 또는 事業者數 등을 고려하여 大統領令이 정하는 범위를 초과하여 상호 겸영하거나 그 株式 또는 持分을 所有할 수 없다. 다만 地上波放送事業者와 綜合有線放送事業者는 상호 겸영하거나, 그 株式 또는 持分을 所有할 수 없다.

⑥ 綜合 有線 放送 事業者 · 放送 채널 使用 事業者 및 傳送網 事業者는 市場 占有率 또는 事業者數 등을 고려하여 大統領令이 정하는 범위를 초과하여 상호 겸영하거나, 그 株式 또는 持分을 所有할 수 없다.

⑦ 지상파 방송 사업자 · 종합 유선 방송 사업자 또는 위성 방송 사업자는 시장 점유율 또는 사업자수 등을 고려하여 대통령령이 정하는 범위를 초과하여 지상파 방송 사업자는 이동 멀티미디어 방송을 행하는 다른 지상파 방송 사업, 종합 유선 방송 사업자는 다른 종합 유선 방송 사업, 위성 방송 사업자는 다른 위성 방송 사업을 겸영하

거나, 그 주식 또는 지분을 소유할 수 없다. (개정 2004.3.22)

⑧ 放送 채널 使用 事業者는 市場 占有率 또는 事業者數 등을 고려하여 大統領令이 정하는 범위를 초과하여 다른 放送 채널 使用 事業을 겸영하거나, 그 株式 또는 持分을 所有할 수 없다.

⑨ 政黨(政黨法에 의한 지구당을 포함한다)은 放送 事業者의 株式 또는 持分을 所有할 수 없다.

⑩ 第5項 내지 第8項의 規定에 의한 겸영 금지 및 所有制限 대상자에는 그의 特殊關係者를 포함한다.

⑪ 第2項 내지 第9項의 規定을 위반하여 株式 또는 持分을 所有한 者는 그 所有分 또는 超過分에 대한 議決權을 행사할 수 없다.

⑫ 방송위원회는 제2항 내지 제9항의 규정을 위반하여 사업을 겸영하거나, 주식 또는 지분을 소유하고 있는 자에게 6월 이내의 기간을 정하여 해당 사항을 시정할 것을 명할 수 있다. (신설 2004.3.22)

第9條(추천 · 許可 · 승인 · 登錄 등)

① 地上波 放送 事業 또는 衛星 放送 事業을 하고자 하는 者는 放送委員會의 추천을 받아 電波法이 정하는 바에 의하여 情報通信部 長官의 放送局 許可를 받아야 한다.

② 綜合 有線 放送 事業 또는 中繼 有線 放送 事業을 하고자 하는 者는 放送委員會의 추천을 받아 大統領令이 정하는 기준에 적합하게 시설과 기술을 갖추어 情報通信部 長官의 許可를 받아야 한다.

③ 第2項의 規定에도 불구하고 大統領令이 정하는 기준에 해당하는 中繼 有線 放送 事業者가 綜合 有線 放送 事業을 하고자 할 경우에는 放送委員會의 승인을 얻어야 한다. 이 경우 放送委員會는 情報通信部 長官과 협의하여야 한다.

④ 第3項의 規定에 의하여 승인을 얻은 者는 승인을 얻은 때부터 第2條 第3號 나目의 規定에 의한 綜合 有線 放送 事業者로 許可를 받은 것으로 본다.

⑤ 放送 채널 使用 事業·電光板 放送 事業 또는 音樂 有線 放送 事業을 하고자 하는 者는 放送委員會에 登錄하여야 한다. 다만 綜合 編成이나 報道 또는 상품 소개와 판매에 관한 專門 編成을 행하는 放送 채널 使用 事業을 하고자 하는 者는 放送委員會의 승인을 얻어야 한다. 이 경우 데이터 방송을 하기 위하여 등록을 하거나 승인을 얻은 자는 등록을 하거나 승인을 얻은 날부터 7일 이내에 전기통신사업법 제21조의 규정에 의한 부가 통신 사업의 신고를 하여야 한다. (개정 2004. 3.22)

⑥ 外國 人工 衛星의 無線 設備(國內에서 수신될 수 있는 것에 한한다)를 이용하여 衛星 放送을 행하는 事業을 하고자 하는 者는 放送委員會의 승인을 얻어야 한다. 이 경우 放送委員會는 情報通信部 長官과 협의하여야 한다.

⑦ 第6項의 規定에 의하여 승인을 얻은 者에 대하여는 第2條 第3號 다目의 衛星 放送 事業者에 대하여 적용되는 規定을 準用한다.

⑧ 外國 人工 衛星의 無線局(國內에서 수신될 수 있는 것에 한한다)의 특정 채널의 전부 또는 일부 시간에 대한 전용 사용 계약을 체결하여 그 채널을 사용하고자 하는 者는 放送委員會의 승인을 얻어야 한다. 이 경우 放送委員會는 情報通信部 長官과 협의하여야 한다.

⑨ 第8項의 規定에 의하여 승인을 얻은 者에 대하여는 第2條 第3號 라目의 放送 채널 使用 事業者에 대하여 적용되는 規定을 準用한다.

⑩ 傳送網 事業을 하고자 하는 者는 情報通信部 長官에게 登錄하여야 한다.

⑪ 第1項 내지 第10項의 規定에 의한 추천·許可·승인 및 登錄의 요건·節次 등에 관하여 필요한 사항은 大統領令으로 정한다.

第10條(審査 基準·節次)

① 放送委員會는 第9條 第1項 및 第2項의 추천, 同條 第3項·第5項·第6項 및 第8項의 規定에 의한 승인을 할 때에는 다음 各號의 사항을 審査하여 그 결과를 公表하여야 한다.

　1. 放送의 公的 責任·공정성·公益性의 실현 가능성.

　2. 放送 프로그램의 企劃·編成 및 製作 計劃의 적절성.

　3. 지역적·사회적·문화적 필요성과 타당성.

　4. 조직 및 인력 운영 등 경영 계획의 적정성.

　5. 재정 및 기술적 능력.

　6. 放送 發展을 위한 지원 계획.

　7. 기타 사업 수행에 필요한 사항.

② 放送委員會는 第1項의 規定에 의한 審査를 할 때에는 視聽者의 의견을 공개적으로 청취하고, 그 의견의 반영 여부를 公表하여야 한다.

③ 放送委員會는 綜合 有線 放送 事業을 하고자 하는 者를 추천하고자 할 때에는 特別市長·廣域市長 또는 道知事(이하 '市·道知事'라 한다)의 의견을 들어야 한다.

第11條(放送 分野 등의 告示)

放送委員會는 放送 프로그램의 전문성과 채널의 다양성이 구현될 수 있도록 하기 위하여 專門 編成의 放送 分野와 放送 프로그램의 종류에 따른 編成 比率 등을 告示할 수 있다.

第12條(地域 事業權)

① 放送委員會는 第9條 第2項의 規定에 의하여 綜合 有線 放送 事業 또는 中繼 有線 放送 事業을 許可 推薦할 때에는 일정한 放送 區域 안에서 事業을 운영하는 권리(이하 '地域 事業權'이라 한다)를 부여할 수 있다. 第9條 第3項의 規定에 의하여 綜合 有線 放送 事業을 승인할 때에도 또한 같다.

② 第1項의 規定에 의한 放送 區域과 音樂 有線 放送의 事業 區域은 行政 區域을 중심으로 지역 주민의 생활권 및 지리적 여건과 電氣 通信 設備 등을 참작하여 관계 中央 行政 機關의 長 및 市·道知事와 협의하여 放送委員會가 告示한다.

③ 放送委員會는 綜合 有線 放送 事業者로부터 大統領令이 정하는 바에 의하여 年賣出額의 100分의 6의 범위 안에서 地域 事業權料를 徵收할 수 있다.

第13條(缺格 事由)

① 國家·地方自治團體 또는 法人이 아닌 者는 放送 事業 또는 傳送網 事業을 할 수 없다. 第18條의 規定에 의하여 許可·승인 또는 登錄이 취소된 후 3年이 경과되지 아니한 者의 경우에도 또한 같다.

② 다음 各號의 1에 해당하는 者는 中繼 有線 放送 事業·音樂 有線 放送 事業을 할 수 없다.

1. 外國人 또는 外國의 政府나 團體.

2. 未成年者 또는 限定治産者.

3. 破産宣告를 받은 者로서 復權되지 아니한 者.

4. 이 法을 위반하여 罰金 이상의 刑을 宣告받고 그 執行이 종료되거나 그 執行을 받지 아니하기로 확정된 후 3年이 경과되지 아니한 者,

또는 그 執行猶豫 期間중에 있는 者.

　5. 第18條의 規定에 의하여 中繼 有線 放送 事業·音樂 有線 放送 事業의 許可 또는 登錄이 취소된 후 2年이 경과되지 아니한 者.

③ 다음 各號의 1에 해당하는 者는 第9條 第1項·第2項·第3項·第5項·第6項·第8項 및 第10項의 規定에 의하여 許可 또는 승인을 받거나 登錄을 한 法人의 代表者 또는 放送 編成 責任者가 될 수 없다.

　1. 大韓民國의 國籍을 가지지 아니한 者.

　2. 未成年者 또는 限定治産者.

　3. 破産宣告를 받은 者로서 復權되지 아니한 者.

　4. 이 法을 위반하여 罰金 이상의 刑을 宣告받고 그 執行이 종료되거나 그 執行을 받지 아니하기로 확정된 후 3年이 경과되지 아니한 者, 또는 그 執行猶豫 期間중에 있는 者.

　5. 刑法 第87條 내지 第90條·第92條·第101條, 軍刑法 第5條 내지 第8條·第9條 第2項·第11條 내지 第16條, 또는 國家保安法 第3條 내지 第9條의 罪를 범하여 禁錮 이상의 실형의 宣告를 받고 그 刑의 執行이 종료되지 아니하거나 집행을 받지 아니하기로 확정되지 아니한 者, 또는 執行猶豫 期間중에 있는 者.

　6. 保安觀察法에 의한 保安觀察 處分이나 社會保護法에 의한 保護 處分의 執行중에 있는 者.

　7. 外國의 法人 또는 團體의 代表者(傳送網 事業의 경우는 제외한다).

第14條(外國 資本의 出資 및 出捐)

① 地上波 放送 事業과 綜合 編成 또는 報道에 관한 專門 編成을 행하는 放送 채널 使用 事業 및 中繼 有線 放送 事業을 행하는 者는 다음 各號에 해당하는 者로부터 재산상의 出資 또는 出捐을 받을 수

없다. 다만 放送 事業者 및 中繼 有線 放送 事業者가 放送委員會의 승인을 얻은 경우에는 교육·체육·종교·자선 기타 국제적 친선을 목적으로 하는 外國의 團體로부터 재산상의 出捐을 받을 수 있다.

1. 外國의 政府나 團體.

2. 外國人.

3. 外國의 政府나 團體 또는 外國人이 大統領令이 정하는 비율을 초과하여 株式 또는 持分을 所有하고 있는 法人.

② 위성 방송 사업을 행하는 者는 당해 法人의 株式 또는 持分 총수의 100分의 33을 초과하여 第1項 各號에 해당하는 者로부터 재산상의 出資 또는 出捐을 받을 수 없다. (개정 2004.3.22)

③ 종합 유선 방송 사업·방송 채널 사용 사업(종합 편성 또는 보도에 관한 전문 편성을 제외한다) 및 전송망 사업을 하는 者는 당해 法人의 株式 또는 持分 총수의 100分의 49를 초과하여 第1項 各號에 해당하는 者로부터 재산상의 出資 또는 出捐을 받을 수 없다. (개정 2004.3.22)

④ 제2항 및 제3항의 규정을 적용함에 있어서는 제1항 각호에 해당하는 자가 소유하고 있는 주식 또는 지분을 합산한다. (신설 2004.3.22)

⑤ 방송 사업자·중계 유선 방송 사업자 또는 전송망 사업자가 제1항 내지 제3항의 규정을 위반하게 된 경우에 위반의 원인을 제공한 주식 또는 지분의 소유자는 그 소유분 또는 초과분에 대한 의결권을 행사할 수 없다. (신설 2004.3.22)

⑥ 방송 사업자·중계 유선 방송 사업자 또는 전송망 사업자가 제1항 내지 제3항의 규정을 위반하게 된 경우에 방송위원회는 방송 사업자 또는 중계 유선 방송 사업자나 그 위반의 원인을 제공한 주식

또는 지분의 소유자에 대하여 6월 이내의 기간을 정하여 해당 사항을 시정할 것을 명할 수 있으며, 정보통신부 장관은 전송망 사업자나 그 위반의 원인을 제공한 주식 또는 지분의 소유자에 대하여 6월 이내의 기간을 정하여 해당 사항을 시정할 것을 명할 수 있다. (신설 2004. 3.22)

第15條(變更 許可 등)

① 放送 事業者·中繼 有線 放送 事業者·音樂 有線 放送 事業者 및 電光板 放送 事業者는 다음 各號의 사항을 변경하고자 하는 때에는 放送委員會 또는 情報通信部 長官으로부터 變更 許可 추천, 變更 許可 또는 변경 승인을 얻거나 變更 登錄을 하여야 한다. 이 경우 그 절차는 第9條 第1項·第2項·第3項·第5項·第6項·第8項 및 第10項의 規定을 準用한다. (개정 2002.12.18)

1. 당해 法人의 합병 및 분할.

2. 개인이 영위하는 사업의 법인 사업으로의 전환.

3. 최다수 株式 所有者 또는 최다액 持分 所有者의 변경.

4. 개인이 영위하는 사업의 양도.

5. 放送 分野의 변경.

6. 放送 구역의 변경.

7. 기타 大統領令이 정하는 중요한 시설의 변경.

② 방송 사업자(방송 채널 사용 사업자는 제외한다) 또는 중계 유선 방송 사업자가 다음 각호의 사항을 변경한 때에는 이를 지체 없이 방송위원회 및 정보통신부 장관에게 각각 신고하여야 한다. (개정 2002. 12.18)

1. 대표자.

2. 방송 편성 책임자(중계 유선 방송 사업자를 제외한다).

3. 법인명 또는 상호.

4. 주된 사무소의 소재지.

③ 방송 채널 사용 사업자·음악 유선 방송 사업자 또는 전광판 방송 사업자가 다음 각호의 사항을 변경한 때에는 이를 지체 없이 방송위원회에 신고하여야 한다. (개정 2002.12.18)

1. 대표자.

2. 방송 편성 책임자(방송 채널 사용 사업자에 한한다).

3. 법인명 또는 상호.

4. 주된 사무소의 소재지.

第16條(許可 및 승인 有效 期間)

第9條 第2項의 規定에 의하여 許可받은 綜合 有線 放送 事業 및 中繼 有線 放送 事業과 第9條 第5項 但書의 規定에 의하여 승인을 얻은 放送 채널使用 事業의 許可 또는 승인의 有效 期間은 5年을 초과하지 아니하는 범위 내에서 大統領令으로 정한다.

第17條(再許可 등)

① 放送 事業者(放送 채널 使用 事業者는 제외한다) 및 中繼 有線 放送 事業者가 許可 有效 期間의 만료 후 계속 放送을 행하고자 하는 때에는 放送委員會의 再許可 추천을 받아 情報通信部 長官의 再許可를 받아야 한다.

② 第9條 第5項 但書의 規定에 의하여 승인을 얻은 放送 채널 使用 事業者가 承認 有效 期間 만료 후 계속 放送을 행하고자 하는 때에는 放送委員會의 再承認을 얻어야 한다.

③ 放送委員會가 第1項 및 第2項의 規定에 의하여 再許可 추천 또는 再承認을 할 때에는 第10條 第1項 各號 및 다음 各號의 사항을 審査하고, 그 결과를 公表하여야 한다.

1. 放送委員會의 放送 評價.

2. 放送委員會의 시정 명령의 回數와 시정 명령에 대한 불이행 사례.

3. 視聽者委員會의 放送 프로그램 評價.

4. 지역 사회 발전에 이바지한 정도.

5. 放送 發展을 위한 지원 계획의 이행 여부.

6. 기타 許可 또는 승인 당시의 放送 事業者 준수 사항 이행 여부.

④ 第10條 第2項 및 第3項의 規定은 第1項의 再許可 추천 또는 第2項의 規定에 의한 再承認의 경우에 이를 準用한다.

第18條(許可·승인·登錄의 취소 등)

① 放送 事業者·中繼 有線 放送 事業者·音樂 有線 放送 事業者·電光板 放送 事業者 또는 傳送網 事業者가 다음 各號의 1에 해당하는 때에는 情報通信部 長官 또는 放送委員會가 각각 許可·승인 또는 登錄을 취소하거나 6月 이내의 기간을 정하여 그 업무의 전부 또는 일부의 정지를 명할 수 있다. 다만 第13條 第3項의 各號의 1에 해당하는 者가 法人의 代表者 또는 放送 編成 責任者가 된 경우로서 3月 이내에 그 任員을 변경하는 때에는 그러하지 아니하다.

1. 허위 기타 부정한 방법으로 許可·變更 許可·再許可를 받거나 승인·변경 승인·再承認을 얻거나 登錄·變更 登錄을 한 때.

2. 第8條의 規定에 위반하여 株式 또는 持分을 所有한 때.

3. 第13條의 缺格 事由에 해당하게 된 때.

4. 第14條의 規定에 위반하여 재산상의 出資 또는 出捐을 받은 때.

　5. 이 法에 의한 許可를 받거나 승인을 얻거나 登錄한 날부터 2年 이내에 放送 또는 事業을 개시하지 아니한 때.

　6. 이 法 또는 이 法에 의한 命令에 위반한 때.

　② 情報通信部 長官은 放送委員會의 요청이 있는 경우에 한하여 第1項의 規定에 의한 許可 또는 登錄을 취소하거나 6月 이내의 기간을 정하여 그 업무의 전부 또는 일부의 정지를 명할 수 있다.

　③ 第1項의 規定에 의하여 許可·승인 또는 登錄을 취소, 업무 정지의 기준 및 절차 등에 관하여 필요한 사항은 大統領令으로 정한다.

第19條(課徵金 처분)

　① 放送委員會 또는 情報通信部 長官은 放送 事業者·中繼 有線 放送 事業者·音樂 有線 放送 事業者·電光板 放送 事業者 또는 傳送網 事業者가 第18條 第1項 各號의 1에 해당하여 업무 정지 처분을 하여야 할 경우로서, 그 업무 정지 처분이 시청자에게 심한 불편을 주거나 기타 公益을 해할 우려가 있는 때에는 그 업무 정지 처분에 갈음하여 1억 원 이하의 課徵金을 賦課할 수 있다.

　② 第1項의 規定에 의한 課徵金을 賦課하는 위반 행위의 종별과 課徵金의 금액 등 기타 필요한 사항은 大統領令으로 정한다.

　③ 放送委員會 또는 情報通信部 長官은 第2項의 規定에 의한 課徵金을 납부하여야 할 者가 납부 기한까지 이를 납부하지 아니한 때에는 國稅 滯納 處分의 예에 의하여 이를 徵收한다.

　④ 放送委員會 또는 情報通信部 長官은 第1項의 規定에 의하여 徵收한 課徵金을 第36條의 規定에 의한 放送 發展 基金으로 出捐하여야 한다.

第3章 放送委員會

第20條(放送委員會의 設置)

放送의 公的 責任·공정성·公益性을 실현하고, 放送 내용의 질적 향상 및 放送 事業에서의 공정한 경쟁을 도모하기 위하여 放送委員會(이하 이 章에서 '委員會'라 한다)를 둔다.

第21條(委員會의 구성)

① 委員會는 전문성 및 사회 각 분야의 대표성을 가진 者 중에서 大統領이 임명하는 9人의 委員으로 구성한다.

② 大統領은 委員會 委員을 임명함에 있어 3人은 國會議長이 國會 각 交涉 團體 代表 議員과 協議하여 추천한 者를 임명하고, 3人은 放送 關聯 전문성과 視聽者 代表性을 고려하여 國會 文化觀光委員會의 推薦 依賴를 받아 國會議長이 추천한 者를 임명한다.

③ 國會議長이 第2項의 規定에 의하여 放送委員會 委員을 추천하는 때에는 그 추천 기준과 추천 사유를 제시하여야 한다.

④ 委員會에서는 委員長 1人, 副委員長 1人과 3인의 常任委員을 두되, 委員長은 委員會에서 互選하여 大統領이 任命하고 副委員長 및 3인의 常任委員은 전문성을 고려하여 委員會에서 互選한다. 다만 상임위원 중 2인은 대통령이 속하지 않은 교섭 단체의 대표 의원과 협의하여 추천된 자가 포함되어야 한다. (개정 2003.5.10)

第22條(委員長)

① 委員長은 委員會를 대표하고, 委員會의 업무를 총괄한다.

② 委員長이 부득이한 사유로 직무를 수행할 수 없을 때에는 副委員長이 그 직무를 代行하며, 委員長과 副委員長이 모두 직무를 수행할 수 없을 때에는 常任委員 중 연장자의 순으로 그 직무를 代行한다.

③ 委員長은 國會에 출석하여 委員會의 소관 사무에 관하여 의견을 진술할 수 있으며, 國會의 요구가 있을 때에는 출석하여 보고하거나 답변하여야 한다.

④ 委員長은 國務會議에 출석하여 발언할 수 있으며, 그 소관 사무에 관하여 國務總理에게 議案의 제출을 건의할 수 있다.

⑤ 委員長은 委員會의 豫算 관련 업무를 수행함에 있어서 豫算會計法 第14條의 規定에 의한 中央官署의 長으로 보며, 企劃豫算處 長官이 委員會의 豫算 요구액을 감액할 경우에는 委員長의 의견을 들어야 한다.

第23條(委員의 任期)

① 委員의 任期는 3年으로 하고, 1回에 한하여 연임할 수 있으며, 委員長·副委員長 및 常任委員의 任期는 委員의 任期와 같다.

② 委員의 결원이 있을 때에는 결원된 날부터 30日 이내에 第21條의 規定에 의하여 그 補闕委員을 任命하여야 하며, 補闕委員의 任期는 전임자의 잔임 기간으로 한다.

③ 任期가 만료된 委員長을 포함한 委員은 第21條의 規定에 의하여 그 후임자가 선임될 때까지 그 직무를 행한다.

第24條(委員의 待遇 및 兼職 禁止)

① 委員 중 委員長·副委員長 및 常任委員은 政務職으로 하고, 非常任인 委員은 名譽職으로 하되 放送委員會 規則(이하 '委員會 規則'

이라 한다)이 정하는 바에 따라 직무 수행 경비 등 실비를 지급할 수
있다.

② 委員長·副委員長 및 常任委員은 委員會 規則이 정하는 경우를
제외하고는 영리를 목적으로 하는 다른 직무를 겸할 수 없다.

第25條(委員의 缺格 事由)

다음 各號의 1에 해당하는 者는 委員이 될 수 없다.

　1. 國家公務員法 第2條 및 地方公務員法 第2條의 規定에 의한 公務
員(敎育公務員, 法官 및 이 法에 의하여 政務職 公務員이 된 者는 제외한다).

　2. 政黨法에 의한 黨員.

　3. 放送 事業·中繼 有線 放送 事業·音樂 有線 放送 事業·電光板
放送 事業 또는 傳送網 事業에 종사하는 者.

　4. 國家公務員法 第33條 各號의 1에 해당하는 者.

第26條(委員의 직무상 독립과 身分 保障)

① 委員은 任期 중 직무상 외부의 어떠한 지시나 간섭도 받지 아니
한다.

② 委員은 다음 各號의 1에 해당하는 경우를 제외하고는 그의 의사
에 반하여 면직되지 아니한다.

　1. 第25條의 缺格 事由에 해당하는 경우.

　2. 장기간의 심신상의 장애로 직무를 수행할 수 없게 된 경우.

第27條(委員會의 職務)

委員會는 다음 各號의 사항을 審議·議決한다. 다만 委員會는 第1
號의 사항을 審議·議決할 경우 放送 映像 政策과 관련된 사항은 文

化觀光部 長官과 合意하여야 하고, 放送 기술 및 시설에 관한 사항은 情報通信部 長官의 의견을 들어야 하며, 第7號의 사항을 審議·議決할 경우에는 公正去來委員會 委員長의 의견을 들어야 한다.

　　1. 放送의 기본 계획에 관한 사항.

　　2. 放送 프로그램 및 放送 廣告의 운용·編成에 관한 사항.

　　3. 放送 事業者·中繼 有線 放送 事業者·音樂 有線 放送 事業者· 電光板 放送 事業者의 許可·再許可의 추천, 승인, 登錄, 취소 등에 관한 사항.

　　4. 委員會 規則의 제정·개정 및 폐지.

　　5. 放送에 관한 연구·조사 및 지원에 관한 사항.

　　6. 放送 事業者·中繼 有線 放送 事業者·音樂 有線 放送 事業者· 電光板 放送 事業者 상호간의 공동 사업이나 분쟁의 조정.

　　7. 放送 프로그램 유통상 공정 거래 질서 확립에 관한 사항.

　　8. 視聽者 불만 처리 및 청원에 관한 사항.

　　9. 放送 發展 基金의 조성 및 관리·운용의 기본 계획에 관한 사항.

　10. 第100條의 規定에 의한 제재 조치에 관한 사항.

　11. 委員會의 豫算案의 編成 및 執行에 관한 사항.

　12. 기타 이 法 또는 다른 法律에 의하여 委員會의 직무 또는 권한으로 規定된 사항.

第28條(委員會의 會議)

① 委員會의 會議는 在籍委員 3分의 2 이상의 출석과 出席委員 과반수의 찬성으로 議決한다.

② 放送 事業者·中繼 有線 放送 事業者·音樂 有線 放送 事業者 및 電光板 放送 事業者의 代表者 또는 그 위임을 받은 者는 委員會에

출석하여 의견을 진술할 수 있다.

③ 委員會의 會議는 공개한다. 다만 委員會가 특히 필요하다고 인정하여 議決한 경우에는 그러하지 아니하다.

④ 委員會는 委員會 規則이 정하는 바에 따라 會議錄을 작성하여야 한다.

第29條(관여 금지)

委員은 本人 또는 民法 第777條의 規定에 의한 親族 關係에 있는 者의 이해와 관련된 사항에 관하여는 審議·議決에 관여할 수 없다.

第30條(常任委員會)

① 委員會는 委員會가 위임한 사항을 審議·議決하기 위하여 委員長·副委員長 및 常任委員으로 구성되는 常任委員會를 둘 수 있다.

② 委員會의 위임 사항과 常任委員會의 會議 및 직무에 관하여 필요한 사항은 委員會 規則으로 정한다.

第31條(放送評價委員會)

① 委員會는 放送 事業者의 放送 프로그램 내용 및 編成과 운영 등에 관하여 종합적으로 評價할 수 있다.

② 委員會는 第1項의 評價 業務를 효율적으로 수행하기 위하여 放送評價委員會를 둘 수 있다.

③ 放送評價委員會 委員은 委員會 委員長이 委員會의 同意를 얻어 위촉하며, 구성과 운영에 관하여 필요한 사항은 委員會 規則으로 정한다.

第32條(放送의 공정성 및 공공성 審議)

① 放送委員會는 放送·中繼 有線 放送 및 電光板 放送의 내용과 기타 電氣 通信 回線을 통하여 공개를 목적으로 유통되는 情報 중 放送과 유사한 것으로서, 大統領令이 정하는 情報의 내용이 공정성과 공공성을 유지하고 있는지의 여부와 公的 責任을 준수하고 있는지의 여부를 放送 또는 유통된 후 審議·議決한다. 이 경우 매체별·채널별 특성을 고려하여야 한다.

② 委員會는 第1項의 規定에도 불구하고 대통령령이 정하는 방송 광고에 대하여는 放送되기 전에 그 내용을 審議하여 放送 與否를 審議·議決할 수 있다. (개정 2004.3.22)

③ 방송 사업자는 제2항의 규정에 의한 방송 광고에 대해서 위원회의 심의·의결의 내용과 다르게 방송하거나 심의·의결을 받지 않은 방송 광고를 방송하여서는 아니된다. (신설 2004.3.22)

④ 누구든지 제2항의 규정에 의한 방송 광고에 대해서 거짓, 그밖의 부정한 방법으로 방송 사업자가 위원회의 심의·의결의 내용과 다르게 방송하도록 하거나, 심의·의결을 받지 않은 방송 광고를 방송하도록 하여서는 아니된다. (신설 2004.3.22)

第33條(審議 規程)

① 委員會는 放送의 공정성 및 공공성을 審議하기 위하여 放送 審議에 관한 規程(이하 '審議 規程'이라 한다)을 제정·公表하여야 하다.

② 第1項의 審議 規程에는 다음 各號의 사항이 포함되어야 한다.

  1. 憲法의 민주적 基本 秩序의 유지와 인권 존중에 관한 사항.

  2. 건전한 가정 생활 보호에 관한 사항.

  3. 아동 및 청소년의 보호와 건전한 인격 형성에 관한 사항.

4. 공중 도덕과 사회 윤리에 관한 사항.

5. 兩性 平等에 관한 사항.

6. 국제적 友誼 증진에 관한 사항.

7. 장애인 등 放送 소외 계층의 권익 증진에 관한 사항.

8. 민족 문화의 창달과 민족의 주체성 함양에 관한 사항.

9. 報道·論評의 공정성·공공성에 관한 사항.

10. 언어 순화에 관한 사항.

11. 第99條 및 第100條의 規定에 의한 是正 및 制裁 措置에 관한 사항.

12. 기타 이 法의 規定에 의한 委員會의 審議 業務에 관한 사항.

③ 放送 事業者는 아동과 청소년을 보호하기 위하여 放送 프로그램의 폭력성 및 음란성 등의 유해 정도, 視聽者의 연령 등을 감안하여 放送 프로그램의 等級을 분류하고 이를 放送중에 표시하여야 한다.

④ 委員會는 第3項의 放送 프로그램 等級 分類와 관련하여 분류 기준 등 필요한 사항을 委員會 規則으로 정하여 公表하여야 한다. 이 경우 분류 기준은 放送 매체와 放送 分野別 특성 등을 고려하여 차등을 둘 수 있다.

第34條(審議委員會)

① 委員會는 放送의 공정성 및 공공성에 대한 委員會의 審議를 효율적으로 수행하기 위하여 審議委員會를 둘 수 있다.

② 審議委員會 委員은 委員會 委員長이 委員會의 同意를 얻어 위촉하며, 審議委員會의 구성과 운영에 관하여 필요한 사항은 委員會 規則으로 정한다.

第35條(視聽者不滿處理委員會)

① 委員會는 放送에 관한 視聽者의 의견을 수렴하고 視聽者 不滿
處理 및 請願 事項에 관한 審議를 효율적으로 수행하기 위하여 視聽
者不滿處理委員會를 둘 수 있다.

② 視聽者不滿處理委員會 委員은 委員會 委員長이 委員會의 同意
를 얻어 위촉한다.

③ 視聽者不滿處理委員會의 구성과 운영, 視聽者 不滿 處理의 절차
와 분쟁의 조정 등에 관하여 필요한 사항은 委員會 規則으로 정한다.

第36條(放送 發展 基金의 設置)

委員會는 放送 振興 事業 및 文化·藝術 振興 事業을 위하여 放送
發展 基金(이하 '基金'이라 한다)을 설치한다.

第37條(基金의 造成)

① 基金은 다음 各號의 財源으로 조성한다.

  1. 第2項 및 第3項의 規定에 의한 徵收額.

  2. 第12條 第3項에 의한 地域 事業權料.

  3. 放送 事業者의 出捐金.

  4. 第19條의 規定에 의한 課徵金 徵收額.

  5. 기타 收入金.

② 委員會는 地上波 放送 事業者로부터 大統領令이 정하는 바에
의하여 放送 廣告 賣出額의 100分의 6의 범위 안에서 基金을 徵收할
수 있다.

③ 委員會는 衛星 放送 事業者로부터 大統領令이 정하는 바에 의
하여 年賣出額의 100分의 6의 범위 안에서 基金을 徵收할 수 있다.

④ 委員會는 상품 소개와 판매에 관한 전문 편성을 행하는 放送 채널 使用 事業者로부터 大統領令이 정하는 바에 의하여 당해 연도 決算上 營業利益의 100分의 15의 범위 안에서 基金을 徵收할 수 있다.

⑤ 第1項 第1號 및 第2號의 財源에 대하여는 放送 事業者의 放送 운용의 공공성과 수익성 등을 기준으로 放送 事業者별로 그 徵收率을 차등 책정할 수 있다.

⑥ 委員會는 第2項의 規定에 의한 基金 徵收를 韓國放送廣告公社法에 의한 韓國放送廣告公社(이하 '韓國放送廣告公社'라고 한다) 또는 大統領令이 정하는 放送 廣告 販賣 代行社에 委託할 수 있다.

⑦ 위원회는 제2항 내지 제4항의 규정에 의하여 기금을 납부하여야 할 자가 납부 기한까지 이를 납부하지 아니한 때에는 체납된 금액의 100분의 5 이내의 범위에서 대통령령이 정하는 바에 따라 가산금을 부과할 수 있다. (신설 2004.3.22)

⑧ 위원회는 제2항 내지 제4항의 규정에 의한 기금 및 제7항의 규정에 의한 가산금을 납부하여야 할 자가 납부 기한까지 이를 납부하지 아니한 때에는 국세 체납 처분의 예에 따라 이를 징수한다. (신설 2004.3.22)

第38條(基金의 用途)

基金은 다음 各號의 1의 事業에 사용된다.

1. 教育 放送 및 기타 공공을 목적으로 운영되는 放送.

2. 공공의 목적을 위한 放送 事業者의 설립 및 放送 프로그램 製作.

3. 放送 프로그램 및 映像物 製作 지원.

4. 視聽者가 직접 製作한 放送 프로그램.

5. 미디어 교육 및 視聽者 團體의 활동.

6. 放送 廣告 발전을 위한 團體 및 事業 지원.

7. 放送 기술 연구 및 개발.

8. 障碍人 등 放送 소외 계층의 放送 接近을 위한 지원.

9. 文化·藝術 振興 事業.

10. 言論 公益 事業.

11. 기타 放送의 공공성 제고와 放送 發展에 필요하다고 委員會가 議決한 事業.

第39條(基金의 관리·運用)

① 基金은 委員會가 관리·運用한다.

② 基金은 공정하고 효율적인 관리·運用을 위하여 放送發展基金管理委員會를 둔다.

③ 放送發展基金管理委員會 委員은 委員會 委員長이 委員會의 同意를 얻어 10人 이내로 위촉한다. 다만 放送發展基金管理委員會에는 文化觀光部 長官이 추천하는 인사가 100分의 20 이상 포함되어야 한다.

④ 放送發展基金管理委員會의 구성과 운영에 관하여 필요한 사항은 委員會 規則으로 정한다.

第40條(基金 管理의 委託)

委員會는 大統領令이 정하는 바에 의하여 基金의 관리를 韓國放送廣告公社에 委託할 수 있다.

第41條(委員會 事務處)

① 委員會의 사무를 처리하게 하기 위하여 委員會에 事務處를 둔다.

② 事務處에 事務總長 1人과 필요한 職員을 두며, 委員長이 임명한다. 이 경우 事務總長을 임명할 때에는 委員會의 同意를 얻어야 한다.

③ 事務處의 組織에 관하여 필요한 사항은 大統領令으로 정하고, 운영에 관하여 필요한 사항은 委員會 規則으로 정한다.

第42條(委員會 規則의 제정과 개정)

委員會가 委員會 規則을 제정 또는 개정하고자 할 때에는 20日 이상의 豫告와 委員會의 議決을 거쳐야 한다. 이 경우 委員會는 이를 관보에 게재·公表하여야 한다.

第4章 韓國放送公社

第43條(設置 등)

① 공정하고 건전한 放送 文化를 정착시키고 國內外 放送을 효율적으로 실시하기 위하여 國家 基幹 放送으로서 韓國放送公社(이하 이 章에서 '公社'라 한다)를 설립한다.

② 公社는 法人으로 한다.

③ 公社의 주된 事務所의 소재지는 定款으로 정한다.

④ 公社는 업무 수행을 위하여 필요한 때에는 理事會의 議決을 거쳐 地域放送局을 둘 수 있다.

⑤ 公社의 資本金은 3천억 원으로 하고 그 전액을 政府가 出資한다.

⑥ 第5項의 資本金 납입의 시기와 방법은 企劃豫算處 長官이 정하는 바에 따른다.

⑦ 公社는 주된 事務所의 소재지에서 設立 登記를 함으로써 성립한다.

⑧ 第7項의 規定에 의한 設立 登記와 地域放送局의 設置 登記, 移轉 登記, 變更 登記 기타 公社의 登記에 관하여 필요한 사항은 大統領令으로 정한다.

第44條(公社의 公的 責任)

① 公社는 放送의 목적과 公的 責任, 放送의 공정성과 公益性을 실현하여야 한다.

② 公社는 國民이 지역과 주변 여건에 관계없이 양질의 放送 서비스를 제공받을 수 있도록 노력하여야 한다.

③ 公社는 視聽者의 公益에 기여할 수 있는 새로운 放送 프로그램·放送 서비스 및 放送 기술을 연구하고 개발하여야 한다.

④ 公社는 國內外를 대상으로 민족 문화를 창달하고, 민족의 동질성을 확보할 수 있는 放送 프로그램을 개발하여 放送하여야 한다.

第45條(定款의 기재 사항)

① 公社의 定款에는 다음 各號의 사항을 기재하여야 한다.

 1. 목적.

 2. 명칭.

 3. 주된 사무소의 소재지.

 4. 公社의 조직과 理事長·理事·執行 機關 및 職員에 관한 사항.

 5. 理事會의 운영에 관한 사항.

 6. 업무와 그 집행에 관한 사항.

 7. 視聽者 불만 처리 및 視聽者 보호에 관한 사항.

 8. 定款의 변경에 관한 사항.

 9. 社債 發行 및 차입에 관한 사항.

10. 株式 또는 出資 證券에 관한 사항.

11. 損益金의 처리 등 會計에 관한 사항.

12. 公告 방법에 관한 사항.

13. 기타 大統領令이 정하는 사항.

② 公社가 定款을 변경하고자 할 때에는 放送委員會의 認可를 받아야 한다.

第46條(理事會의 設置 및 운영)

① 公社는 公社의 독립성과 공공성을 보장하기 위하여 公社 경영에 관한 最高議決 機關으로 理事會를 둔다.

② 理事會는 理事長을 포함한 이사 11人으로 구성한다.

③ 理事는 각 분야의 대표성을 고려하여 放送委員會에서 추천하고 大統領이 任命한다.

④ 理事長은 理事會에서 互選한다.

⑤ 理事長을 포함한 理事는 非常任으로 한다.

⑥ 理事長은 理事會를 소집하고, 그 會議의 議長이 된다.

⑦ 理事會는 在籍 理事 過半數의 찬성으로 議決한다.

⑧ 理事長이 부득이한 사유로 직무를 수행할 수 없을 때에는 定款이 정하는 바에 따라 다른 理事가 그 직무를 代行한다.

第47條(理事의 任期)

① 理事의 任期는 3年으로 한다.

② 理事의 결원이 있을 때에는 결원된 날부터 30日 이내에 第46條의 規定에 의하여 그 補闕 理事를 任命하여야 하며, 補闕 理事의 任期는 전임자의 잔임 기간으로 한다.

③ 任期가 만료된 理事는 그 후임자가 任命될 때까지 그 직무를 행한다.

第48條(理事의 缺格 事由)

다음 各號의 1에 해당하는 者는 公社의 理事가 될 수 없다.

  1. 大韓民國의 國籍을 가지지 아니한 者.

  2. 政黨法에 의한 黨員.

  3. 國家公務員法 第33條 各號의 1에 해당하는 者.

第49條(理事會의 機能)

① 理事會는 다음 各號의 사항을 審議·議決한다.

  1. 公社가 행하는 放送의 公的 責任에 관한 사항.

  2. 公社가 행하는 放送의 기본 운영 계획.

  3. 豫算·자금 계획.

  4. 豫備費의 사용 및 豫算의 移越.

  5. 決算.

  6. 公社의 경영 평가 및 公表.

  7. 社長·監事의 任命 提請 및 副社長 任命 同意.

  8. 地域放送局의 設置 및 폐지.

  9. 기본 재산의 취득 및 처분.

  10. 長期 借入金의 借入 및 사채의 발행과 그 償還 計劃.

  11. 損益金의 처리.

  12. 다른 企業體에 대한 出資.

  13. 定款의 변경.

  14. 定款이 정하는 規程의 제정 및 개폐.

15. 기타 理事會가 특히 필요하다고 인정하는 사항.

② 理事會는 특히 필요하다고 인정하는 경우에는 監事에게 公社에 대한 監査를 요청할 수 있다.

第50條(執行 機關)

① 公社에 執行 機關으로서 社長 1人, 2人 이내의 副社長, 8人 이내의 本部長 및 監事 1人을 둔다.

② 社長은 理事會의 提請으로 大統領이 任命한다.

③ 理事會가 第2項의 規定에 의하여 社長을 提請하는 때에는 그 提請 基準과 提請 事由를 제시하여야 한다.

④ 監事는 理事會의 提請으로 放送委員會에서 任命한다.

⑤ 副社長과 本部長은 社長이 任命한다. 다만 副社長을 任命할 경우에는 理事會의 同意를 얻어야 한다.

⑥ 執行 機關의 任期 및 缺格 事由에 대하여는 第47條 및 第48條의 理事에 관한 規定을 準用한다.

第51條(執行 機關의 직무 등)

① 社長은 公社를 代表하고, 公社의 업무를 총괄하며, 경영 성과에 대하여 責任을 진다.

② 社長이 부득이한 사유로 그 직무를 수행할 수 없을 때에는 副社長이 그 직무를 대행하고 副社長이 부득이한 사유로 그 직무를 수행할 수 없을 때에는 定款이 정하는 者가 그 직무를 대행한다.

③ 社長은 定款이 정하는 바에 의하여 職員 중에서 公社의 업무에 관한 모든 재판상 또는 재판 외의 행위를 할 수 있는 권한을 가진 代理人을 선임할 수 있다.

④ 監事는 公社의 업무 및 會計에 관한 사항을 監査한다.

⑤ 社長과 監事는 理事會에 출석하여 의견을 진술할 수 있다.

第52條(職員의 任免)

公社의 職員은 定款이 정하는 바에 따라 社長이 任免한다.

第53條(執行 機關과 職員의 직무상 의무)

① 公社의 執行 機關 및 職員은 그 직무 외의 영리를 목적으로 하는 직무에 종사하지 못한다.

② 公社의 執行 機關 또는 職員이나 그 職에 있었던 者는 그 직무상 알게 된 公社의 秘密을 누설하거나 도용하여서는 아니된다.

第54條(業務)

① 公社는 다음 各號의 업무를 행한다.

 1. 라디오 放送의 실시.

 2. 텔레비전 放送의 실시.

 3. 衛星 放送 등 새로운 放送 매체를 통한 放送의 실시.

 4. 放送 施設의 設置·운영 및 관리.

 5. 國家가 필요로 하는 對外 放送(국제 친선 및 이해 증진과 문화·경제 교류 등을 목적으로 하는 放送)과 社會 敎育 放送(외국에 거주하는 한민족을 대상으로 민족의 동질성을 증진할 목적으로 하는 放送)의 실시.

 6. 韓國敎育放送公社法에 의한 韓國敎育放送公社가 행하는 放送의 송신 지원.

 7. 視聽者 불만 처리와 視聽者 보호를 위한 기구의 設置 및 운영.

 8. 전속 단체의 운영·관리.

9. 放送 文化 行事의 수행 및 放送 文化의 국제 교류.

10. 放送에 관한 조사 · 연구 및 발전.

11. 第1號 내지 第10號의 업무에 부대되는 收益 事業.

② 國家는 第1項 第5號에 해당하는 업무에 대하여 補助金을 지원할 수 있다.

③ 公社는 理事會의 議決을 거쳐 第1項 各號에 해당하는 업무, 또는 이와 유사한 업무를 행하는 法人에 대하여 그 資本金의 전부 또는 일부를 出資할 수 있다.

第55條(會計 處理)

① 公社의 會計 年度는 政府의 會計 年度에 의한다.

② 公社의 會計 處理의 기준과 절차 등에 관하여는 企業 會計 基準 및 企業 豫算 會計法을 準用한다.

第56條(財源)

公社의 경비는 第64條의 規定에 의한 텔레비전 放送 受信料로 충당하되, 목적 업무의 적정한 수행을 위하여 필요한 경우에는 放送 廣告 收入 등 大統領令이 정하는 수입으로 충당할 수 있다.

第57條(豫算의 編成)

① 公社의 豫算은 社長이 編成하고, 理事會의 議決로 확정된다. 豫算이 확정된 후 발생한 운영 계획의 변경 기타 불가피한 사유로 인하여 豫算을 변경하는 경우에도 또한 같다.

② 公社의 社長은 天災 · 地變 기타 부득이한 사유로 會計 年度 개시 전까지 豫算이 확정되지 아니한 경우에는 前年度 豫算에 準하여

豫算을 운영할 수 있다. 이 경우 準豫算에 의하여 執行된 豫算은 이를 당해 연도의 豫算에 의하여 執行된 것으로 본다.

第58條(運營 計劃의 수립)

① 公社의 社長은 第57條의 規定에 의하여 豫算이 확정된 때에는 지체 없이 理事會의 議決을 거쳐 당해 연도의 豫算에 따른 운영 계획을 수립하여야 한다.

② 公社의 社長은 第1項의 規定에 의하여 수립한 당해 연도의 운영 계획을 豫算이 확정된 후 2月 이내에 放送委員會에 제출하여야 한다.

第59條(決算書의 확정)

① 公社의 社長은 매 會計 年度 종료 후 2月 이내에 전會計 年度의 決算書를 放送委員會 및 國會에 각각 제출하여야 하며, 國會의 승인을 얻어 決算을 확정하고, 이를 公表하여야 한다.

② 第1項의 決算書에는 다음 各號의 書類를 첨부하여야 한다.

  1. 재무제표와 그 부속 서류.

  2. 기타 決算의 내용을 명확하게 함에 필요한 書類.

③ 放送委員會는 第1項의 規定에 의하여 확정된 公社의 決算을 총괄하여 6月 30日까지 監査院에 제출하여야 한다.

④ 監査院은 第3項의 規定에 의하여 제출받은 決算書를 檢査하고, 그 결과를 9月 30日까지 放送委員會에 송부하여야 한다.

第60條(부동산 취득 등의 보고)

公社가 부동산을 취득 또는 처분하거나 취득할 당시의 목적을 변경하였을 때에는 지체 없이 放送委員會에 보고하여야 한다.

第61條(補助金 등)

　國家는 豫算의 범위 안에서 大統領令이 정하는 바에 의하여 公社의 업무에 필요한 비용의 일부를 보조하거나 財政 資金을 융자할 수 있으며, 公社의 社債를 인수할 수 있다.

第62條(物品 購買 및 工事 契約의 委託)

　公社의 社長은 필요하다고 인정할 때에는 公社의 수요 물자의 구매나 施設 工事 契約의 체결을 調達廳長에게 委託할 수 있다.

第63條(監査)

　① 公社의 監査는 內部 監査와 外部 監査로 구분한다.
　② 內部 監査는 定款이 정하는 바에 따라 公社의 監事가 이를 실시한다.
　③ 公社의 外部 監査는 監査院法이 정하는 바에 따라 監査院이 이를 실시한다.

第64條(텔레비전 수상기의 登錄과 受信料 납부)

　텔레비전 放送을 수신하기 위하여 텔레비전 수상기(이하 '수상기'라 한다)를 소지한 者는 大統領令이 정하는 바에 따라 公社에 그 수상기를 登錄하고, 텔레비전 放送 受信料(이하 '受信料'라 한다)를 납부하여야 한다. 다만 大統領令이 정하는 수상기에 대하여는 그 登錄을 면제하거나 受信料의 전부 또는 일부를 감면할 수 있다.

第65條(受信料의 決定)

　受信料의 금액은 理事會가 審議·議決한 후 放送委員會를 거처 國

會의 승인을 얻어 확정되고, 公社가 이를 賦課·徵收한다.

第66條(受信料 등의 徵收)

① 公社는 第65條의 規定에 의하여 受信料를 徵收함에 있어서 受信料를 납부하여야 할 者가 그 납부 기간 내에 이를 납부하지 아니할 때에는 그 受信料의 100分의 5의 범위 안에서 大統領令이 정하는 비율에 상당하는 금액을 가산금으로 徵收한다.

② 公社는 第64條의 規定에 의한 登錄을 하지 아니한 수상기의 소지자에 대하여 1年分의 受信料에 해당하는 追徵金을 賦課·徵收할 수 있다.

③ 公社는 第65條의 受信料와 第1項 및 第2項의 가산금 또는 追徵金을 徵收함에 있어서 체납이 있는 경우에는 放送委員會의 승인을 얻어 國稅 滯納 處分의 예에 의하여 이를 徵收할 수 있다.

第67條(수상기 登錄 및 徵收의 委託)

① 公社는 第66條의 規定에 의한 受信料의 徵收 業務를 市·道知事에게 委託할 수 있다.

② 公社는 수상기의 생산자·판매인·수입 판매인 또는 公社가 지정하는 者에게 수상기의 登錄 業務 및 受信料의 徵收 業務를 委託할 수 있다.

③ 公社가 第1項 및 第2項의 規定에 의하여 受信料 徵收 業務를 委託한 경우에는 大統領令이 정하는 바에 따라 수수료를 지급하여야 한다.

第68條(受信料의 사용)

公社는 第65條 및 第66條의 規定에 의하여 徵收된 受信料를 大統

領令이 정하는 바에 따라 韓國敎育放送公社法에 의한 韓國敎育放送
公社의 財源으로 지원할 수 있다.

第5章 放送 事業의 운영 등

第69條(放送 프로그램의 編成 등)

① 放送 事業者는 放送 프로그램을 編成함에 있어 공정성·공공
성·다양성·균형성·사실성 등에 적합하도록 하여야 한다.

② 綜合 編成을 행하는 放送 事業者는 정치·경제·사회·문화 등
각 분야의 사항이 균형 있게 표현될 수 있도록 하여야 한다.

③ 綜合 編成을 행하는 放送 事業者는 放送 프로그램의 編成에 있
어서 大統領令이 정하는 기준에 따라 報道·敎養 및 娛樂에 관한 放
送 프로그램을 포함하여야 하고, 그 放送 프로그램 상호간에 조화를
이루도록 編成하여야 한다. 이 경우 大統領令이 정하는 主視聽 時間
帶(이하 '主視聽 時間帶'라 한다)에는 특정 放送 分野의 放送 프로그
램이 편중되어서는 아니된다.

④ 專門 編成을 행하는 放送 事業者는 許可를 받거나 승인을 얻거
나 登錄을 한 주된 放送 分野가 충분히 반영될 수 있도록 大統領令이
정하는 기준에 따라 放送 프로그램을 編成하여야 한다.

⑤ 韓國放送公社 및 特別法에 의한 放送 事業者, 放送文化振興會
法에 의한 放送文化振興會가 出資한 放送 事業者 및 그 放送 事業者
가 出資한 放送 事業者를 제외한 地上波 放送 事業者는 다른 한 放送
事業者의 製作物을 大統領令이 정하는 비율 이상 編成하여서는 아니
된다.

⑥ 韓國放送公社는 大統領令이 정하는 바에 의하여 視聽者가 직접

製作한 視聽者 참여 프로그램을 編成하여야 한다.

⑦ 방송 사업자는 大統領令이 정하는 바에 의하여 障碍人의 시청을 도울 수 있도록 노력하여야 하며, 필요한 경우 放送委員會는 基金에서 그 경비의 일부를 지원할 수 있다. (개정 2002.12.18)

第70條(채널의 구성과 運用)

① 이동 멀티미디어 방송을 행하는 지상파 방송 사업자·종합 유선 방송 사업자 및 위성 방송 사업자는 특정 放送 分野에 편중되지 아니하고 다양성이 구현되도록 大統領令이 정하는 바에 의하여 채널을 구성·운용하여야 한다. (개정 2004.3.22)

② 이동 멀티미디어 방송을 행하는 지상파 방송 사업자·종합 유선 방송 사업자 및 위성 방송 사업자는 大統領令이 정하는 범위를 초과하여 放送 채널을 직접 사용하거나, 당해 放送 事業者의 特殊 關係者 또는 특정 放送 채널 使用 事業者에게 채널을 임대하여서는 아니된다. (개정 2004.3.22)

③ 綜合 有線 放送 事業者 및 위성 방송 사업자(이동 멀티미디어 방송을 행하는 위성 방송 사업자를 제외한다)는 大統領令이 정하는 바에 의하여 國家가 공공의 목적으로 이용할 수 있는 채널(이하 '공공 채널' 이라 한다) 및 宗敎의 선교 목적을 지닌 채널을 두어야 한다. (개정 2004.3.22)

④ 綜合 有線 放送 事業者는 大統領令이 정하는 바에 의하여 지역 정보 및 放送 프로그램 안내와 공지 사항등을 製作·編成 및 送信하는 지역 채널을 운용하여야 한다.

⑤ 中繼 有線 放送 事業者는 委員會 規則이 정하는 바에 의하여 放送 프로그램 안내와 공지 사항 등을 製作·編成 및 送信하는 공지 채

널을 운용할 수 있다. 다만 공지 채널의 경우에는 報道·논평 또는 廣告에 관한 사항은 송출할 수 없다.

⑥ 中繼 有線 放送 事業者가 운용할 수 있는 채널의 범위는 大統領 令으로 정한다.

⑦ 綜合 有線 放送 事業者 및 衛星 放送 事業者는 委員會 規則이 정하는 바에 의하여 視聽者가 자체 製作한 放送 프로그램의 放送을 요청하는 경우에는 특별한 사유가 없는 한 이를 지역 채널 또는 공공 채널을 통하여 放送하여야 한다.

第71條(國內 放送 프로그램의 編成)

① 放送 事業者는 당해 채널의 전체 프로그램 중 國內에서 製作된 放送 프로그램을 大統領令이 정하는 바에 따라 일정한 비율 이상 編成하여야 한다.

② 放送 事業者는 연간 放送되는 영화·애니메이션 및 대중 음악 중 國內에서 製作된 영화·애니메이션 및 대중 음악을 大統領令이 정하는 바에 따라 일정한 비율 이상 編成하여야 한다. 다만 지상파 방송 사업자는 당해 채널에서 연간 방송되는 전체 프로그램 중 국내에서 제작된 애니메이션을 대통령령이 정하는 바에 따라 일정한 비율 이상 신규로 편성하여야 한다. (개정 2004.3.22)

③ 放送 事業者는 국제 문화 수용의 다양성을 보장하기 위하여 外國에서 수입한 영화·애니메이션 및 대중 음악 중 한 國家에서 製作한 영화·애니메이션 및 대중 음악이 大統領令이 정하는 바에 따라 일정한 비율 이상을 초과하지 아니하도록 編成하여야 한다.

④ 第1項 내지 第3項의 規定에 의한 放送 프로그램의 編成 比率은 放送 매체와 放送 分野別 특성 등을 고려하여 차등을 둘 수 있다.

第72條(外注 製作 放送 프로그램의 編成)

① 放送 事業者는 당해 채널의 전체 放送 프로그램 중 國內에서 당해 放送 事業者가 아닌 者가 製作한 放送 프로그램(이하 '外注 製作 放送 프로그램'이라 한다)을 大統領令이 정하는 바에 따라 일정한 비율 이상 編成하여야 한다.

② 放送 事業者는 第1項의 規定에 의한 外注 製作 放送 프로그램을 편성함에 있어 特殊 關係者가 제작한 放送 프로그램을 大統領令이 정하는 바에 따라 일정한 비율 이상을 초과하지 아니하도록 編成하여야 한다.

③ 綜合 編成을 행하는 放送 事業者는 外注 製作 放送 프로그램을 主視聽 時間帶에 大統領令이 정하는 바에 따라 일정한 비율 이상 編成하여야 한다.

④ 第1項의 規定에 의한 外注 製作 放送 프로그램의 編成 比率은 放送 매체와 放送 分野別 특성 등을 고려하여 차등을 둘 수 있다.

第73條(放送 廣告 등)

① 放送 事業者는 放送 廣告와 放送 프로그램이 혼동되지 아니하도록 명확하게 구분하여야 한다.

② 放送 廣告의 시간·回數 또는 방법 등에 관하여 필요한 사항은 大統領令으로 정한다.

③ 상품 소개 및 판매에 관한 專門 編成을 행하는 放送의 경우에는 당해 상품 소개 및 판매에 관한 放送 내용물은 이를 放送 廣告로 보지 아니한다.

④ 放送 事業者 및 電光板 放送 事業者는 공공의 이익을 증진시킬 목적으로 製作된 비상업적 公益 廣告를 大統領令이 정하는 비율 이

상 編成하여야 한다.

⑤ 地上波 放送 事業者는 韓國放送廣告公社 또는 大統領令이 정하는 放送 廣告 販賣 代行社가 委託하는 放送 廣告物 이외에는 放送 廣告를 할 수 없다. 다만 大統領令이 정하는 放送 廣告에 대하여는 그러하지 아니하다.

第74條(協贊 告知)

① 放送 事業者는 大統領令이 정하는 범위 안에서 協贊 告知를 할 수 있다.

② 協贊 告知의 세부 기준 및 방법 등에 관하여 필요한 사항은 委員會 規則으로 정한다.

第75條(災難 放送)

① 綜合 編成 또는 報道 專門 編成을 행하는 放送 事業者는 自然災害對策法 第2條의 規定에 의한 재해 또는 災難管理法 第2條의 規定에 의한 災難이 발생하거나 발생할 우려가 있는 경우에는 그 발생을 豫防하거나 그 피해를 줄일 수 있는 災難 放送을 하여야 한다.

② 放送委員會는 國民의 생명과 재산을 보호하고, 기타 공공 복리를 위하여 특히 필요하다고 인정하는 경우에는 放送 事業者에 대하여 第1項의 規定에 의한 災難 放送을 행하도록 요구할 수 있다. 이 경우 綜合 編成·報道 專門 編成을 행하는 放送 事業者는 특별한 사유가 없는 한 災難 放送을 하여야 한다.

③ 放送委員會는 韓國放送公社를 災難 放送의 주관 기관으로 지정할 수 있다.

④ 災難 放送에 관한 기준 및 방법 등에 관하여 필요한 사항은 委

員會 規則으로 정한다.

第76條(放送 프로그램의 공급)

放送 事業者는 다른 放送 事業者에게 放送 프로그램을 공급할 때
에는 공정하고 합리적인 市場 價格으로 차별없이 제공하여야 한다.

第77條(有料 放送의 約款 승인)

① 有料 放送을 행하고자 하는 放送 事業者·中繼 有線 放送 事業
者 및 音樂 有線 放送 事業者는 이용 요금 및 기타 조건에 관한 約款
을 정하여 放送委員會에 申告하여야 하며, 이용 요금에 대하여는 放
送委員會의 승인을 얻어야 한다. 申告한 約款이나 승인을 얻은 이용
요금을 변경하고자 하는 경우에도 또한 같다.

② 放送委員會는 第1項의 規定에 의한 約款이 현저히 부당하여 視
聽者의 이익을 저해한다고 판단하는 때에는 有料 放送을 행하는 放
送 事業者·中繼 有線 放送 事業者 및 音樂 有線 放送 事業者에게 상
당한 기간을 정하여 그 約款의 변경을 명할 수 있다.

第78條(再送信)

① 綜合 有線 放送 事業者·위성 방송 사업자(이동 멀티미디어 방송
을 행하는 위성 방송 사업자를 제외한다) 및 中繼 有線 放送 事業者는
韓國放送公社 및 韓國敎育放送公社法에 의한 韓國敎育放送公社가
행하는 地上波 放送(라디오 放送을 제외한다)을 수신하여 그 放送 프
로그램에 변경을 가하지 아니하고 그대로 동시에 再送信(이하 '同時
再送信' 이라 한다)하여야 한다. 다만 地上波 放送을 행하는 당해 放送
事業者의 放送 區域 안에 당해 綜合 有線 放送 事業者 및 中繼 有線

放送 事業者의 放送 區域이 포함되지 아니하는 경우에는 그러하지 아니하다. (개정 2002.4.20, 2004.3.22)

② 제1항의 규정에 의한 地上波 放送 事業者가 수 개의 地上波 放送 채널을 운용하는 경우, 제1항 본문의 규정에도 불구하고 동시 재전송하여야 하는 地上波 放送은 放送委員會가 地上波 放送 事業者별로 방송 편성 내용 등을 고려하여 지정·고시하는 1개의 地上波 放送 채널에 한한다. (신설 2002.4.20)

③ 第1項의 規定에 의한 同時 再送信의 경우에는 著作權法 第69條의 同時 中繼 放送權에 관한 規定은 이를 적용하지 아니한다.

④ 綜合 有線 放送 事業者 및 中繼 有線 放送 事業者가 당해 放送 區域 외에서 許可받은 地上波 放送 事業者가 행하는 地上波 放送을 동시 재송신하고자 하거나 衛星 放送 事業者가 제1항 및 제2항의 규정에 의하여 동시 재송신하는 地上波 放送 이외의 地上波 放送을 재송신하고자 하는 때에는 放送委員會의 승인을 얻어야 한다. (개정 2002.4.20)

⑤ 綜合 有線 放送 事業者 및 衛星 放送 事業者가 外國의 放送 事業者(이 法에 의하여 許可·승인 또는 登錄하지 아니한 者를 포함한다)가 행하는 放送을 수신하여 再送信하고자 하는 때에는 放送委員會의 승인을 얻어야 한다.

⑥ 제4항 및 제5항의 규정에 의한 재송신의 유형 및 승인의 요건·節次 등에 관하여 필요한 사항은 大統領令으로 정한다. (개정 2002.4.20)

第79條(有線放送局 設備 등에 관한 技術 基準과 竣工 檢査 등)

① 情報通信部 長官은 有線放送局 設備(綜合 有線放送局 및 中繼 有

線 放送·音樂 有線 放送을 행하기 위한 設備를 포함한다. 이하 같다)의 設置 및 유지에 관한 사항과 傳送·線路 設備의 분계점 등에 필요한 기술 기준(이하 '기술 기준'이라 한다)을 정하여 告示하여야 한다.

② 綜合 有線 放送 事業者·中繼 有線 放送 事業者 및 音樂 有線 放送 事業者는 大統領令이 정하는 기한까지 기술 기준이 정하는 바에 의하여 有線放送局 設備를 設置하고 情報通信部 長官의 竣工 檢査를 받아야 한다. 設置한 有線放送局 設備를 변경한 때에도 또한 같다.

③ 綜合 有線 放送 事業者·中繼 有線 放送 事業者 및 音樂 有線 放送 事業者는 傳送·線路 設備를 자체적으로 設置하거나 傳送網 事業者의 傳送·線路 設備 또는 電氣通信基本法에 의한 基幹 通信 事業者의 電氣 通信 設備를 이용할 수 있으며, 綜合 有線 放送 事業者와 中繼 有線 放送 事業者는 傳送·線路 設備를 상호 이용할 수 있다

④ 綜合 有線 放送 事業者·中繼 有線 放送 事業者 및 音樂 有線 放送 事業者는 天災·地變 기타 불가피한 사유로 大統領令이 정하는 기한까지 有線放送局 設備를 設置할 수 없는 때에는 大統領令이 정하는 바에 의하여 情報通信部 長官에게 設備 設置 期限의 연기를 요청할 수 있다.

第80條(傳送·線路 設備 設置의 확인)

綜合 有線 放送 事業者·中繼 有線 放送 事業者 및 音樂 有線 放送 事業者가 傳送·線路 設備를 자체적으로 設置하는 때, 또는 傳送網 事業者나 基幹 通信 事業者가 綜合 有線 放送 事業者나 中繼 有線 放送 事業者와 傳送·線路 設備의 이용 계약을 체결한 때에는 기술 기준이 정하는 바에 의하여 傳送·線路 設備를 設置하고 情報通信部 長官의 확인을 받아야 한다. 設置한 傳送·線路 設備를 변경한 때에

도 또한 같다.

第81條(設備 改善 命令 등)

情報通信部 長官은 綜合 有線 放送 事業者·中繼 有線 放送 事業者·音樂 有線 放送 事業者 및 傳送網 事業者가 設置한 有線放送局 設備 및 傳送·線路 設備가 기술 기준에 적합하지 아니할 때에는 그 시설의 보수·개수·이전 기타 필요한 조치를 명할 수 있다.

第82條(傳送·線路 設備의 이용)

傳送網 事業者는 情報通信部令이 정하는 바에 의하여 傳送·線路 設備 利用料 기타 이용 조건에 관한 約款을 정하여 情報通信部 長官 에게 申告하여야 한다. 이를 변경하고자 하는 때에도 또한 같다.

第83條(放送 內容의 記錄·보존)

① 放送 事業者·中繼 有線 放送 事業者·電光板 放送 事業者 및 音樂 有線 放送 事業者는 放送 日誌에 放送 內容을 記錄하여 비치하여야 하며, 특별한 사유가 없는 한 放送 실시 결과를 放送 후 1月 이내에 放送委員會에 제출하여야 한다.

② 放送 事業者는 放送(再送信을 제외한다)된 放送 프로그램의 원본 또는 사본을 放送 후 6月간 보존하여야 한다.

③ 第1項의 規定에 의한 放送 日誌의 記錄 및 放送 실시 결과의 제출 시기 등과 第2項의 規定에 의한 事業者別 放送 프로그램의 원본 또는 사본의 보존 등에 관하여 필요한 사항은 委員會 規則으로 정한다.

第84條(廢業 및 休業 등의 申告)

① 放送 事業者·中繼 有線 放送 事業者 및 音樂 有線 放送 事業者가 그 업무를 廢業하거나 休業하고자 하는 때에는 放送委員會 및 情報通信部 長官에게 각각 申告하여야 한다.

② 放送 事業者·中繼 有線 放送 事業者 및 音樂 有線 放送 事業者는 天災·地變 등 불가피한 사유가 있는 경우에 한하여 休業할 수 있다.

③ 第1項 및 第2項의 規定에 의한 廢業 및 休業의 申告 節次 등에 관하여 필요한 사항은 委員會 規則으로 정한다.

第85條(放送 프로그램별 有料 放送 등의 適用 排除)

放送 프로그램별 有料 放送을 행하는 放送 事業者에 대하여는 第71條 내지 第75條의 規定을 적용하지 아니한다.

第6章 視聽者의 權益 保護

第86條(自體 審議)

放送 事業者는 자체적으로 放送 프로그램을 審議할 수 있는 기구를 두고, 放送 프로그램(報道에 관한 放送 프로그램을 제외한다)이 放送되기 전에 이를 審議하여야 한다.

第87條(視聽者委員會)

① 綜合 編成 또는 報道 專門 編成을 행하는 放送 事業者는 視聽者의 권익을 보호하기 위하여 視聽者委員會를 두어야 한다.

② 第1項의 規定에 의한 放送 事業者는 각계의 視聽者를 대표할 수 있는 者 중에서 委員會 規則이 정하는 團體의 추천을 받아 視聽者委

員會의 委員을 위촉한다.

③ 視聽者委員會의 구성 및 운영에 관하여 필요한 사항은 大統領
슈으로 정한다.

第88條(視聽者委員會의 權限과 직무)

① 視聽者委員會의 權限과 직무는 다음과 같다.

  1. 放送 編成에 관한 의견 제시 또는 시정 요구.

  2. 放送 事業者의 自體 審議 規程 및 放送 프로그램 내용에 관한 의
견 제시 또는 시정 요구.

  3. 視聽者 評價員의 선임.

  4. 기타 視聽者의 權益 保護와 침해 구제에 관한 업무.

② 視聽者委員會의 代表者는 放送委員會에 출석하여 의견을 진술
할 수 있다.

第89條(視聽者 評價 프로그램)

① 綜合 編成 또는 報道 專門 編成을 행하는 放送 事業者는 당해
放送 事業者의 放送 운영과 放送 프로그램에 관한 視聽者의 의견을 수
렴하여 週當 60分 이상의 視聽者 評價 프로그램을 編成하여야 한다.

② 視聽者 評價 프로그램에는 視聽者委員會가 선임하는 1人의 視
聽者 評價員이 직접 出演하여 의견을 진술할 수 있다.

③ 放送委員會는 視聽者 評價員의 원활한 업무 수행을 위하여 基
金에서 경비를 지원할 수 있다.

第90條(放送 事業者의 義務)

① 綜合 編成 또는 報道 專門 編成을 행하는 放送 事業者는 第88條

第1項 第1號 및 第2號의 規定에 의한 視聽者委員會의 의견 제시 또는 시정 요구를 받은 경우에는 특별한 사유가 없는 한 이를 수용하여야 한다.

② 視聽者委員會는 放送 事業者가 視聽者委員會의 의견 제시 또는 시정 요구의 수용을 부당하게 거부하는 경우에는 放送委員會에 視聽者 불만 처리를 요청할 수 있다.

③ 綜合 編成 또는 報道 專門 編成을 행하는 放送 事業者는 視聽者委員會가 第88條 第1項 各號의 規定에 의한 직무를 수행하기 위하여 필요한 資料의 제출, 또는 관계자의 출석·답변을 요청하는 경우에는 특별한 사유가 없는 한 이에 응하여야 한다.

④ 綜合 編成 또는 報道 專門 編成을 행하는 放送 事業者는 視聽者委員會의 審議 結果 및 그 처리에 관한 사항을 放送委員會에 보고하여야 한다.

⑤ 綜合 編成 또는 報道 專門 編成을 행하는 放送事業者는 大統領令이 정하는 바에 의하여 視聽者가 요구하는 放送 事業에 관한 정보를 공개하여야 한다.

第91條(反論報道請求權)

① 放送에 公表된 사실적 주장에 의하여 피해를 받은 者(이하 '被害者'라 한다)는 그 사실 보도가 있음을 안 날부터 1月 이내에 放送 事業者에게 書面으로 反論 報道를 청구할 수 있다. 다만 反論報道請求權은 당해 放送이 행하여진 날부터 6月이 경과함으로써 소멸된다.

② 反論報道請求書에는 被害者 또는 그 代理人이 署名 또는 날인하고, 住所를 기재하며, 이의 대상인 報道 內容과 反論 報道를 요청하는 反論報道文을 첨부하여야 한다.

③ 放送 事業者는 反論報道請求書를 받은 때에는 지체 없이 被害者 또는 그 代理人과 反論 報道의 내용 등에 관하여 협의한 후, 이를 요구받은 날부터 9日 이내에 무료로 公表하여야 한다. 다만 피해자가 反論報道請求權을 행사할 정당한 이익이 없는 경우와 청구된 反論 報道의 내용이 명백히 사실에 반하는 경우, 또는 상업적인 廣告만을 목적으로 하는 경우에는 反論 報道를 거부할 수 있다.

④ 放送 事業者가 행하는 反論 報道는 사실적 진술과 이를 명백히 전달하는 데 필요한 설명에 한정되며, 違法한 내용을 포함할 수 없다.

⑤ 放送 事業者가 행하는 反論 報道는 그 公表가 행하여진 동일한 채널 및 동일한 효과를 발생시킬 수 있는 방법으로 이를 하여야 하며, 反論報道文은 자막과 함께 통상적인 속도로 읽어야 한다.

⑥ 國家·地方自治團體 또는 公共 團體의 公開 會議와 法院의 公開 裁判 節次에 관한 사실 방송의 경우에는 第1項 내지 第5項의 規定을 적용하지 아니한다.

⑦ 國家·地方自治團體 기타 機關 또는 團體의 長은 당해 업무에 대하여 그 機關 또는 團體를 대표하여 反論 報道를 청구할 수 있다.

⑧ 放送에 의한 분쟁의 중재 및 審議는 定期 刊行物의 登錄 등에 관한 法律 第17條의 規定에 의한 言論仲裁委員會가 이를 행하며, 그 절차에 관한 사항과 反論 報道 請求 事件의 審判에 관한 사항 및 追後報道請求權에 관한 사항에 관하여는 同法 第18條·第19條·第19條의 2·第20條의 規定을 準用한다.

第7章 放送 發展의 支援

第92條(放送 發展의 지원)

① 政府는 國民이 다양한 放送을 균등하게 향유할 수 있도록 하고,
放送 문화의 발전 및 振興을 위하여 노력하여야 한다.

② 文化觀光部 長官은 放送 映像 産業의 振興을 위하여 필요한 정
책을 수립·施行하여야 한다.

③ 情報通信部 長官은 放送 技術 및 시설에 관하여 필요한 정책을
수립·施行하여야 한다.

第93條(放送 프로그램의 보관 및 활용)

放送 事業者는 放送 프로그램의 효율적인 수집·보관·유통 및 활
용 등을 위하여 放送 프로그램 보관소를 공동으로 설립·운영할 수
있다.

第94條(放送 專門 人力의 養成 등)

政府는 放送 專門 人力을 양성하기 위하여 전문 교육 기관 및 放送
關聯 學科 등에 대한 지원에 필요한 시책을 수립할 수 있다.

第95條(放送 製作 團地 造成·지원)

① 政府는 放送 事業者가 공동으로 放送 製作 團地를 조성하는 때
에는 필요한 지원을 할 수 있다.

② 政府는 第1項의 規定에 의한 放送 製作 團地가 情報 通信 團地
또는 映像 製作 團地 등과 연계·운영되도록 할 수 있다.

第96條(放送 프로그램 유통 등 지원)

① 文化觀光部 長官은 영상·비디오 등 영상물이 放送 프로그램으로 製作되어 放送 매체별로 다단계로 유통·활용 또는 수출될 수 있도록 지원할 수 있다.

② 情報通信部 長官은 放送 技術 및 시설의 개발·활용 및 수출이 촉진될 수 있도록 지원할 수 있다.

第97條(放送의 國際 協力)

政府 또는 放送委員會는 外國의 放送 관련 기관·團體와의 국제 교류, 放送 프로그램의 공동 製作, 放送 전문 인력의 상호 교류 및 放送 技術의 공동 개발 등 국제 협력을 촉진할 수 있는 事業을 지원할 수 있다.

第8章 補則

第98條(資料 提出)

① 政府 또는 放送委員會는 직무 수행을 위하여 필요한 경우에는 放送 事業者·中繼 有線 放送 事業者·電光板 放送 事業者·音樂 有線 放送 事業者 또는 傳送網 事業者에게 관련 자료의 제출을 요구할 수 있다.

② 放送 事業者는 매년말 당해 法人의 재산 상황을 放送委員會에 제출하여야 하며, 放送委員會는 이를 公表하여야 한다.

第99條(是正 命令 등)

① 放送委員會는 放送 事業者·中繼 有線 放送 事業者·電光板 放

送 事業者 또는 音樂 有線 放送 事業者가 다음 各號의 1에 해당하는 때에는 是正을 명할 수 있다.

　1. 視聽者의 이익을 현저히 부당하게 저해하고 있다고 인정될 때.

　2. 이 法 또는 許可 條件·承認 條件·登錄 要件을 위반하고 있다고 인정될 때.

　② 情報通信部 長官은 放送 事業者(放送채널使用事業者를 제외한다)·傳送網 事業者·中繼 有線 放送 事業者 또는 音樂 有線 放送 事業者가 設置한 시설이 이 法 또는 許可 條件·登錄 要件을 위반하고 있다고 인정될 때에는 그 시설의 개선을 명할 수 있다.

第100條(제재 조치 등)

　① 放送委員會는 放送 事業者·中繼 有線 放送 事業者 또는 電光板 放送 事業者가 第33條의 審議規程을 위반한 경우에는 다음 各號의 제재 조치를 명할 수 있다. 第27條 第8號의 視聽者 불만 처리의 결과에 따라 제재를 할 필요가 있다고 인정되는 경우에도 또한 같다.

　1. 視聽者에 대한 謝過.

　2. 해당 放送 프로그램의 訂正·중지.

　3. 放送 編成 責任者 또는 해당 放送 프로그램의 관계자에 대한 懲戒.

　② 放送 事業者·中繼 有線 放送 事業者 및 電光板 放送 事業者는 第1項의 規定에 의한 명령을 받은 때에는 지체 없이 그 명령 내용에 관한 放送委員會의 결정 사항 전문을 放送하고, 명령을 받은 날부터 7日 이내에 그 명령을 이행하여야 하며, 그 이행 결과를 放送委員會에 보고하여야 한다.

　③ 放送委員會는 第1項 第1號 내지 第3號의 規定에 의한 제재 조치를 명하고자 할 때에는 미리 당사자 또는 그 代理人에게 의견을 진술

할 기회를 주어야 한다. 다만 당사자 또는 그 代理人이 정당한 사유 없이 이에 응하지 아니한 때에는 그러하지 아니하다.

④ 第1項의 規定에 의한 제재 조치에 異議가 있는 者는 당해 제재 조치 명령을 받은 날부터 30日 이내에 放送委員會에 재심을 청구할 수 있다.

⑤ 放送委員會는 第4項의 規定에 의한 放送委員會의 재심 결과를 당사자 또는 그 代理人에게 통지하여야 한다.

第101條(聽聞)

放送委員會 또는 情報通信部 長官은 다음 各號의 1에 해당하는 경우에는 聽聞을 실시하여야 한다.

1. 第17條의 規定에 의한 再許可·再許可 추천 또는 再承認을 거부하는 경우.

2. 第18條의 規定에 의한 許可·승인 또는 登錄을 취소하는 경우.

第102條(수수료)

이 法에 의한 許可·승인·登錄, 變更 許可·변경 승인·變更 登錄, 再許可·再承認 신청을 하는 者와 有線放送局 設備 및 傳送·線路 設備의 竣工 檢査를 받고자 하는 者는 大統領令이 정하는 바에 의하여 수수료를 납부하여야 한다.

第103條(權限의 위임·委託)

① 이 法에 의한 放送委員會 또는 情報通信部 長官의 權限은 그 일부를 大統領令이 정하는 바에 의하여 市·道知事 또는 遞信廳長에게 위임하거나 電波法에 의한 無線局管理事業團에 委託할 수 있다.

② 放送委員會는 第32條 第2項의 規定에 의한 放送 廣告物의 事前 審議에 관련된 업무를 大統領令이 정하는 바에 의하여 민간 기구·團體에 委託한다.

第104條(罰則 適用에 있어서의 公務員 擬制)

放送委員會의 委員 또는 事務處의 職員 중 公務員이 아닌 者와 第103條의 規定에 의하여 권한을 委託받은 사무에 종사하는 者는 刑法 기타 法律에 의한 罰則의 적용에 있어서 이를 公務員으로 본다.

第9章 罰則

第105條(罰則)

다음 各號의 1에 해당하는 者는 2年 이하의 懲役 또는 3천만 원 이하의 罰金에 處한다.

1. 第4條 第2項의 規定에 위반하여 放送 編成에 관하여 規制나 간섭을 한 者.

2. 허위 기타 부정한 방법으로 第9條 또는 第17條의 規定에 의한 許可 또는 再許可를 받거나 승인 또는 再承認을 얻거나 登錄을 하여 放送 事業·中繼 有線 放送 事業·音樂 有線 放送 事業·電光板 放送 事業 또는 傳送網 事業을 한 者.

3. 第9條 또는 第17條의 規定에 의한 許可 또는 再許可를 받지 아니하거나, 승인 또는 再承認을 얻지 아니하거나 登錄을 하지 아니하고 放送 事業·中繼 有線 放送 事業·音樂 有線 放送 事業·電光板 放送 事業 또는 傳送網 事業을 한 者.

第106條(罰則)

① 다음 各號의 1에 해당하는 者는 1年 이하의 懲役 또는 3천만 원 이하의 罰金에 處한다.

　1. 第4條 第4項의 規定에 위반하여 放送 編成 規約을 제정하지 아니하거나 公表하지 아니한 者.

　2. 제8조 제12항의 규정에 의한 시정 명령을 위반한 자.

　3. 제14조 제6항의 규정에 의한 시정 명령을 위반한 자.

　4. 허위 기타 부정한 방법으로 第15條 第1項의 規定에 의한 變更 許可를 받거나 변경 승인을 얻거나 變更 登錄을 한 者.

　5. 第15條 第1項의 規定에 의한 變更 許可를 받지 아니하거나, 변경 승인을 얻지 아니하거나, 變更 登錄을 하지 아니한 者.

② 다음 各號의 1에 해당하는 者는 3천만 원 이하의 罰金에 處한다.

　1. 第53條 第2項의 規定에 위반하여 職務上 公社의 秘密을 누설하거나 盜用한 者.

　2. 第100條 第1項의 規定에 의한 放送委員會의 制裁 措置 命令을 이행하지 아니한 者.

第107條(兩罰 規定)

法人의 代表者, 法人 또는 개인의 代理人·사용인 기타 종업원이 그 法人 또는 개인의 업무에 관하여 第105條 또는 第106條의 위반 행위를 한 때에는 행위자를 벌하는 외에 그 法人 또는 개인에 대하여도 각 해당 條의 罰金刑을 科한다.

第108條(過怠料)

① 다음 各號의 1에 해당하는 者는 3천만 원 이하의 過怠料에 處한

다. 〈개정 2002.4.20, 2004.3.22.〉

1. 第4條 第3項의 規定에 위반하여 放送 編成 責任者의 姓名을 放送 시간 내에 매일 1回 이상 公表하지 아니한 者.

2. 第15條 第2項 및 第3項의 規定에 의한 申告를 하지 아니한 者.

2-2. 제32조 제3항 또는 제4항의 규정을 위반한 자.

3. 第33條 第3項의 規定에 위반하여 放送 프로그램의 등급을 표시하지 아니한 者.

4. 第69條 第3項 내지 第6項의 規定을 위반하여 放送 프로그램을 編成한 者.

5. 第70條 第1項 내지 第4項의 規定에 위반하여 채널을 구성·운용한 者.

6. 第70條 第5項 但書의 規定에 위반하여 채널을 운용하거나, 동조 第6항의 規定에 의한 大統領令을 위반하여 채널을 운용한 者.

7. 第70條 第7項의 規定에 위반하여 특별한 이유 없이 視聽者가 자체 제작한 放送 프로그램을 放送하지 아니한 者.

8. 第71條 第1項 내지 第3項의 規定에 위반하여 放送 프로그램을 編成한 者.

9. 第72條 第1項 내지 第3項의 規定에 의한 編成 比率을 위반하여 放送 프로그램을 編成한 者.

10. 第73條 第1項·第2項·第4項 또는 第5項의 規定에 위반하여 放送 廣告를 한 者.

11. 第74條 第1項의 規定에 위반하여 協贊 告知를 한 者.

12. 第77條 第1項의 規定에 위반하여 約款의 申告 또는 變更 申告를 하지 아니하거나, 승인 또는 변경 승인을 얻지 아니하고 有料 放送을 한 者.

13. 第78條 第1項의 規定에 위반하여 同時再送信을 하지 아니한 者.

14. 제78조 제4항 및 제5항의 규정에 위반하여 재송신을 한 자 및 放送 事業者로부터 업무를 위탁받아 放送을 위한 설비를 설치·운용하는 자로서, 제78조 제4항 및 제5항의 규정에 위반한 재송신을 가능하게 한 자.

15. 第79條 第2項 또는 第80條의 規定에 위반하여 竣工 檢查 또는 확인을 받지 아니한 者.

16. 第82條의 規定에 위반하여 約款의 申告 또는 變更 申告를 하지 아니하고 傳送網 事業을 행한 者.

17. 第83條 第1項의 規定에 의한 放送 日誌를 記錄하지 아니하거나 허위로 記錄한 者 또는 放送實施結果를 제출하지 아니한 者.

18. 第83條 第2項의 規定에 위반하여 放送 프로그램의 원본 또는 사본을 보존하지 아니한 者.

19. 第84條 第1項의 規定에 의한 申告를 하지 아니하고 廢業하거나 休業한 者.

20. 第86條의 規定에 위반하여 自體 審議 機構를 두지 아니하거나 放送 프로그램을 審議하지 아니한 者.

21. 第87條 第1項의 規定에 위반하여 視聽者委員會를 두지 아니한 者.

22. 第89條 第1項의 規定에 위반하여 視聽者 評價 프로그램을 編成하지 아니한 者.

23. 第90條 第3項의 規定에 위반하여 필요한 資料의 제출 또는 관계자의 출석·답변을 거부한 者.

24. 第90條 第4項의 規定에 위반하여 視聽者委員會의 審議 結果 및 그 처리에 관한 사항을 放送委員會에 보고하지 아니한 者.

25. 第91條 第3項의 規定에 위반하여 反論 報道 내용을 公表하지 아

니한 者.

　25-2. 제98조 제1항의 규정을 위반하여 자료 제출을 하지 아니하거나 거짓으로 자료를 제출한 자.

　26. 第98條 第2項의 規定에 위반하여 재산 상황을 제출하지 아니하거나 거짓으로 재산 상황을 제출한 자.

　27. 第100條 第2項의 規定에 위반하여 放送委員會의 결정 사항 전문을 放送하지 아니하거나, 그 결과를 放送委員會에 보고하지 아니한 者.

　② 第1項의 規定에 의한 過怠料는 大統領令이 정하는 바에 의하여 放送委員會 또는 情報通信部 長官(이하 '賦課權者'라 한다)이 賦課·徵收한다.

　③ 第2項의 規定에 의한 過怠料 처분에 불복이 있는 者는 그 처분의 고지를 받은 날부터 30日 이내에 그 賦課權者에게 異議를 제기할 수 있다.

　④ 第2項의 規定에 의하여 過怠料의 처분을 받은 者가 第3項의 規定에 의하여 異議를 제기한 때에는 賦課權者는 지체 없이 管轄 法院에 이를 통보하여야 하며, 그 통보를 받은 管轄 法院은 非訟事件節次法에 의한 過怠料의 裁判을 한다.

　⑤ 第3項의 規定에 의한 기간 내에 異議를 제기하지 아니하고 過怠料를 납부하지 아니한 때에는 國稅 滯納 處分의 예에 의하여 이를 徵收한다.

附則(제6139호, 2000.1.12)

第1條(施行日)

이 法은 公布 후 2月이 경과한 날부터 施行하되, 附則 第4條 第2項

의 規定은 公布한 날부터 施行한다.

第2條(다른 法律의 廢止)

다음 各號의 法律은 이를 廢止한다.

　1. 放送法.

　2. 綜合有線放送法.

　3. 韓國放送公社法.

　4. 有線放送管理法.

第3條(放送委員會 등에 관한 經過 措置)

① 이 法 第20條의 規定에 의한 放送委員會는 이 法의 施行日 30日 전까지 구성하여야 한다.

② 이 法에 의한 放送委員會가 구성된 경우에는 종전의 放送法에 의한 放送委員會 또는 綜合有線放送法에 의한 綜合有線放送委員會는 해체된 것으로 본다.

③ 이 法 公布 당시 종전의 放送法에 의한 放送委員會의 委員은 이 法 施行 전에 任期가 만료되더라도 이 法에 의한 放送委員會가 구성될 때까지 그 직무를 행한다.

④ 第1項의 規定에 의한 放送委員會가 구성된 경우에는 이 法 施行日 전까지 종전의 放送法에 의한 放送委員會 또는 종전의 綜合有線放送法에 의한 綜合有線放送委員會의 직무는 放送委員會가 행한다.

第4條(韓國放送公社의 定款 등에 관한 經過 措置)

① 이 法 施行 당시 종전의 韓國放送公社法에 의한 韓國放送公社는 이 法에 의한 韓國放送公社로 본다. 이 경우 法 施行 후 3月 이내

에 定款을 변경하여 放送委員會의 認可를 받아야 한다.

② 1999年 12月 31日 당시 종전의 韓國放送公社法에 의한 受信料의 금액은 2000年 1月 1日부터 이 法 第65條에 의한 國會의 승인을 얻은 것으로 본다.

③ 이 法에 의한 韓國放送公社는 종전의 韓國放送公社法에 의한 韓國放送公社의 모든 권리와 의무를 승계한다.

第5條(韓國放送公社의 理事會·執行 機關의 구성에 관한 經過 措置)

① 韓國放送公社의 理事會 및 執行 機關은 이 法 施行 후 3月 내에 이 法의 規定에 의하여 구성되어야 한다.

② 이 法 施行 당시의 韓國放送公社의 理事長을 포함한 理事는, 이 法에 의한 후임자가 선임될 때까지 그 직무를 행한다.

③ 이 法 施行 당시의 韓國放送公社의 社長·副社長 및 監事는, 이 法에 의한 후임자가 선임 또는 임명될 때까지 그 직무를 행한다.

第6條(公益 資金 및 公益資金管理委員會에 관한 經過 措置)

① 이 法 施行 당시 韓國放送廣告公社法에 의한 韓國放送廣告公社가 조성 및 관리·운용하고 있는 公益 資金은, 이 法에 의하여 放送委員會가 조성 및 관리·운용하는 放送 發展 基金으로 본다.

② 이 法에 의한 放送發展基金管理委員會가 구성된 경우에는 종전의 韓國放送廣告公社法에 의한 公益資金管理委員會는 해체된 것으로 본다.

第7條(일반적 經過 措置)

① 이 法 施行 당시 종전의 放送法·綜合有線放送法·有線放送管理

法 또는 韓國放送公社法에 의하여 行政 處分 등 行政 機關·放送委員會·綜合有線放送委員會의 행위와 각종 申告 등 行政 機關·放送委員會·綜合有線放送委員會에 대한 행위는 이 法에 의한 행위로 본다.

② 放送委員會는 이 法 第9條 第3項의 規定에 의한 綜合 有線 放送 事業의 승인을 別表에서 정하는 기간 동안 猶豫할 수 있다.

③ 綜合 有線 放送 事業者는 第2項의 猶豫 期間 동안 地上波 放送 事業者가 행하는 放送을 녹음·녹화하여 再送信하여서는 아니된다.

④ 第9條 第5項에 의한 登錄을 하여야 하는 放送 채널 使用 事業者의 경우 2000年 12月 31日까지는 放送委員會의 승인을 얻어야 한다. 이 경우 승인의 요건과 절차에 관한 사항은 放送委員會 規則으로 정한다.

第8條(放送 事業 許可 등에 관한 經過 措置)

① 이 法 施行 당시 電波法에 의하여 放送局 許可를 받은 者는 이 法 第9條 第1項의 規定에 의하여 許可를 받은 者로 본다.

② 이 法 施行 당시 종전의 綜合 有線 放送法에 의하여 綜合有線放送局 許可를 받은 者는 이 法 第9條 第2項의 規定에 의하여 許可를 받은 者로, 프로그램 공급업 許可를 받은 者는 이 法 第9條 第5項의 規定에 의하여 승인을 얻거나 登錄을 한 者로, 傳送網 事業 지정을 받은 者는 이 法 第9條 第10項의 規定에 의하여 登錄한 者로 본다.

③ 이 法 施行 당시 종전의 有線放送管理法에 의하여 有線 放送 事業者로 許可를 받은 者는 이 法 第9條 第2項의 規定에 의하여 中繼 有線 放送 事業의 許可를 받은 者로, 音樂 有線 放送 事業者로 許可를 받은 者는 第9條 第5項의 規定에 의하여 音樂 有線 放送 事業者로 登錄한 者로 본다.

④ 이 法 施行 당시 電光板 放送을 행하고 있는 者는 이 法 第9條 第5項의 規定에 의하여 電光板 放送 事業者로 登錄한 者로 본다. 다만 이 法 施行 後 6月 이내에 登錄證을 교부받아야 한다.

第9條(放送 事業者의 所有 制限에 관한 特例)

① 이 法 施行 당시 定期 刊行物 登錄 등에 관한 法律에 의한 日刊 新聞을 경영하는 法人(特殊 關係者를 포함한다)으로서, 종전의 綜合有線放送法에 의한 報道 프로그램 공급업을 행하는 法人의 株式 또는 持分을 所有하고 있는 경우에는 이 法 第8條 第3項의 規定에도 불구하고 그 法人이 所有하고 있는 株式 또는 持分의 한도 안에서 株式 또는 持分을 계속 所有할 수 있다.

② 이 法 施行 당시 종전의 放送法 또는 綜合有線放送法에 의하여 放送 事業의 許可를 받거나, 그 株式 또는 持分을 所有하고 있는 者가 大企業과 그 系列 會社(特殊 關係者를 포함한다)에 해당되게 되는 경우에는 이 法 第8條 第3項 및 第4項의 規定에도 불구하고 그 者가 所有하고 있는 株式 또는 持分의 한도 안에서 株式 또는 持分을 계속 所有할 수 있다.

③ 이 法 施行 당시 法律 第5529號 放送法 附則 第3條의 規定에 의하여, 이 法 第8條 第2項의 規定에 의한 所有 限度를 초과하여 放送 事業者의 株式 또는 持分을 所有하고 있는 者는 그가 所有하고 있는 株式 또는 持分의 범위 안에서 株式 또는 持分을 계속하여 所有할 수 있다.

第10條(衛星 放送 事業者에 대한 基金의 徵收)

이 法 第37條 第3項의 規定에 의한 衛星 放送 事業者에 대한 基金

의 徵收 時期는 衛星 放送 事業者의 경영 상황을 고려하여 大統領令
으로 정한다.

第11條(罰則의 적용에 관한 經過 措置)

이 法 施行 전의 행위에 관한 罰則의 적용에 있어서는 종전의 放送
法·綜合有線放送法·韓國放送公社法 또는 有線放送管理法의 規定
에 의한다.

第12條(다른 法律의 改正)

① 政府組織法 중 다음과 같이 改正한다.

  1. 第35條 第1項 중 '방송 행정·출판'을 '영상·광고·출판'으로
하고, 附則 第4條를 削除한다.

② 基金管理基本法 중 다음과 같이 改正한다.

별표 2에 第128號를 다음과 같이 新設한다.

128. 放送法

第13條(다른 法律과의 관계)

이 法 施行 당시 다른 法律에서 종전의 放送法·綜合有線放送法·
韓國放送公社法 또는 有線放送管理法의 규정을 인용하고 있는 경우
에 이 法 중 그에 해당하는 규정이 있는 경우에는 종전의 규정에 갈
음하여 이 法의 해당 규정을 인용한 것으로 본다.

부칙(제6690호, 2002.4.20)

이 법은 공포한 날로부터 시행한다.

부칙(제6803호, 2002.12.18)

이 법은 2003년 1월 1일부터 시행한다.

부칙(제6869호, 2003.5.10)

이 법은 공포한 날부터 시행한다.

부칙(뉴스 통신 진흥에 관한 법률)(제6905호, 2003.5.29)

제1조(시행일)

이 법은 공포 후 3월이 경과한 날부터 시행한다. (단서 생략)

제2조 내지 제6조 생략

부칙(제7213호, 2004.3.22)

이 법은 공포한 날부터 시행한다.

제정 2000.1.12. 법률 제6139호.

개정 2002.4.20. 법률 제6690호.

2002.12.18. 법률 제6803호.

2003.5.10. 법률 제6869호.

2003.5.29. 법률 제6905호. (뉴스 통신 진흥에 관한 법률)

2004.3.22. 법률 제7213호.

5. 방송 심의 규정

방송 심의 내용은 방송위원회에 의해 규정된다. 이 방송위원회는 방송의 기본 계획을 수립하고, 방송의 공적 책임 및 공정성과 공익성을 유지하여 방송 내용의 질적 향상을 위해 심의 및 의결을 하는 기구이다. 위원회는 1981년 3월 7일 설치된 9인 합의제 행정 기구로서 주요 업무는 방송의 기본 계획 수립, 방송 사업자들의 허가·재허가의 추천·승인·등록·취소이고, 방송 프로그램의 공정 거래 질서 확립, 시청자 불만 처리, 방송 발전 기금의 조성·관리·운용, 방송 프로그램 및 방송 광고에 대한 심의 및 의결이다.

방송 심의 규정은 방송법에 따라 방송의 공정성 및 공공성을 심의하기 위해 방송위원회가 제정·공표하는 방송 심의에 관한 방송 심의에 관한 규정이다.

1988년 10월 18일 방송위원회 규칙 제3호에 의해 제정되었고, 2000년 1월 통합방송법 제정을 거쳐 2002년 4월 20일과 2004년 10월 25일 방송위원회 규칙 제74호 법률이 개정되었다. 방송 심의에 관한 규정은 다음과 같다.

제1장 총칙

제1조(목적)

이 규정은 방송법(이하 '법'이라 한다) 제33조의 규정에 의해 동법 제32조의 사항을 심의하기 위하여 필요한 사항을 정함을 목적으로 한다.

제2조(정의)

이 규정에서 사용하는 용어의 정의는 다음과 같다.

① '사업자'라 함은 법 제2조의 규정에 의한 방송 및 중계 유선 방송, 전광판 방송 사업을 하기 위하여 법 제9조의 규정에 의하여 허가 또는 승인을 받거나 등록한 자를 말한다.

② 삭제. (2004.10.25)

③ '유료 채널'이라 함은 수신자가 1개 채널 단위로 선택할 수 있도록 사업자가 그 대가를 받고 제공하는 채널 상품을 말한다. (신설 2004.10.25)

④ '어린이'라 함은 13세 미만의 자를 말한다.

⑤ '청소년'이라 함은 19세 미만의 자를 말한다.

⑥ '가족 시청 시간대'라 함은 19시에서 22시까지를 말하며, 토·공휴일의 경우 18시부터 22시까지를 말한다.

⑦ '청소년 시청 보호 시간대'라 함은 13시에서 22시까지를 말하며, 공휴일과 초·중·고등학교의 방학 기간 동안에는 10시부터 22시까지를 말한다. 단 유료 채널의 경우에는 18시에서 22시까지를 말한다.

⑧ '청소년 유해 매체물'이라 함은 청소년보호법 규정에 의한 청소년 유해 매체물을 말한다. (개정 2004.10.25)

제3조(적용 범위)

이 규정은 법 제2조의 규정에 의한 방송 및 중계 유선 방송, 전광판 방송의 내용과 방송과 유사한 것으로서 동법 시행령 제21조 제1항의 규정에 의한 정보의 내용이 공정성과 공공성을 유지하고 있는지의 여부와 공적 책임을 준수하고 있는지의 여부를 심의하는 경우에 이를 적용한다.

제4조(심의의 방법)

① 방송위원회(이하 '위원회' 라 한다)는 법 제32조 제1항의 사항이 방송 또는 유통된 후 심의·의결한다.

② 위원회는 제1항의 규정에도 불구하고 방송 광고에 대하여는 방송되기 전에 그 방송 여부를 심의·의결할 수 있다.

③ 방송 광고를 심의·의결하는 데 필요한 사항은 방송 광고 심의에 관한 규정에 의한다.

제5조(심의의 기본 원칙)

① 위원회는 방송 매체와 방송 채널별 창의성·자율성·독립성을 존중하여야 한다.

② 위원회가 이 규정에 따라 심의를 할 때는 방송 매체와 방송 채널별 전문성과 다양성의 차이를 고려하여야 한다.

③ 위원회가 이 규정을 해석·적용할 때에는 사회 통념을 존중하여야 한다.

제6조(자체 심의)

법 제2조의 규정에 의한 방송 사업자는 자체 심의 기구를 두고, 방송 프로그램(보도에 관한 방송 프로그램을 제외한다)이 방송되기 전에 제3조에 규정된 사항을 심의하여야 한다.

제7조(방송의 공적 책임)

① 방송은 국민이 필요로 하고 관심을 갖는 내용을 다룸으로써 공

적 매체로서의 본분을 다하여야 한다.

　② 방송은 국민의 윤리 의식과 건전한 정서를 해치지 않도록 하여야 한다.

　③ 방송은 인간의 존엄과 가치를 존중하고 자유민주주의의 신장 및 민주적 기본 질서를 유지하는 데 이바지하여야 한다.

　④ 방송은 국민의 화합과 민주적 여론 형성에 이바지하여야 한다.

　⑤ 방송은 민족의 주체성을 함양하고 민족 문화의 창조와 계승·발전에 이바지하여야 한다.

　⑥ 방송은 인류 보편적 가치와 인류 문화의 다양성을 존중하여야 하며, 국제 친선과 이해의 증진에 이바지하여야 한다.

　⑦ 방송은 조화로운 국가의 발전 및 지역 사회의 균형 있는 발전에 이바지하여야 한다.

　⑧ 방송은 상대적으로 소수이거나 이익 추구의 실현에 불리한 집단이나 계층의 이익을 충실하게 반영하여야 한다.

　⑨ 방송은 사회적으로 유익한 정보를 제공하고, 국민 문화 생활의 질을 높이는 데 이바지하여야 한다.

　⑩ 방송은 다양한 의견과 사상을 적극적으로 다루어 사회의 다원화에 기여하여야 한다.

　⑪ 방송은 국민의 알 권리와 표현의 자유를 존중하여야 한다.

　⑫ 방송은 환경 보호에 힘써야 하고, 자연 보호 의식을 고취하여야 한다.

　⑬ 방송은 노동의 가치와 직업의 존귀함을 존중하여야 한다.

　⑭ 방송은 재해 또는 재난에 관한 사실을 신속하고 정확하며 객관적인 방법으로 다루어 국민의 생명과 재산을 보호하는 데 이바지하여야 한다. (신설 2004.10.25)

⑮ 방송은 남북한 통일과 문화 교류에 이바지하여야 한다. (신설 2004.10.25)

제8조(지상파 방송의 책임)

① 지상파 방송은 사회 통합 실현에 기여하여야 한다.

② 지상파 방송은 국민에게 보편적 접근권을 허용하고, 보편적 서비스를 제공하여야 한다.

③ 지상파 방송은 가족 시청 시간대에는 가족 구성원 모두의 정서와 윤리 수준에 적합한 내용을 방송하여야 한다.

제2장 일반 기준

제1절 공정성

제9조(공정성)

① 방송은 진실을 왜곡하지 아니하고, 객관적으로 다루어야 한다.

② 방송은 사회적 쟁점이나 이해 관계가 첨예하게 대립된 사안을 다룰 때에는 공정성과 균형성을 유지하여야 하고, 관련 당사자의 의견을 균형 있게 반영하여야 한다.

③ 방송은 제작 기술 또는 편집 기술 등을 이용하는 방법으로 대립되고 있는 사안에 대해 특정인이나 특정 단체에 유리하게 하거나 사실을 오인하게 하여서는 아니된다.

④ 방송은 당해 사업자 또는 그 종사자가 직접적인 이해 당사자가 되는 사안에 대하여 일방의 주장을 전달함으로써 시청자를 오도하여서는 아니된다.

⑤ 방송은 성별·연령·직업·종교·신념·계층·지역·인종 등을

이유로 방송 편성에 차별을 두어서는 아니된다. 다만 종교의 선교에 관한 전문 편성을 행하는 방송 사업자가 그 방송 분야의 범위 안에서 방송을 하는 경우에는 그러하지 아니하다.

제10조(사실 보도와 해설 등의 구별)

방송은 사실 보도와 해설·논평 등을 구별하여야 하고, 해설이나 논평 등에 있어서도 사실의 설명과 개인의 견해를 명백히 구분하여야 하며, 해설자 또는 논평자의 이름을 밝혀야 한다.

제11조(재판이 계속중인 사건)

방송은 재판이 계속중인 사건을 다룰 때에는 재판의 결과에 영향을 줄 수 있는 내용을 방송하여서는 아니되며, 이와 관련된 심층 취재는 공공의 이익을 해치지 않도록 하여야 한다.

제12조(정치인 출연 및 선거 방송)

① 방송은 정치와 공직 선거에 관한 문제를 다룰 때에는 공정성과 형평성에 있어 주의를 기울여야 한다.

② 방송은 정치 문제를 다룰 때에는 특정 정당이나 정파의 이익이나 입장에 편향되어서는 아니된다.

③ 방송은 공직선거및선거부정방지법의 규정에 의한 선거에서 선출된 자와 정당법에 의한 정당 간부를 출연시킬 때는 공정성의 원칙에 따라 균형을 유지하여야 한다.

④ 방송은 공직선거및선거부정방지법의 규정에 의한 선거에서 선출된 자와 국무위원, 정당법에 의한 정당 간부는 보도 프로그램이나 토론 프로그램의 진행자 또는 연속되는 프로그램의 고정 진행자로 출

연시켜서는 아니된다.

⑤ 공직선거및선거부정방지법에 의한 방송 및 프로그램 중 선거와 관련한 사항은 선거방송심의위원회 구성과 운영에 관한 규칙과 선거 방송 심의에 관한 특별 규정에 의한다.

제13조(토론 프로그램)

① 토론 프로그램의 진행은 형평성·균형성·공정성을 유지하여야 한다.

② 토론 프로그램은 출연자의 선정에 있어서 대립되는 견해를 가진 개인과 단체의 참여를 합리적으로 보장하여야 한다.

③ 토론 프로그램은 토론의 결론을 미리 예정하여 암시하거나 토론의 결과를 의도적으로 유도하여서는 아니된다.

④ 토론 프로그램에서 사전 예고된 토론자가 불참하였을 경우에는 그 사유를 밝혀야 한다.

제2절 객관성

제14조(객관성)

방송은 사실을 정확하고 객관적인 방법으로 다루어야 하며, 불명확한 내용을 사실인 것으로 방송하여 시청자를 혼동케 하여서는 아니된다.

제15조(출처 명시)

① 방송은 직접 취재하지 않은 사실 또는 다른 매체의 보도를 인용하거나 자료를 사용할 때에는 그 출처를 명시하여야 한다.

② 방송은 보도 내용의 설명을 위하여 보관 자료를 사용할 때에는

보관 자료임을 명시하여야 한다. 다만 시청자가 보관 자료임을 일반적으로 알 수 있는 경우에는 예외로 한다.

제16조(통계 및 여론 조사)

① 방송은 통계 조사 및 여론 조사 결과를 인용 보도할 때에는 의뢰 기관, 조사 기관, 조사 방법, 조사 기간 및 오차 한계 등을 밝혀야 한다. 다만 여론의 형성과 직접적인 관련이 없는 경우에는 예외로 한다.

② 사회적인 쟁점이나 이해 관계가 대립된 사안에 대해 시청자의 의견을 조사할 때에도 제1항의 요건을 갖추어야 한다.

제17조(오보 정정)

방송은 보도한 내용이 오보로 판명되었거나 오보라는 사실을 알았을 때에는 지체 없이 정정 방송을 하여야 한다.

제18조(보도 형식의 표현)

방송은 극중 효과를 위하여 뉴스·공지 사항·일기 예보 등을 발표하는 형식을 사용할 때에는 보도 방송으로 오인되거나 실제 상황으로 혼동되지 않도록 하여야 한다.

제3절 권리 침해 금지

제19조(사생활 보호)

① 방송은 개인의 사생활의 비밀과 자유를 침해하여서는 아니되며, 사적인 전화나 통신 등의 내용을 당사자의 동의 없이 방송하여서는 아니된다.

② 방송은 부당하게 개인의 초상권을 침해하여서는 아니된다.

③ 방송은 흥미를 목적으로 특정인의 사생활을 본인이 인지하지 못한 상태에서 녹음 또는 촬영하여 당사자의 동의 없이 방송하는 등의 방법으로 개인의 인격권을 부당하게 침해하여서는 아니된다.

제20조(명예 훼손 금지)

① 방송은 타인(자연인과 법인, 기타 단체를 포함한다)의 명예를 훼손하여서는 아니된다.

② 방송은 사자(死者)의 명예도 존중하여야 한다.

③ 제1항 및 제2항에 해당하는 경우에 그 내용이 진실한 사실로서 오로지 공공의 이익에 관한 때에는 예외로 한다.

제21조(인권 침해의 제한)

① 방송은 사회 고발성 내용을 다룰 때에는 부당하게 인권 등을 침해하지 않도록 하여야 한다.

② 방송은 심신 장애인 또는 사회적으로 소외받는 사람들을 다룰 때에는 특히 인권이 최대한 보호되도록 신중을 기하여야 한다.

③ 방송은 정신적·신체적 차이를 조롱의 대상으로 취급하여서는 아니되며, 부정적이거나 열등한 대상으로 다루어서는 아니된다.

④ 방송은 공공의 이익을 위해 반드시 필요한 경우를 제외하고는 공개적인 방법으로 취재하는 것을 원칙으로 하며, 강제 취재·답변 강요·유도 신문 등을 하여서는 아니된다. (개정 2004.10.25)

제22조(공개 금지)

① 방송은 범죄 사건 관련자의 인적 사항 공개에 신중을 기하여야 하며, 다음의 사항을 공개하여서는 아니된다.

1. 피고인·피의자 또는 혐의자가 청소년인 경우 이름·주소·얼굴, 기타 본인임을 알 수 있는 내용.

2. 성폭력 범죄 피해자의 이름·주소·얼굴, 기타 본인임을 알 수 있는 내용.

3. 범죄 사건에 직접 관계되지 않은 개인 또는 단체의 이름(명칭)·주소·얼굴, 기타 본인(단체)임을 알 수 있는 내용.

4. 피고인·피의자 또는 혐의자의 보호자 및 친·인척의 이름·주소·얼굴, 기타 본인임을 알 수 있는 내용.

② 방송은 범죄 사건의 제보자·신고자·고소인·고발인·참고인 및 증인 등의 이름·주소·얼굴 등 본인임을 알 수 있는 내용을 본인의 동의 없이 다루어서는 아니된다.

③ 제1항 제3호와 제2항에 해당되는 경우라도 그 내용이 공공의 이익을 위해 필요하다고 인정될 때에는 예외로 한다.

제23조(범죄 사건 보도 등)

① 방송은 피고인 또는 피의자에 대해 법원의 확정 판결이 있기까지는 범인으로 단정하는 표현을 하여서는 아니된다.

② 방송은 형의 집행이 종료되거나 시효가 만료된 범죄 사건을 다룰 때에는 당사자의 사회 활동에 지장을 주지 않도록 유의하여야 한다.

③ 방송은 피고인 또는 피의자에 대하여 보도할 때에는 수갑 등에 묶이거나 수의복 등을 입은 상태를 정면으로 근접 촬영한 장면 등을 통해 피고인 또는 피의자의 인격을 지나치게 침해하지 않도록 유의하여야 한다.

④ 방송은 피고인·피의자·범죄 혐의자에 관한 내용을 다룰 때에는 범죄 행위가 과장되거나 정당화되지 않도록 유의하여야 한다.

제23조의 2(재난 방송의 보도 등)

① 방송은 재해 또는 재난에 관한 방송을 할 때에는 이재민 등 피해자와 그 가족의 인권이 침해되지 않도록 신중을 기하여야 한다.

② 재난 방송의 실시 및 재난 방송의 심의에 관한 세부 기준은 재난 방송 실시에 관한 기준에 의한다. (본조 신설 2004.10.25)

제4절 윤리적 수준

제24조(윤리성)

① 방송은 국민의 올바른 가치관과 규범의 정립, 사회 윤리 및 공중 도덕의 신장에 이바지하여야 한다.

② 방송은 가족 공동체의 가치를 존중하며, 가족 내 평등하고 민주적인 관계에 이바지하여야 한다.

③ 방송은 민족의 존엄성과 긍지를 손상하지 않도록 하여야 한다. (개정 2004.10.25)

제25조(생명의 존중)

① 방송은 살인·고문·사형(私刑)·자살 등 인명을 경시하는 행위를 긍정적으로 다루어서는 아니된다.

② 방송은 인신 매매·유괴·매매춘·성폭력·노인 및 어린이 학대 등 비인간적인 행위를 묘사할 때에는 신중을 기하여야 한다.

③ 방송은 내용 전개상 필요한 경우라 하더라도 동물을 학대하거나 살상하는 장면을 다룰 때에는 그 표현에 신중을 기하여야 한다.

(개정 2004.10.25)

제26조(품위 유지)

① 방송은 품위를 유지하여야 하며, 시청자에게 예의를 지켜야 한다.

② 방송은 저속한 표현 등으로 시청자에게 혐오감을 주어서는 아니된다. (신설 2004.10.25) (개정 2004.10.25)

제27조(건전한 생활 기풍)

방송은 건전한 시민 정신과 생활 기풍의 조성에 힘써야 하며, 음란·퇴폐·마약·음주·흡연·미신·사행 행위·허례허식·사치 및 낭비 풍조 등의 내용을 다룰 때에는 신중을 기하여야 한다. (개정 2004.10.25)

제28조(사회 통합)

방송은 지역간·성(性)간·세대간·계층간·인종간·종교간 차별과 갈등을 조장하여서는 아니된다. (개정 2004.10.25)

제29조(양성 평등)

① 방송은 양성을 균형 있고 평등하게 묘사하여야 한다.

② 방송은 특정 성(性)을 부정적·희화적으로 묘사하거나 왜곡하여서는 아니된다.

③ 방송은 성차별적인 표현을 하거나 성별 역할에 대한 고정관념을 조장하여서는 아니된다. (전문 개정 2004.10.25)

제30조(문화의 다양성 존중)

방송은 인류 보편적 가치와 인류 문화의 다양성을 존중하여 특정 인종·민족·국가 등에 관한 편견을 조장하여서는 아니되며, 특히 타

민족이나 타문화 등을 모독하거나 조롱하는 내용을 다루어서는 아니
된다.

제31조(신앙의 자유 존중)

방송은 신앙의 자유를 존중하여야 하며, 특정 종교 및 종파를 비방
하거나 종교 의식을 조롱 또는 모독하여서는 아니된다.

제32조(준법 정신의 고취 등)

방송은 제작·편성에 있어 관계 법령을 준수하고, 시청자의 준법
정신을 고취하며, 위법 행위를 고무 또는 방조하여서는 아니된다.

제33조(표절 금지)

방송은 국내·외의 타작품을 표절하거나 현저하게 모방하여서는
아니된다. (전문 개정 2004.10.25)

제5절 소재 및 표현 기법

제34조(성 표현)

① 방송은 부도덕하거나 건전치 못한 남녀 관계를 주된 내용으로
다루어서는 아니되며, 내용 전개상 불가피한 경우에도 그 표현에 신
중을 기하여야 한다.

② 방송은 성과 관련된 내용을 지나치게 선정적으로 묘사하여서는
아니되며, 성을 상품화하는 표현을 하여서도 아니된다.

③ 방송은 성과 관련한 다음의 각호의 내용을 방송하여서는 아니
된다. 단 내용 전개상 불가피한 경우에는 극히 제한적으로 허용할 수
있다.

1. 기성·괴성을 수반한 과도한 음란성 음향 및 지나친 성적 율동 등을 포함한 원색적이고 직접적인 성애 장면.

2. 성도착·혼음·근친상간·사체 강간·시신 앞에서의 성행위와 변태적 형태의 과도한 정사 장면.

3. 유아를 포함한 남녀 성기 및 음모의 노출이나 성기 애무 장면.

4. 폭력적인 행위 및 언어를 동반한 강간·윤간·성폭행 등의 묘사 장면.

5. 어린이·청소년을 성폭력·유희의 대상으로 한 묘사 장면. (신설 2004.10.25)

6. 위 각호에 준하는 사항의 구체적 묘사. (개정 2004.10.25)

제35조(폭력 묘사)

① 방송은 과도한 폭력을 다루어서는 아니되며, 내용 전개상 불가피하게 폭력을 묘사할 때에도 그 표현에 신중을 기하여야 한다.

② 방송은 스포츠·게임 프로그램 등에서 지나치게 폭력적인 내용을 방송하여서는 아니된다.

③ 방송은 지나치게 가학적이거나 피학적인 내용으로 프로그램을 구성하여서는 아니된다. (전문 개정 2004.10.25)

제36조(충격·혐오감)

방송은 시청자에게 지나친 충격이나 불안감·혐오감을 줄 수 있는 다음 각호의 내용을 방송하여서는 아니된다. 단 내용 전개상 불가피한 경우에는 극히 제한적으로 허용할 수 있으나, 이 경우에도 표현에 신중을 기하여야 한다.

1. 참수·교수 및 지체 절단 등의 잔인한 묘사.

2. 자살 장면에 대한 직접적인 묘사나 자살 방법을 암시하는 표현.

3. 총기·도검·살상 도구 등을 이용한 잔학한 살상 장면이나 직접적인 신체의 훼손 묘사.

4. 훼손된 시신·신체 장면. (신설 2004.10.25)

5. 잔인하고 비참한 동물 살상 장면. (신설 2004.10.25)

6. 위 각호에 준하는 사항의 구체적 묘사. (개정 2004.10.25)

제37조(범죄 및 약물 묘사)

① 방송은 범죄에 관한 내용을 다룰 때에는 불가피한 경우를 제외하고는 폭력·살인·자살 등이 직접 묘사된 자료 화면을 이용할 수 없으며, 관련 범죄 내용을 지나치게 상세히 묘사하여서는 아니된다.

② 방송은 범죄의 수단과 흉기의 사용 방법 또는 약물 사용의 묘사에 신중을 기하여야 하며, 이같은 방법이 모방되거나 동기가 유발되지 않도록 하여야 한다.

③ 방송은 마약류의 사용 및 이로 인한 환각 상태 등을 구체적으로 묘사하여서는 아니된다. (전문 개정 2004.10.25)

제38조(재연 기법의 사용)

① 방송은 불가피하게 범죄·자살 또는 선정적인 내용을 재연 기법으로 다룰 때에는 지나치게 구체적이거나 자극적으로 묘사하여서는 아니되며, 어린이를 출연시켜서는 아니된다.

② 방송은 재연 기법을 사용할 때에는 재연 상황이 실제 상황으로 오인되지 않도록 하여야 한다. (개정 2004.10.25)

제39조(오락물) 삭제. (2004.10.25)

제40조(음악 방송) 삭제. (2004.10.25)

제41조(성기·성병 등의 표현)
방송은 성기·성병·피임 또는 성상담 등에 관한 내용을 다룰 때에는 저속한 표현 등으로 혐오감을 주어서는 아니된다.

제42조(비과학적 내용)
방송은 미신 또는 비과학적 생활 태도를 조장하여서는 아니되며, 사주·점술·관상·수상 등을 다룰 때에는 이것이 인생을 예측하는 보편적인 방법으로 인식되지 않도록 하여야 한다.

제43조(의료 행위 등)
① 의료 행위나 약품에 관한 방송은 과학적 근거를 가지고 다루어야 한다.
② 방송은 의료 목적으로 다룰 때에도 환각제·각성제·마약 등의 사용은 그 표현에 신중을 기하여야 한다.
③ 방송은 편지·엽서·전화 등의 방법으로 의학 상담을 할 때에는 시청자가 증상에 대한 오해를 하지 않도록 하여야 한다.
④ 방송은 의료 행위나 약품 등과 관련한 사항을 다룰 때에는 시청자를 불안하게 하거나 과신하게 하는 단정적인 표현을 하여서는 아니된다.
⑤ 방송은 식품을 다룰 때에는 의약품과 혼동되지 않도록 그 효능·효과의 표현에 신중을 기하여야 한다. (개정 2004.10.25)

제6절 어린이 · 청소년 보호

제44조(어린이 및 청소년의 정서 함양)

① 방송은 어린이와 청소년들이 좋은 품성을 지니고 건전한 인격을 형성하도록 힘써야 한다.

② 방송은 어린이와 청소년의 균형 있는 성장을 해치는 환경으로부터 그들을 보호하고, 어린이와 청소년에게 유익한 환경의 조성을 위하여 노력하여야 한다.

③ 방송은 어린이와 청소년에 대한 사회의 관심과 이해의 폭을 넓히는 데 이바지하여야 하며, 특히 경제적 · 사회적 · 문화적 · 정신적 · 신체적으로 어려운 처지에 있는 어린이와 청소년에 대해 지속적인 관심을 갖도록 노력하여야 한다.

제45조(수용 수준)

① 초인적인 행위, 심령술, 위험한 행위 등 어린이와 청소년이 모방할 우려가 있는 내용을 다룰 때에는 신중을 기하여야 하며, 그들의 주의를 환기시킬 수 있는 적절한 조치를 사전에 취해야 한다.

② 어린이 및 청소년 시청 보호 시간대에는 시청 대상자의 정서 발달 과정을 고려하여야 한다.

③ 어린이의 교육적 효과를 위한 방송에서는 진행자의 전문성을 고려하여야 한다.

④ 방송은 어린이와 청소년에게 경품이나 상품을 주게 될 때에는 사행심이 조장되지 않도록 하여야 한다.

제46조(출연)

① 방송은 어린이와 청소년을 그 품성과 정서를 해치는 배역에 출

연시켜서는 아니된다.

② 방송은 어린이와 청소년을 성인 대상 프로그램의 방청인으로 동원하여서는 아니된다.

③ 방송은 어린이와 청소년이 그들의 신분으로서 부적합한 장소에 출입하는 것을 긍정적으로 묘사하여서는 아니된다.

④ 방송은 어린이와 청소년이 흡연·음주하는 장면을 묘사하여서는 아니되며, 내용 전개상 불가피한 경우에도 그 표현에 신중을 기하여야 한다.

⑤ 방송은 범죄 피해를 당한 어린이와 청소년에게 피해 상황에 대한 인터뷰를 할 때는 보호자·법정 대리인 또는 친권자의 동의를 받거나 입회하에 이루어지도록 유의하여야 한다. (신설 2004.10.25) (개정 2004.10.25)

제7절 간접 광고

제47조(간접 광고)

① 방송은 특정 프로그램의 제작에 직·간접적으로 필요한 경비·물품·용역·인력 또는 장소 등을 제공하는 협찬주에게 광고 효과를 줄 수 있도록 프로그램을 제작·구성하여서는 아니된다.

② 방송은 특정 상품이나 기업, 영업 장소 또는 공연 등(이하 '상품 등'이라 한다)에 관한 사항을 구체적으로 소개하거나 의도적으로 부각시켜 광고 효과를 주어서는 아니된다.

③ 방송은 상품 등과 관련된 명칭이나 상표·로고·슬로건·디자인 등을 일부 변경하여 부각시키는 방법으로 광고 효과를 주어서는 아니된다.

④ 협찬 고지의 세부 기준 및 방법 등과 관련한 사항에 대하여는

협찬 고지에 관한 규칙에 의한다. (전문 개정 2004.10.25)

제48조(정보 전달)

① 정보의 전달을 목적으로 특정 업체 또는 특정 상품을 소개할 때에는 경쟁 업체나 경쟁 상품에 불이익을 주지 않도록 하여야 한다.

② 신업종 또는 신상품에 관한 생활 정보를 소개할 때에는 관련된 업체 및 상품을 필요 이상으로 부각시켜서는 아니되며, 일반적인 정보에 한하여야 한다.

제49조(중계 방송)

① 사업자가 중계 방송을 할 때에는 기존 시설물이라 하더라도 특정 업체나 상품의 로고 또는 현수막 등 광고 효과를 주는 내용을 의도적으로 반복하여 보여 주어서는 아니된다.

② 사업자는 중계 방송을 위해 주최측과 공동으로 새로이 광고물을 부착하거나 설치하여 이를 부각하여서는 아니된다.

제50조(시상품)

① 출연자·방청인 및 시청자 등에 대한 상품 또는 상금은 사행심을 조장하지 않을 정도의 적절한 수준이어야 한다.

② 방송 내용에서 시상품 등을 소개할 때에는 해당 상품에 광고 효과를 주어서는 아니되며, 시상품의 종류 및 가격대를 선정할 때에는 위화감을 주지 않도록 유의하여야 한다. (개정 2004.10.25)

제51조(상품 판매)

① 방송은 상품 소개 및 판매에 관한 전문 편성을 하는 방송 이외

에는 상품 또는 서비스의 광고·판매를 목적으로 하는 내용을 프로그램 중에서 다루어서는 아니된다.

② 상품 소개 및 판매에 관한 전문 편성을 하는 방송은 상품 또는 서비스의 광고·판매를 목적으로 하는 내용의 프로그램을 방송하는 경우 다음 각호의 사항을 정확하게 표시하여야 한다.

1. 판매자.

2. 제조자 및 원산지.

3. 판매 가격.

③ 제47조 및 제48조 제2항의 규정은 상품 소개 및 판매에 관한 전문 편성을 하는 방송에는 적용하지 아니한다.

④ 상품 소개 및 판매에 관한 전문 편성을 하는 방송의 심의 기준은 이 규정 및 방송 광고 심의에 관한 규정을 준용하되, 방송 프로그램으로서의 특성을 감안하여 적용하여야 한다.

제8절 방송 언어

제52조(방송 언어)

① 방송은 바른말을 사용하여 국민의 바른 언어 생활에 이바지하여야 한다.

② 방송 언어는 원칙적으로 표준어를 사용하여야 한다. 특히 고정 진행자는 표준어를 사용하여야 한다.

③ 방송은 바른 언어 생활을 해치는 억양·어조 및 비속어·은어·유행어·조어·반말 등을 사용하여서는 아니된다.

제53조(외국어 등)

방송은 외국어를 사용할 때는 국어 순화의 차원에서 신중하여야 하

며, 사투리를 사용할 때는 인물의 고정 유형을 조성하여서는 아니된다. (개정 2004.10.25)

제9절 기타

제54조(기부금품의 모집 규제)

① 어떠한 명목으로도 사업자 자신 또는 그 종사자의 이익을 위해 기부금품을 모집하거나, 기부금품 모집 규제법에 의해 허가받지 않은 사항을 방송하여서는 아니된다.

② 기부금품의 모집에 관한 방송에는 기부금품 모집의 주체, 모집 목적, 모집 기간, 모집 금품의 사용처 등을 명시하여야 한다.

③ 기부금품을 모집하는 방송은 허위의 사실을 적시하여서는 아니되며, 부정적인 방법으로 기부를 강요하여서도 아니된다.

④ 기부금품을 모집한 방송은 모집 금액, 사용 주체, 사용처, 사용 기간 등을 포함한 기부금품의 처리 결과를 공개하여야 한다. (신설 2004.10.25)

제55조(유료 정보 서비스)

① 방송은 전화 정보 서비스를 포함한 유료 정보 서비스(이하 '유료 정보 서비스'라 한다)를 이용하는 경우에는 시청자의 이익에 합치될 수 있도록 하여야 한다. 이 경우 시청자에게 비용 부담의 사실 및 구체적인 비용 부담 금액을 사전에 고지하여야 한다.

② 제1항의 규정에 불구하고 어린이를 주시청 대상으로 하는 방송 프로그램에서는 유료 정보 서비스를 이용하여서는 아니되며, 청소년을 대상으로 하는 방송 프로그램에서는 유료 정보 서비스를 이용하여 청소년의 사행심을 조장하여서는 아니된다. (전문 개정 2004.10.25)

제56조(생방송과 녹음·녹화 방송의 구별)

시사·보도·토론·운동 경기 중계 등의 프로그램 또는 그 내용 중 일부가 사전 녹음·녹화 방송일 때에는 생방송으로 오인되지 않도록 하여야 한다.

제57조(방송 광고의 제한)

① 어린이를 주시청 대상으로 하는 방송 프로그램의 진행자나 인물주인공 또는 만화 주인공을 이용한 방송 광고는 당해 프로그램의 광고 시간 또는 전후 토막 광고 시간에 방송하여 어린이에게 방송 프로그램과 혼동하게 하여서는 아니된다.

② 어린이를 주시청 대상으로 하는 방송 프로그램의 광고 시간 또는 전후 토막 광고 시간에는 어린이 의약품의 광고 및 유료 전화 정보 서비스의 광고를 하여서는 아니된다.

③ 방송 프로그램의 광고 시간 또는 토막 광고 시간에 해당 방송 프로그램의 내용과 직접 관련된 상품 등의 방송 광고를 편성·방송하여 시청자에게 방송 프로그램과 혼동하게 하여서는 아니된다. (신설 2004.10.25) (개정 2004.10.25)

제58조(방송 광고 시간의 제한)

① 방송 광고 심의에 관한 규정에 의해 방송 광고가 허용된 주류라 할지라도 다음 각호의 시간에는 방송 광고를 할 수 없다.

1. 텔레비전 방송 광고 : 07:00~22:00.

2. 라디오 방송 광고 : 17:00~익일 08:00.

다만 08:00~17:00의 시간대라도 어린이·청소년을 대상으로 하는 방송 프로그램 전후에는 방송 광고를 할 수 없다.

② 청소년 유해 매체물(영화·음반·비디오·간행물 등을 포함한다)
의 광고는 어린이·청소년을 대상으로 하는 방송 프로그램의 광고
시간 또는 전후 토막 광고 시간에 방송하여서는 아니된다.

제59조(심의 미필 등 방송 광고의 금지)

사업자는 방송 광고 심의에 관한 규정에 의해 방송가 결정을 받지
아니한 광고물, 결정을 받은 내용과는 다른 내용의 광고물 및 동규정
에서 정한 유효 기간이 지난 광고물을 방송하여서는 아니된다.

제3장 심의 절차

제1절 일반 절차

제60조(제재 조치)

① 위원회는 제4조 제1항의 규정에 의한 심의 결과 이 규정을 위반
한 사업자에 대하여 법 제100조 제1항의 규정에 따라 다음 각호의
제재 조치를 명할 수 있다.

1. 시청자에 대한 사과.

2. 해당 방송 프로그램의 정정·중지.

3. 방송 편성 책임자 또는 해당 방송 프로그램의 관계자에 대한 징계.

② 제1항의 규정에 의한 제재 조치는 다음 각호의 사항이 포함된
서면(전자 문서를 포함한다)으로 하여야 한다.

1. 위반 일시.

2. 위반 사실.

3. 제재 조치 명령의 내용.

4. 제재 조치 명령의 이행 방법.

5. 재심 신청 기간 · 방법.

6. 기타 필요한 사항.

③ 삭제. (2004.10.25)

④ 위원회는 방송법 시행령 제21조 제1항의 규정에 의한 방송과 유사한 정보의 심의 결과 이 규정을 위반한 경우에는 그 정보의 제공자에 대하여 이의 시정을 권고할 수 있으며, 시정을 권고받은 정보의 제공자는 위원회에 의견을 제출할 수 있다.

제60조의 2(시정 명령)

① 위원회는 다음 각호의 1에 해당하는 사업자에 대하여 법 제99조 제1항의 규정에 따라 시정 명령을 할 수 있다.

1. 사업자가 제60조에 의한 제재 조치 명령을 받았음에도 불구하고 반복하여 심의 규정 위반에 해당하는 프로그램을 편성하여 방송하는 경우.

2. 사업자가 제59조의 규정에 위반하여 방송 광고물을 편성하여 방송하는 경우.

② 제1항에 의한 시정 명령은 사업자가 제60조에 의한 최초 제재 조치 명령을 받은 날로부터 1년 이내에 3회 이상 동일한 심의 규정 위반으로 제재 조치 명령을 받는 등 시청자의 이익을 현저히 부당하게 저해하고 있다고 인정되는 경우에 한한다.

③ 제1항의 규정에 의한 시정 명령은 다음 각호의 사항이 포함된 서면(전자 문서를 포함한다)으로 하여야 한다.

1. 위반 일시.

2. 위반 사실.

3. 시정 명령의 내용.

4. 시정 명령을 발하는 사유.

5. 시정 기간.

6. 재심 신청 기간·방법.

7. 기타 필요한 사항. (본조 신설 2004.10.25)

제61조(제재 조치 명령의 이행)

① 사업자가 제60조 제1항의 규정에 의한 제재 조치 명령을 받은 때에는 지체 없이 그 명령 내용에 관한 위원회의 결정 사항 전문을 방송하여야 한다.

② 사업자는 제60조 제1항의 규정에 의한 제재 조치 명령을 받은 때에는 명령을 받은 날부터 7일 이내에 그 명령을 이행한 후 그 결과를 위원회에 보고하여야 한다.

제62조(당사자 등의 의견 진술)

제60조 제1항의 규정에 의한 제재 조치를 명하거나 제60조의 2의 규정에 의한 시정 명령을 할 때에는 미리 당사자 또는 그 대리인(이하 '당사자 등'이라 한다)에게 의견을 진술할 기회를 주어야 한다.

② 위원회가 제1항의 규정에 의한 의견 진술의 기회를 줄 경우에는 의견 진술일 7일 전에 서면(전자 문서를 포함한다)으로 당사자 등에게 위반 사실·의견 진술 일시 및 의견 진술 장소 등을 통지하여야 한다.

③ 제2항의 통지를 받은 당사자 등이 위원회가 인정하는 부득이한 사유로 의견 진술 지정일에 출석하지 못할 경우에는 그 지정일 전에 1회에 한하여 서면으로 지정일의 변경을 요청할 수 있다.

④ 위원회는 당사자 등으로부터 제3항의 의견 진술 지정일의 변경 요청을 받은 때에는 다시 의견 진술일을 지정하여 7일 전에 당사자

등에게 서면으로 통지하여야 한다.

⑤ 제2항의 규정에 의한 통지에는 당사자 등이 정당한 사유 없이 이에 응하지 아니한 때에는 의견 진술의 기회를 포기한 것으로 본다는 뜻을 명시하여야 한다.

⑥ 제2항의 규정에 의한 통지를 받은 당사자 등은 지정된 일시에 출석하여 진술하거나 서면으로 의견을 제출할 수 있으며, 출석하여 의견을 진술하였을 때에는 위원회는 진술 요지를 서면으로 작성하여 진술한 당사자 등으로 하여금 확인하게 한 후 서명·날인하도록 하여야 한다.

⑦ 의견 진술을 대리할 대리인은 대리인임을 증명하는 서면을 제출하여야 한다.

⑧ 당사자 등이 정당한 사유 없이 제1항의 규정에 의한 의견 진술에 응하지 아니하는 경우에는 위원회는 당사자 등의 의견 진술을 듣지 아니하고 제60조 제1항의 제재 조치를 명하거나 제60조의 2의 시정 명령을 할 수 있다. 사업자의 소재 불명 등으로 의견 진술의 기회를 줄 수 없는 경우에 위원회가 사업자의 마지막 주된 사무소의 소재지로 제2항의 규정에 따른 통지를 한 때에도 또한 같다. (개정 2004. 10.25)

제63조(연속 프로그램 등)

위원회는 연속 프로그램이나 주제의 동일성이 인정되는 수회의 방송 프로그램 전체를 대상으로 심의를 할 수 있다. (개정 2004.10.25)

제64조(심의 결과의 존중)

사업자는 위원회의 심의 결과를 준수하여야 하며, 위원회 심의 결과 제재 조치를 받은 내용에 대하여는 위반 사실에 대한 합당한 조치를 취한 후 방송하여야 한다. 제재 조치를 받은 사업자 이외의 사업자가 방송하는 경우에도 또한 같다. (개정 2004.10.25)

제65조(권고 등)

① 위원회는 사업자가 이 규정을 준수하도록 하기 위하여 필요한 경우 또는 이 규정 위반의 정도가 경미하여 제60조 제1항의 제재 조치를 명할 정도에 이르지 않은 경우에는 해당 사업자 또는 해당 방송 프로그램의 책임자나 관계자에 대하여 권고를 하거나 의견을 제시할 수 있다.

② 위원회는 사업자에게 심의에 필요한 자료의 제출을 요구하거나 관계자의 의견을 청취할 수 있다.

③ 제1항의 권고 등을 받은 당사자는 위원회에 의견을 제출할 수 있으며, 이 경우 위원회는 해당 의견을 검토하여 그 결과를 통지하여야 한다. (신설 2004.10.25) (개정 2004.10.25)

제2절 재심 절차

제66조(재심 신청 등)

제60조 제1항에 의한 위원회의 제재 조치 명령 또는 제60조의 2에 의한 시정 명령에 이의가 있는 사업자는 당해 명령을 받은 날로부터 30일 이내에 다음 각호의 사항을 기재한 문서로써 위원회에 재심을 신청할 수 있다.

1. 신청인의 명칭, 주소 및 전화번호.
2. 원심 결정의 일시, 내용.
3. 신청의 취지 및 이유.

　4. 신청인의 날인 또는 서명. (개정 2004.10.25)

　제67조(집행 정지)

　① 재심 신청은 원심 결정의 효력이나 집행 또는 절차의 속행에 영향을 주지 아니한다.

　② 위원회는 원심 결정의 집행 또는 절차의 속행으로 인하여 생길 회복하기 어려운 손해를 예방하기 위하여 긴급한 필요가 있다고 인정될 때에는 신청인의 신청 또는 직권으로 원심 결정의 효력이나 집행 또는 절차의 속행의 전부 또는 일부의 정지를 결정할 수 있다.

　제68조(재심의 취하)

　① 재심 신청인은 재심 신청에 대한 위원회의 결정이 있기 전까지 서면으로 재심 신청을 취하할 수 있다.

　② 재심 신청의 취하가 있으면 처음부터 재심 신청이 없었던 것으로 본다.

　제69조(재심의 방식)

　① 위원회는 필요하다고 인정하는 경우에는 신청인이 주장하지 않은 사실에 대해서도 직권으로 심리할 수 있다.

　② 재심의 심리는 서면 심리를 원칙으로 한다. 다만 신청인의 요청이 있거나 위원회가 필요하다고 인정할 때에는 구술 심리를 할 수 있다.

　③ 구술 심리를 하는 때에는 기일을 지정하여 신청인 및 관계 당사자를 소환하여야 한다.

　④ 구술 심리에 관한 사항은 제62조의 규정을 준용한다.

제70조(재심 결정)

① 위원회는 재심 신청이 요건을 갖추지 않았을 때는 각하, 이유 없다고 인정될 때는 기각, 이유 있다고 인정될 때는 원심 결정을 취소 또는 변경한다.

② 제1항의 규정에 의한 재심 결정은 재심을 청구한 날부터 60일 이내에 하여야 한다. 다만 부득이한 경우 1회에 한해 30일을 넘지 않는 범위 내에서 기간을 연장할 수 있다.

③ 위원회는 재심 신청이 요건을 갖추지 않았으나, 그 흠결의 보정이 용이한 경우에는 각하 전에 일정 기간을 정하여 보정을 요구하여야 한다.

④ 제3항의 규정에 의한 보정은 서면으로 제출하여야 하며, 기간 내의 보정이 있는 경우에는 처음부터 적법한 재심 신청이 있는 것으로 본다.

⑤ 제3항의 규정에 의한 보정 요구는 보정할 사항이 경미하고 신청인의 이익을 위하여 필요한 경우에는 사무처에서 할 수 있다.

⑥ 제1항의 규정에 의한 재심 결정에는 다시 이의를 신청할 수 없다.

제71조(재심 결정의 효력)

재심 결정은 재심 결정 연월일, 재심 결정 주문, 재심 결정 이유가 기재된 재심 결정서가 신청인에게 통지된 때부터 그 효력이 발생한다.

제3절 청소년 유해 매체물 결정 절차

제72조(청소년 유해 매체물 결정)

① 위원회는 제4조의 규정에 의한 심의를 함에 있어서 이 규정 및 청소년보호법 제10조의 규정에 의한 심의 기준에 의해 청소년의 정

서 보호와 건전한 인격 형성을 저해하는 방송 프로그램에 대하여는 청소년 유해 매체물로 결정한다.

② 청소년 유해 매체물로 결정된 방송 프로그램은 청소년 시청 보호 시간대에 방송하여서는 아니된다.

③ 청소년 유해 매체물로 결정된 방송 프로그램의 예고 방송에는 청소년의 감수성을 자극하는 내용을 포함하여서는 아니된다.

④ 사업자는 방송 프로그램에 대해 자율적으로 청소년 유해 표시를 할 수 있으며, 위원회는 자율적으로 유해 표시가 된 방송 프로그램을 발견하는 경우 청소년 유해 매체물 여부를 결정하여야 한다.

⑤ 제4항의 규정에 따라 자율적으로 청소년 유해 표시를 한 방송 프로그램은 청소년 유해 매체물 여부에 대한 결정이 있기 전까지 청소년 유해 매체물로 간주한다.

⑥ 청소년 유해 매체물을 방송할 경우에는 다음 각호와 같이 청소년 유해 표시를 하여야 한다.

1. 방송 프로그램 시작전 화면의 1/4 크기 이상으로 5초 이상 '이 프로그램은 19세 미만의 청소년이 시청하기에 부적절한 프로그램입니다'를 자막 고지하여야 한다.

2. 방송 프로그램의 방송중 매 10분마다 30초 이상 화면 우상단에 화면 대각선의 1/20 이상 크기의 흰색 테두리 노랑색 바탕의 원형에 검정색으로 '19' 숫자를 기재한 표시를 방송하여야 한다.

⑦ 청소년 유해 매체물의 심의·결정과 관련하여 기타 필요한 사항은 청소년보호법의 규정을 적용한다.

⑧ 위원회의 청소년 유해 매체물 결정은 주문과 이유를 명시한 서면으로 하여야 하며, 위원회는 지체 없이 결정서를 사업자에게 통지하고, 청소년보호법이 정하는 바에 의해 고시를 요청하여야 한다.

⑨ 청소년 유해 매체물 결정에 대한 효력은 고시에 의해 발생한다. (개정 2000.12.26)

제73조(청소년 유해 매체물 결정 취소)

위원회는 사정 변경 또는 관련 법령의 제·개정 등으로 인해 청소년 유해 매체물이 더 이상 청소년에게 유해하지 아니하다고 인정하는 경우에는 이해 당사자의 신청 또는 직권에 의하여 청소년 유해 매체물 결정을 취소할 수 있다. 이 경우 제72조 제8항 내지 9항의 규정을 준용한다.

제74조(이의 신청)

① 위원회의 청소년 유해 매체물 결정에 이의가 있는 사업자는 그 결정의 통지를 받은 날로부터 60일 이내에 다음 각호의 사유를 갖춘 서면에 의해 위원회에 이의 신청을 할 수 있다.

1. 청소년 유해 매체물 결정 연월일.

2. 청소년 유해 매체물로 결정된 방송 프로그램명, 제작 연도, 제작 국가, 제작사.

3. 청소년 유해 매체물 결정 이유.

4. 이의 신청의 사유.

5. 이의 신청인의 기명 날인.

6. 기타 필요한 사항.

② 제1항의 규정에 의한 이의 신청에 대해서는 요건을 갖추지 않았을 때는 각하, 이유 없다고 인정될때는 기각, 이유 있다고 인정될 때는 청소년 유해 매체물 결정을 취소한다. 이 경우에 제70조 제2항 내지 제6항의 규정을 준용한다.

제4장 보칙

제75조(방송 유사 정보의 특례)
위원회는 방송과 유사한 것으로서 방송법시행령 제21조 제1항의 규정에 의한 정보의 특수성에 비추어 이 규정에서 정한 조항의 적용이 불합리하다고 판단되는 경우에는 규정의 일부를 적용하지 아니할 수 있으며, 그 범위 및 기준 등에 대하여는 별도로 정하여 공표한다. (개정 2004.10.25)

제76조(시행에 필요한 세부 사항)
이 규정을 시행하는 데 필요한 세부적인 사항이나 기타 필요한 사항은 위원회가 별도로 정한다.

부칙

제1조(시행일)
이 규정은 2000년 9월 1일부터 시행한다.

제2조(다른 규칙의 개정)
심의위원회 구성 및 운영에 관한 규칙 제9조 제1항 제2호를 '방송 심의에 관한 규정에 의한 경고 및 주의 조치의 건의' 로 한다.

부칙

제1조(시행일)
이 규정은 2001년 2월 1일부터 시행한다.

제2조(다른 규칙의 개정)
생략.

부칙

제1조(시행일)
이 규정은 2004년 11월 1일부터 시행한다.

제2조(다른 규칙의 개정)
협찬 고지에 관한 규칙 중 다음과 같이 개정한다.
제12조를 삭제한다.

6. 방송 프로그램 등급 규칙

　2000. 12. 26. 방송위원회 규칙 제31호에 의해 제정되고, 2002. 4. 8. 방송위원회 규칙 제40호로 개정된 '방송 프로그램의 등급 분류 및 표시 등에 관한 규칙'은 다음과 같다.

제1장 총칙

제1조(목적)

이 규칙은 방송법 제33조 제3항 및 제4항의 규정에 의한 방송 프로그램의 등급 분류와 관련하여 분류 기준 등 필요한 사항을 정함을 목적으로 한다.

제2조(기본 원칙)

① 방송 사업자는 어린이와 청소년을 보호하기 위하여 방송 프로그램의 폭력성 및 선정성, 언어 사용 등의 유해 정도, 시청자의 연령 등을 감안하여 방송 프로그램의 등급을 분류하고 이를 방송중에 표시하여야 한다.

② 방송 사업자는 제1항의 규정에 의한 등급 분류 및 표시를 할 경우 이 규칙이 정하는 기준과 표시 방법을 준수하여야 한다.

제2장 등급 분류 및 표시

제3조(등급 분류)

① 방송 사업자는 방송 프로그램의 등급을 다음 각호와 같이 분류하여야 한다.

　1. '모든 연령 시청가' 라 함은 모든 연령의 시청자가 시청하기에 부적절한 내용이 없는 등급을 말한다.

　2. '7세 이상 시청가' 라 함은 7세 미만의 어린이가 시청하기에 부적절한 내용이 포함되어 있어 보호자의 시청 지도가 필요한 등급을 말한다.

　3. ‘12세 이상 시청가’ 라 함은 12세 미만의 어린이가 시청하기에 부적절한 내용이 포함되어 있어 보호자의 시청 지도가 필요한 등급을 말한다.

　4. ‘19세 이상 시청가’ 라 함은 19세 미만의 청소년이 시청하기에 부적절한 내용이 포함되어 있어 청소년이 시청할 수 없는 등급을 말한다.

② 방송 사업자는 제1항의 규정에도 불구하고 ‘15세 이상 시청가’ 등급을 추가할 수 있다.

제4조(등급 분류 기준)

① 제3조 제1항의 등급 분류 기준은 다음 각호와 같다.

　1. 모든 연령 시청가.

　가. 주제 및 내용이 취학전(7세 미만) 어린이를 포함한 모든 연령의 시청자가 시청하기에 부적절하지 않은 것.

　나. 폭력적·선정적 표현 또는 부적절한 언어 사용이 없는 것.

　다. 일반적으로 용인되지 아니하는 특정한 사상·종교·풍속 등과 관련하여 모든 연령의 시청자에게 정신적·육체적으로 유해한 표현이 없는 것.

　2. 7세 이상 시청가.

　가. 주제 및 내용에 7세 미만의 어린이에게 정신적·육체적으로 유해한 표현이 있어 보호자의 시청 지도가 필요한 것.

　나. 폭력 묘사가 상상의 세계에서 또는 비현실적인 방법으로 다루어진 것.

　다. 일상적인 애정 표현을 넘어서는 신체의 노출이나 성적 행위를 연상시키는 장면이 없는 것.

　라. 어린이의 바른 언어 습관 형성을 저해할 수 있는 은어, 속어, 저

속한 유행어 등이 사용되지 아니한 것.

3. 12세 이상 시청가.

가. 주제 및 내용에 12세 미만의 어린이에게 정신적·육체적으로 유해한 표현이 있어 보호자의 시청 지도가 필요한 것.

나. 폭력을 갈등 해결을 위한 긍정적 수단으로 인식하게 할 수 있는 묘사가 없으며, 각각의 폭력 묘사는 청소년을 자극하거나 모방을 유발할 정도로 구체적이지 아니한 것.

다. 입맞춤 또는 착의 상태의 성적 접촉 묘사가 있을 뿐, 청소년의 성적 욕구를 자극할 정도로 구체적이거나 노골적이지 아니한 것.

라. 청소년의 바른 언어 습관 형성을 저해할 수 있는 은어, 속어, 저속한 유행어 등이 사용되지 아니한 것.

4. 19세 이상 시청가.

가. 주제 및 내용이 성인을 대상으로 하고 있어 19세 미만의 청소년이 시청하기에 부적절하며, 시청을 제한할 필요가 있는 것.

나. 살생 묘사 및 유혈 장면 등 강도 높은 폭력 장면이 현실적이거나 구체적으로 묘사된 것.

다. 신체의 부분 노출, 암시적인 성적 접촉, 성행위 등 선정적인 장면이 구체적이거나 노골적으로 묘사된 것.

라. 모욕적인 언어나 욕설, 저주, 저속한 동작 등이 사용된 것.

② 방송 사업자는 등급 결정을 함에 있어 폭력성, 선정성, 언어 사용 정도 등의 내용 기준이 일치하지 않을 경우 가장 유해한 표현의 등급으로 분류하여야 한다.

제5조(등급 표시)

① 방송 사업자는 제3조의 등급 분류를 한 경우 다음 각호의 방법

에 의하여 등급 표시를 하여야 한다.

　　1. 등급 기호는 흰색 테두리 노랑색 바탕의 원형에 검정색 숫자로 해당 등급을 표시한다.

　　2. 등급 기호의 위치 및 크기는 화면 우상단에 대각선의 1/20 이상의 크기이어야 한다.

　　3. 등급 기호의 표시는 반투명으로 한다.

　　4. '모든 연령 시청가' 등급에 해당하는 프로그램에는 별도의 기호를 표시하지 아니한다.

　② 방송 사업자는 제1항에 의한 등급 기호를 해당 방송 프로그램의 시작과 동시에 30초 이상, 방송중 매 10분마다 30초 이상 표시하여야 한다.

　③ 방송 사업자는 방송 프로그램 시작전 프로그램명 고지시 등급 기호와 함께 다음 각호와 같은 부연 설명을 화면의 1/4 크기 이상으로 5초 이상 자막 고지하여야 한다.

　　1. 7세 이상 시청가: "이 프로그램은 7세 미만의 어린이가 시청하기에 부적절하므로 보호자의 시청 지도가 필요한 프로그램입니다."

　　2. 12세 이상 시청가: "이 프로그램은 12세 미만의 어린이가 시청하기에 부적절하므로 보호자의 시청지도가 필요한 프로그램입니다."

　　3. 19세 이상 시청가: "이 프로그램은 19세 미만의 청소년이 시청하기에 부적절한 프로그램입니다."

제6조(등급 사전 고지)

　방송 사업자는 보호자의 시청 지도에 용이하도록 프로그램 예고 등 다양한 방법을 통하여 프로그램의 등급에 대한 정보를 사전에 고지하여야 한다.

제7조(청소년 유해 매체물)

'19세 이상 시청가' 등급에 해당하는 방송 프로그램은 청소년보호법 제2조 제3항에 의한 청소년 유해 매체물로 본다.

제8조(예고 방송)

① 방송 사업자가 프로그램에 대한 예고 방송을 할 때에는 해당 프로그램의 등급을 고지하거나 화면에 등급을 표시하여야 한다. 다만 등급 고지의 경우 제5조 제3항의 부연 설명은 생략할 수 있다.

② 방송 사업자가 '19세 이상 시청가' 등급의 프로그램을 청소년보호법에서 정한 청소년 시청 보호 시간대에 안내 또는 예고 방송할 때에는 청소년에게 유해한 내용 또는 장면을 포함하여서는 아니된다.

부칙

제1조(시행일)

이 규칙은 2001년 2월 1일부터 시행한다.

제2조(유예 기간)

영화, 수입 드라마, 뮤직비디오, 애니메이션을 제외한 방송 프로그램의 경우는 실시 시기를 별도로 정한다.

제3조(다른 규정의 개정)

방송 심의에 관한 규정 제72조 제6항 제1호 중 "시청하여서는 안 됩니다"를 "시청하기에 부적절한 프로그램입니다"로, 제2호 중 '적색 원형 테두리 안에 적색으로'를 '흰색 테두리 노랑색 바탕의 원형에 검정색으로'로 한다.

(2002. 4. 8)
제1조(시행일)
이 규칙은 2002년 5월 1일부터 시행한다.

제2조(경과 조치)
이 규칙은 시행일로부터 국내 제작 드라마에 대하여도 적용한다.
다만 국내 제작 드라마의 이 규칙 위반 행위에 대한 벌칙의 적용은
2002년 10월 31일까지 유예한다.

7. 방송 프로듀서 윤리 강령

1) 전문(前文)

방송 프로듀서는 오늘날 대다수 국민들의 의식과 생활에 가장 큰
영향을 미치는 방송 매체에서 중심적 역할을 수행하는 전문인으로서,
국민들의 알 권리와 표현의 자유를 신장시켜 시청자들의 문화적 향수
(享受)를 바르고 풍요롭게 할 책임을 갖고 있다. 방송 프로듀서는 문
화 촉매자로서 다양한 문화 전파와 프로그램 개발을 통해 건강한 위
안과 오락을 제공한다. 또한 방송 프로듀서는 언론의 한 중추(中樞)로
서 올바른 정보 전달과 엄정한 환경 감시를 통해 현안에 대한 적절한

정보와 지식을 제공한다. 이로써 방송 프로듀서는 우리 사회의 오랜 숙제인 계층간의 격차와 세대간의 갈등, 그리고 지역간의 불화를 해소하고 인간다운 삶의 공간을 확보하며 민족의 동질성을 회복하는 시대적 소명을 다한다.

방송 프로듀서는 이를 구현함에 있어 개인의 자유로운 창의성을 극대화하고, 전문적 지식과 역량을 활용하여 프로그램 제작에 최선의 노력을 기울인다. 아울러 방송 프로듀서는 매체의 특성과 위력을 유념하면서 공정성과 역사 의식에 입각하여 방송의 사회적 책임을 다한다. 그러나 무엇보다 앞서 방송 프로듀서는 오염과 비리의 개연성으로부터 스스로를 지키고, 날로 심해지는 매체간 무한 경쟁 속에서도 제작 환경 쇄신을 위한 노력을 끊임없이 경주하여야 한다. 또한 투철한 직업 윤리와 도덕적 청렴 의무의 실천으로 방송 프로듀서의 명예와 품격을 수호하고 프로그램의 신뢰도를 드높여야 한다.

이에 한국방송프로듀서연합회는 회원들이 제작 현장에서 지켜야 할 기준으로서 윤리 강령을 만들고, 이를 준수할 것을 내외에 밝힌다.

2) 실천 요강

본 실천 요강은 윤리 강령을 실천하기 위한 구체적인 행동 지침을 규정하며, 강령 및 본 실천 요강의 규정을 회원들이 제대로 지키도록 하기 위한 실천 과정 및 실천 기구로 연합회 내에 제작환경쇄신위원회(약칭: 제쇄위)를 별도의 규정에 따라 구성, 운영한다.

3) 일반 준칙

(1) 알 권리와 표현의 자유

회원은 헌법에 의해 보장된 국민의 알 권리와 표현의 자유를 침해하는 권력과 자본 등 내·외부의 개인 또는 집단의 어떤 부당한 간섭이나 압력도 단호히 배격한다.

(2) 공정성

① 회원은 진실을 왜곡하지 아니하고 사실을 객관적으로 공정하게 다루어야 한다. 특히 대립되고 있는 사안의 경우 특정 단체나 개인에 편향되지 않도록 하여야 한다.

② 회원은 지역·계층·종교·성·집단 간의 문제를 다룸에 있어 상호간의 갈등을 유발하거나 차별을 조장하지 않도록 신중을 기한다.

(3) 오보의 정정

회원은 제작한 방송 내용 중에서 오보가 드러났을 경우 잘못을 시인하고 신속하게 바로잡는다.

(4) 품위 유지

① 회원은 프로그램 제작의 과정에서 신분을 이용해 부당 이득을 취하지 않으며, 출연자 등 제작 관련 인사로부터 제공되는 사적인 특혜나 편의를 거절한다.

② 프로그램 제작 사전에 특정 상황을 조건으로 반대 급부를 취하는 것은 명백한 범법 행위로서 회원은 이같은 행위를 하지 않아야 한

다. 사후의 경우 객관적으로 보아 사회 상규에 벗어나지 않는 사례(謝禮)의 경우에 한하여 예외적으로 인정될 수 있다. 그러나 이 경우도 가급적 회원 개인을 대상으로 하지 않는 것이어야 하며, 회원은 신중한 자세로 임해야 한다.

③ 회원은 방송 업무에 영향을 주는 영리 행위에는 관여하지 않는다. 회원은 업무 외의 부업을 자제해야 하며, 회원의 가족이 부업을 운영할 경우 그로 인해 회원의 업무가 영향을 받지 않아야 한다.

(5) 사생활 보호

① 회원은 프로그램 제작시 개인의 사생활이나 초상권이 침해되지 않도록 한다.

② 연예인이 출연자인 경우에도 사회 상규에 벗어날 정도로 개인의 프라이버시를 손상하지 않도록 유념한다.

(6) 인권 침해 금지

① 회원은 프로그램 제작시 부당하게 인권을 침해하여서는 아니되며, 심신 장애인 또는 사회적으로 소외받는 사람들을 다룰 때에는 특히 유의하여야 한다.

② 회원은 고의든 아니든 개인 또는 단체의 명예를 손상하지 않도록 한다.

(7) 어린이

회원은 어린이를 소구 대상으로 하거나 출연시키고자 할 때에는 어린이의 품성과 정서에 적절한지 유의하고 교육적 효과를 고려한다.

(8) 종교

회원은 프로그램 내에서 신앙의 자유를 존중하여야 하며, 특정 종교를 찬양 및 비방하거나 종교 의식을 모독하지 않는다.

(9) 모방

회원은 창의로운 프로그램의 개발과 제작을 지향하여야 하며, 따라서 타국(他國)·타인의 프로그램을 표절하거나 현저하게 모방하여서는 아니된다.

(10) 간접 광고

① 회원은 프로그램 제작시 특정 상품이나 기업, 영업 장소 등에 대한 사항을 의도적으로 부각시켜 광고 효과를 주지 않도록 한다.

② 영화·연극·공연·전시·행사 등을 프로그램에 소개할 경우 간접 광고가 되지 않도록 한다.

4) 예능 프로그램 관련 준칙

이 준칙은 텔레비전 및 라디오의 드라마·쇼·코미디 등 연예 오락 프로그램에 관한 것이다. 이 준칙에 포함되지 않은 사항은 사회 상규와 일반 관례에 따른다.

(1) 출연자 선정, 선곡

① 회원은 출연자 및 배역 선정시 투명성과 공정성을 유지한다.

② 회원은 배역과 관련한 어떤 청탁이나 압력에도 응하지 않는다.

③ 가요의 경우 특정 가수나 가수의 노래를 금품 수수·청탁·압력

등에 의해 선정하지 않는다.

④ 외부 용역 업체의 선정이나 프로그램 협찬 상품 선정시 또한 이와 같다.

(2) 품위 유지

① 회원은 출연자 및 작가·매니저 등 직무와 관련이 있는 자와 채권·채무 관계 등 직무 수행에 영향을 주거나 품위 유지에 손상을 줄 수 있는 일체의 거래를 하지 않는다.

② 출연자 및 매니저와의 업무 처리는 가급적 소속 방송사의 사무실 또는 기타 공개된 장소에서 행한다.

5) 교양 프로그램 관련 준칙

이 준칙은 텔레비전 및 라디오의 생활 정보 및 문화 예술 프로그램과 시사 르포, 다큐멘터리 프로그램에 관한 것이다. 이 준칙에 포함되지 않는 사항은 사회 상규와 일반 관례에 따른다.

(1) 취재 및 제작

① 회원은 공정성·공공성·형평성에 입각해 프로그램을 취재·제작하고, 객관적 사실에 근거한 진실 보도를 위해 최선을 다한다.

② 회원은 본인 또는 취재원·출연자의 개인적인 목적에 영합하는 취재 및 제작 활동을 해서는 아니된다.

③ 회원은 정보를 취득함에 있어 답변 강요, 유도 신문 등을 하지 않는다.

④ 회원은 프로그램 취재 제작중에 취득한 정보를 프로그램의 목

적에만 사용한다.

(2) 출연자 및 프로그램 내용 선정

① 회원은 출연자나 프로그램 내용을 선정할 명성과 공정성을 유지한다.

② 특히 금품 수수 또는 청탁이나 압력에 의한 선정이 없도록 한다.

(3) 품위 유지

① 회원은 출연자 등 직무와 관련이 있는 자와 채권·채무 관계 등 직무 수행에 영향을 주거나 품위 유지에 손상을 줄 수 있는 일체의 거래를 하지 않는다.

② 영화·연극·공연·전시·행사·도서 등의 경우 원칙적으로 회사의 경비로 취재 제작한다.

8. 신문 윤리 강령

우리 언론인은 자유롭고 책임 있는 언론을 실현해 우리에게 주어진 사명을 다할 것을 다짐한다. 우리는 자유롭고 책임 있는 언론이 민주 발전, 민족 통일, 문화 창달에 크게 기여한다고 믿는다. 이러한 신념에 따라 스스로 윤리 규범을 준수하고 품위를 지키고자 1957년 4월 7일 '신문 윤리 강령'을 처음 제정한 바 있다.

이제 그 숭고한 정신을 바탕으로 한국신문협회·한국신문방송편집인협회·한국기자협회는 정보화 사회의 출현 등 시대 변화에 맞춰 새로운 신문 윤리 강령을 다시 채택한다.

제1조(언론의 자유)

　우리 언론인은 언론의 자유가 국민의 알 권리를 실현하기 위해 언론인에게 주어진 으뜸가는 권리라는 신념에서 대내외적인 모든 침해·압력·제한으로부터 이 자유를 지킬 것을 다짐한다.

제2조(언론의 책임)

　우리 언론인은 언론이 사회의 공기로서 막중한 책임을 지고 있다고 믿는다. 이 책임을 다하기 위해 우리는 무엇보다도 사회의 건전한 여론 형성, 공공 복지의 증진, 문화의 창달을 위해 전력을 다할 것이며, 국민의 기본적 권리를 적극적으로 수호할 것을 다짐한다.

제3조(언론의 독립)

　우리 언론인은 언론이 정치·경제·사회, 종교 등 외부 세력으로부터 독립된 자주성을 갖고 있음을 천명한다. 우리는 어떠한 세력이든 언론에 간섭하거나 부당하게 이용하려 할 때 이를 단호히 거부할 것을 다짐한다.

제4조(보도와 평론)

　우리 언론인은 사실의 전모를 정확하게, 객관적으로, 공정하게 보도할 것을 다짐한다. 우리는 또한 진실을 바탕으로 공정하고 바르게 평론할 것을 다짐하며, 사회의 다양한 의견을 폭넓게 수용함으로써 건전한 여론 형성에 기여할 것을 결의한다.

제5조(개인의 명예 존중과 사생활 보호)

　우리 언론인은 개인의 명예를 훼손하지 않고, 개인의 사생활을 침해하지 않을 것을 다짐한다.

제6조(반론권 존중과 매체 접근의 기회 제공)

우리 언론인은 언론이 사회의 공기라는 점을 인식하여 개인의 권리를 존중하고, 특히 독자에게 답변·반론 및 의견 개진의 기회를 주도록 노력한다.

제7조(언론인의 품위)

우리 언론인은 높은 긍지와 품위를 갖추어야 한다. 우리는 저속한 언행을 하지 않으며, 바르고 고운 언어 생활을 이끄는 데 앞장설 것을 다짐한다.

1) 신문 윤리 실천 요강

우리 언론인은 한국신문협회·한국신문방송편집인협회·한국기자협회가 채택한 신문 윤리 강령을 구체적으로 시행하기 위하여 다음과 같은 신문 윤리 실천 요강을 채택하고, 이를 준수할 것을 다짐한다. 또한 우리는 이 신문 윤리 실천 요강을 한국신문윤리위원회의 준칙으로 삼을 것을 결의한다.

제1조(언론의 자유·책임·독립)

언론인은 자유롭고 책임 있는 언론을 실현하기 위해 부당한 억제와 압력을 거부해야 하며, 편집의 자유와 독립을 지켜야 한다.

① (정치 권력으로부터의 자유) 언론인은 정권·정당 및 정파 등 어떠한 정치 권력이 언론에 대해 가하는 부당한 압력과 청탁을 거부해

야 한다.

② (사회 경제 세력으로부터의 독립) 언론인은 어떠한 단체·종교·종파 등 사회 세력과, 그리고 기업 등 어떠한 경제 세력의 부당한 압력, 또는 금전적 유혹이나 청탁을 거부해야 한다.

③ (사회적 책임) 언론인은 개인의 권리 보호에 최선을 기해야 하며, 건전한 여론 형성과 공공 복지 향상을 위하여 사회의 중요한 공공 문제를 적극적으로 다루어야 한다. 또한 특정 지방·종교·인종 등의 이유로 개인을 차별해서는 안 된다.

제2조(취재 준칙)

기자는 취재를 위해 개인 또는 단체를 접촉할 때 필요한 예의를 지켜야 할 뿐만 아니라 비윤리적인 또는 불법적인 방법을 사용해서는 안 된다. 또한 기자는 취재를 위해 개인을 위협하거나 괴롭혀서는 안 된다.

① (신분 사칭·위장 및 문서 반출 금지) 기자는 신분을 위장하거나 사칭하여 취재해서는 안 되며, 문서·자료·컴퓨터 등에 입력된 전자 정보·사진 기타 영상물을 소유주나 관리자의 승인 없이 검색하거나 반출해서는 안 된다. 다만 공익을 위해 부득이 필요한 경우와 다른 수단을 통해 취재할 수 없는 때에는 예외로 정당화될 수 있다.

② (재난 등 취재) 기자는 재난이나 사고를 취재할 때 인간의 존엄성을 침해하거나 피해자의 치료를 방해해서는 안 되며, 재난 및 사고의 피해자·희생자 및 그 가족에 적절한 예의를 갖추어야 한다.

③ (병원 등 취재) 기자는 병원·요양원·보건소 등을 취재할 때 신분을 밝혀야 하며, 입원실을 포함한 비공개 지역을 허가 없이 들어가서는 안 된다. 또한 기자는 허가 없이 환자를 상대로 취재하거나 촬

영을 해서는 안 되며, 환자의 치료에 지장을 주어서는 안 된다.

④ (전화 취재) 기자는 전화로 취재할 때 먼저 신분을 밝혀야 함을 원칙으로 하며, 취재원이 취재 요청을 거절할 경우 거듭된 통화의 연속적인 반복으로 취재원을 괴롭혀서는 안 된다.

⑤ (도청 및 비밀 촬영 금지) 기자는 개인의 전화 도청이나 비밀 촬영 등 사생활을 침해해서는 안 된다.

제3조(보도 준칙)

보도 기사(해설 기사 포함)는 사실의 전모를 충실하게 전달함을 원칙으로 하며, 출처 및 내용을 정확히 확인해야 한다. 또한 기자는 사회 정의와 공익을 실현하기 위해 진실을 적극적으로 추적·보도해야 한다.

① (보도 기사의 사실과 의견 구분) 기자는 사실과 의견을 명확히 구분하여 보도 기사를 작성해야 한다. 또한 기자는 편견이나 이기적 동기로 보도 기사를 고르거나 작성해서는 안 된다.

② (미확인 보도 명시 원칙) 기자는 출처가 분명치 아니하거나 확인되지 않은 사실을 부득이 보도할 경우 그 점을 분명히 밝혀야 한다.

③ (선정 보도의 금지) 기자는 성범죄·폭력 등 기타 위법적이거나, 비윤리적 행위를 보도할 때 음란하거나 잔인한 내용을 포함하는 등 선정적으로 보도해서는 안 되며, 또한 저속하게 표현해서는 안 된다.

④ (답변의 기회) 보도 기사가 개인이나 단체에 대한 비판적이거나 비방적 내용을 포함할 때에는 상대방에 해명의 기회를 주고, 그 내용을 반영해야 한다.

⑤ (보도 자료의 검증과 영리 이용 금지) 취재원이 제공하는 구두 발표와 보도 자료는 사실의 검증을 통해 확인 보도하는 것을 원칙으로

하며, 특히 영리적 목적으로 발표된 홍보 자료를 경계해야 한다.

⑥ (피의 사실의 검증 보도) 경찰 및 검찰 등 수사 기관이 제공하는 피의 사실은 진실 여부를 확인하도록 노력해야 하며, 특히 피고인 또는 피의자측에 해명의 기회를 주어야 한다.

제4조(사법 보도 준칙)

언론인은 사법 기관의 독립성을 부당하게 훼손하는 취재·보도·평론을 해서는 안 된다.

① (재판에 대한 부당 영향 금지) 언론인은 재판에 부당한 영향을 끼치는 취재·보도·평론을 해서는 안 된다.

② (판결문 등의 사전 보도 금지) 언론인은 판결문·결정문·공소장 및 기타 사법 문서를 사전에 보도·평론해서는 안 된다. 다만 관련 취재원이 사법 문서에 포함된 내용을 제공할 때는 예외로 한다.

제5조(취재원의 명시와 보호)

보도 기사는 취재원을 원칙적으로 익명이나 가명으로 표현해서는 안 되며, 추상적이거나 일반적인 취재원을 빙자하여 보도해서는 안 된다. 그러나 기자가 취재원의 비보도 요청에 동의한 경우 이를 보도해서는 안 된다.

① (취재원의 명시와 익명 조건) 기자는 취재원이나 출처를 가능한 한 밝혀야 한다. 다만 공익을 위해 부득이 필요한 경우나 보도 가치가 우선하는 경우 취재원이 요청하는 익명을 받아들일 수 있다. 이 경우 그 취재원이 익명을 요청하는 이유, 그의 소속 기관, 일반적 지위 등을 밝히도록 노력해야 한다.

② (제3자 비방과 익명 보도 금지) 기자는 취재원이 익명의 출처에

의존하거나 자기의 일방적 주장에 근거하여 제3자를 비판·비방·공격하는 경우 그의 익명 요청은 원칙적으로 받아들여서는 안 된다.

③ (배경 설명과 익명 조건) 기자는 취재원이 심층 배경 설명을 할 때 공익을 위해 필요한 경우 그의 익명 요청을 받아들일 수 있되 취재원의 소속 기관과 일반적 지위를 밝혀야 한다.

④ (취재원과의 비보도 약속) 기자가 취재원의 신원이나 내용의 비보도 요청에 동의한 경우 취재원이 비윤리적 행위 또는 불법 행위의 당사자인 경우를 제외하고는 보도해서는 안 된다.

⑤ (취재원 보호) 기자는 취재원의 안전이 위태롭거나 부당하게 불이익을 받을 위험이 있는 경우 그 신원을 밝혀서는 안 된다.

제6조(보도 보류 시한)

기자는 취재원이 요청하는 합리적인 보도 보류 시한을 특별한 이유가 없는 한 존중하여야 한다.

① (보도 보류 시한의 연장 금지) 기자는 자의적인 상호 협정으로 취재원이 원래 요청한 보도 보류 시한을 연장해서는 안 된다.

② (보도 보류 시한의 효력 상실) 보도 보류 시한은 한 언론사가 이를 지키지 않을 때에는 그 시점부터 다른 언론사들도 지켜야 할 의무를 지지 않는다.

제7조(범죄 보도와 인권 존중)

언론인은 유죄가 확정되기 전 형사 사건의 피의자 및 피고인의 인권을 존중해야 한다. 또한 범죄에 연루된 정신이상자와 박약자, 성범죄에 연루된 피해자 및 무관한 가족들의 인권을 존중해야 하며, 특히 이들의 신원을 밝히는 데 신중해야 한다.

① (형사 피의자 및 피고인의 명예 존중) 언론인은 형사 사건의 피의자 및 피고인의 무죄로 추정된다는 점을 유의하여 경칭을 사용하는 등 그의 명예와 인격을 존중해야 한다. 다만 피의자가 현행범인 경우와 기소 후 피고인에 대한 경칭의 사용 여부는 개별 언론사의 편집 정책에 따른다.

② (정신이상자의 익명 존중) 기자나 편집자는 범죄에 연루된 사람이 정신이상자 또는 박약자로 밝혀질 경우 면책되는 점에 유의하여 신원을 밝히는 데 신중해야 한다.

③ (성범죄와 무관한 가족 보호) 기자나 편집자는 성범죄를 보도하는 경우 무관한 가족의 신원을 밝혀서는 안 된다.

④ (미성년 피의자 신원 보호) 기자나 편집자는 미성년(18세 이하)의 피의자 또는 피고인의 사진 및 기타 신원 자료를 밝혀서는 안 된다.

⑤ (피의자 촬영 금지) 기자는 당사자의 동의 없이 형사 사건의 피의자를 촬영하거나 사진이나 영상을 보도해서는 안 된다. 다만 현행범과 공인의 경우는 예외로 한다.

⑥ (참고인 등의 촬영 금지) 기자는 당사자의 동의 없이 피의자 아닌 참고인 및 증인을 촬영하거나 보도해서는 안 된다. 다만 공인의 경우는 예외로 한다.

제8조(출판물의 전재와 인용)

언론사와 언론인은 신문·통신·잡지 등 기타 정기 간행물, 저작권 있는 출판물, 사진·그림·음악, 기타 시청각물의 내용을 표절해서는 안 되며, 내용을 전재 또는 인용할 때에는 그 출처를 밝혀야 한다.

① (통신 기사의 출처 명시) 언론사와 언론인은 통신 기사를 자사 기사와 구별하여 출처를 밝혀 사용하여야 하며, 사소한 내용을 변경하

여 자사 기사로 바꿔서는 안 된다.

② (타언론사 보도 등의 표절 금지) 언론사와 언론인은 타언론사의 보도와 평론을 표절해서는 안 되며, 출처를 명시하지 않고 실체적 내용을 인용해서는 안 된다.

③ (타출판물의 표절 금지) 언론사와 언론인은 타인의 저작권을 침해해서는 안 되며, 저작자의 동의 아래 인용할 경우 그 출처를 밝혀야 한다.

④ (사진 및 기타 시청각물의 저작권 보호) 언론사와 언론인은 개인이나 단체의 사진·그림·음악, 기타 시청각물의 저작권을 보호해야 하며, 보도나 평론에 사용할 경우 그 출처를 밝혀야 한다.

제9조(평론의 원칙)

평론은 진실을 근거로 의견을 공정하고 바르게 표명하되 균형과 절제를 잃지 말아야 하며, 특히 고의적 편파와 왜곡을 경계해야 한다. 또한 평론은 정치적 입장을 자유로이 표현할 수 있으며, 논쟁적 문제에 대해 다양한 공중의 의견을 폭넓게 수용하여 건전한 여론 형성을 위해 노력해야 한다.

① (논설의 정론성) 사설은 소속 언론인의 정론적 입장을 대변해야 하며, 특히 언론사의 상업적 이익이나 특정 단체와 종파의 이권을 대변해서는 안 된다.

② (정치적 평론의 자유) 사설 등 평론은 실정법을 위반하지 않는 한 특정 정당 또는 특정 후보자에 대한 지지 또는 반대를 표명하는 등 언론사의 정치적 입장을 자유로이 표현할 수 있다.

③ (반론의 기회) 사설 등 평론이 개인 또는 단체를 비판하는 경우 비판받은 당사자의 적절한 해명과 반론의 기회를 주도록 노력해야

한다.

제10조(편집 지침)

편집자는 사내외의 압력이나 억제로부터 자유로워야 하며, 공개된 편집 기준에 따라 독립적으로 편집해야 한다. 또한 편집자는 기사 내용을 과장하거나 왜곡하는 등 선정적인 편집을 해서는 안 된다.

① (표제의 원칙) 신문의 표제는 기사의 요약적 내용이나 핵심적 내용을 대표해야 하며, 기사 내용을 과장하거나 왜곡해서는 안 된다.

② (편집 변경 및 선정주의 금지) 편집자는 사내외의 부당한 요구에 따라 기사를 없애거나 기사의 면 배치, 면 위치, 크기 등 내용을 바꾸어서는 안 되며, 음란하거나 잔혹한 내용으로 선정적인 편집을 해서는 안 된다.

③ (미확인 사실 과대 편집 금지) 편집자는 출처가 분명하지 않거나 확인되지 않은 사실을 부득이 보도할 경우 과대하게 편집해서는 안 된다.

④ (기고 기사의 변경 금지) 편집자는 사외 기고 기사의 경우 기고자의 동의 없이 기사의 실체적 내용을 변경해서는 안 된다.

⑤ (기사의 정정) 편집자는 사실의 오류를 발견하거나 독자가 잘못된 사실의 정정을 요구할 경우 그 내용을 신속히, 그리고 뚜렷하게 게재해야 한다.

⑥ (관계 사진 게재) 보도 사진은 실체적 내용과 직접적으로 관련을 가져야 하며, 그것을 사진 설명으로 밝혀야 한다. 다만 부득이한 경우 기사와 간접적 관련이 있는 사진을 사용할 수 있되 그 사실을 밝혀야 한다.

⑦ (사진 조작의 금지) 편집자는 보도 사진의 실체적 내용을 삭제ㆍ

첨가·변형하는 등 조작해서는 안 된다. 다만 편집의 기술적 편의를 위해 부득이한 경우 최소한의 조작 기법을 사용할 수 있되 그 사실을 밝혀야 한다.

제11조(명예와 신용 존중)

언론인은 개인과 단체의 명예나 신용을 훼손하는 보도 및 평론을 해서는 안 된다.

① (개인의 명예·신용 훼손 금지) 기자는 오보, 부정확한 보도, 왜곡 보도, 그리고 공익과 무관한 사실 보도 등으로 개인이나 단체의 명예나 신용을 훼손해서는 안 된다.

② (저속한 표현에 의한 명예 훼손) 기자는 개인이나 단체를 저속하게 표현하여 명예를 훼손해서는 안 된다.

③ (사자의 명예 존중) 보도와 평론은 사자의 명예를 부당하게 훼손해서는 안 된다.

제12조(사생활 보호)

언론인은 공익을 위해 부득이 필요한 경우를 제외하고는 개인의 사생활을 보도·평론해서는 안 된다.

① (사생활 영역 침해 금지) 기자는 개인의 주거 등 사생활 영역에 허락 없이 침입해서는 안 된다.

② (전자 개인 정보 무단 검색 등 금지) 기자는 컴퓨터 등 전자 통신기에 입력된 개인 정보를 소유주나 관리자의 승인 없이 검색하거나 출력해서는 안 된다.

③ (사생활 등의 사진 촬영 및 보도 금지) 기자는 개인의 사생활, 사유물, 개인에 속한 기타 목적물을 동의 없이 촬영하거나 취재·보도

해서는 안 된다. 다만 공인의 경우는 예외로 한다.

④ (공인의 사생활 보도) 언론인은 공인의 사생활을 보도·평론하는 때에도 절제를 잃지 않도록 경계해야 한다.

제13조(어린이 보호)

언론인은 어린이의 건전한 인격 형성과 정서 함양을 위해 노력해야 하며, 특히 음란하거나 폭력적인 유해 환경으로부터 어린이를 보호해야 한다.

① (어린이 취재 보도) 기자는 부모나 기타 보호자의 승인 없이 어린이(13세 미만)를 대상으로 인터뷰나 촬영을 해서는 안 된다. 또한 기자는 학교장이나 유치원장 등 보호 책임자의 동의 없이 어린이를 접촉하거나 촬영을 해서는 안 된다.

② (성범죄와 어린이 보호) 기자나 편집자는 어린이나 어린이의 가족이 성범죄에 연루된 경우 그 어린이의 신원을 밝혀서는 안 된다.

③ (유괴 보도 제한 협조) 기자나 편집자는 어린이가 유괴된 경우 무사히 생환하는 데 모든 협조를 다해야 하며, 특히 유괴된 어린이가 범인의 수중에 있는 때에는 가족이나 수사 기관의 보도 제한 요청에 응해야 한다.

④ (유해 환경으로부터의 어린이 보호) 언론인은 폭력·음란·약물 사용의 장면을 미화하거나 지나치게 상세하게 보도하여 어린이에게 유해한 환경을 조성하지 않도록 특별히 경계해야 한다.

제14조(정보의 부당 이용 금지)

기자는 취재 과정에서 얻은 정보를 본인·친인척 또는 기타 지인의 이익을 위해서 사용하거나 다른 개인이나 기관에 넘겨서는 안 된다.

① (기자 본인 및 친인척의 소유 주식에 관한 보도 제한) 기자는 본인·친인척 또는 기타 지인이 이해 관계를 갖는 주식 및 증권 정보에 관해 보도해서는 안 된다.

② (소유 주식 및 증권의 거래 금지) 기자는 주식 및 증권 정보에 관해 최근에 기사를 썼거나 가까운 장래에 쓰고자 할 때 그 주식이나 증권의 상업적 거래에 직접 또는 간접적으로 참여해서는 안 된다.

③ (부동산 등 부당 거래 금지) 언론인은 취재 및 기타 언론 활동에서 얻은 정보를 부동산 거래 등 기타 사사로운 이익을 위해 이용해서는 안 된다.

제15조(언론인의 품위)

언론사와 언론인은 언론의 사회적 공기성에 합당하는 높은 직업적 기준을 준수함으로써 공인으로서의 품위를 지켜야 한다.

① (금품 수수 및 향응 금지) 언론사와 언론인은 취재·보도·평론·편집에 관련하여 이해 당사자로부터의 금품, 향응, 무료 여행 초대, 취재 여행의 경비, 제품 및 상품권, 고가의 기념품 등 경제적 이익을 받아서는 안 된다. 다만 서평을 위해 받은 서적은 예외로 하며, 제품 소개를 위해 받은 제품은 공공 목적을 위해 사용해야 한다.

② (부당한 집단 영향력 행사 금지) 기자는 공동 취재나 친목 또는 직업적 공동 이익을 위한 목적 이외에 단체를 구성하거나 활동해서는 안 되며, 출입처와 기업 등 취재원에 대해 집단적 영향력을 행사해서는 안 된다. 특히 이들 취재원으로부터 금품이나 부당한 향응을 받아서는 안 된다.

③ (부당한 금전 지불 금지) 언론인은 반사회적 범죄자에게 금전을 제공하는 등 비윤리적 방법에 의해 취재하거나 기타 자료를 취득해

서는 안 된다.

④ (기자의 광고·판매·보급 행위 금지) 언론사는 언론직 종사자(편집자·기자 등)에게 보급 행위 및 광고·판매를 요구해서는 안 되며, 언론직 종사자도 그런 요구를 받아들여서는 안 된다.

제16조(공익의 정의)

이 신문 윤리 실천 요강에서 규정하는 공익을 위해 필요한 경우는 다음과 같은 사항을 포함한다.

① (국가 안전 등) 국가의 안전 보장, 사회 질서 유지, 공공 복리를 위해 부득이한 경우.

② (공중 안녕) 공중의 보건과 안전 및 환경 보존을 위해 부득이한 경우.

③ (범죄의 폭로) 반사회적 범죄 또는 중대한 비윤리적 행위를 방지하기 위해 부득이한 경우.

④ (공중의 오도 방지) 개인이나 단체의 성명 또는 행동으로 공중이 오도되는 것을 막기 위해 부득이한 경우.

한국신문협회·한국신문방송편집인협회·한국기자협회는 개정된 신문 윤리 강령 및 실천 요강을 승인, 준칙으로 삼는다.

9. 신문 광고 윤리 강령

1. 신문 광고는 독자에게 이익을 주고 신뢰받을 수 있어야 한다.
2. 신문 광고는 공공질서와 미풍양속을 해치거나 신문의 품위를 손

상해서는 안 된다.

　3. 신문 광고는 관계 법규에 어긋나는 것이어서는 안 된다.

　4. 신문 광고는 그 내용이 진실하여야 하며, 과대한 표현으로 독자를 현혹시켜서는 안 된다.

1) 신문 광고 윤리 실천 요강

강령 1에 따라 다음과 같은 사항을 게재해서는 안 된다.

　① 비과학적 또는 미신적인 것.

　② 투기, 사행심을 선동하는 내용(단 당국의 허가를 받은 것은 예외로 한다).

　③ 공인 유권 기관이 인정하고 있지 않는 것.

강령 2에 따라 다음과 같은 사항을 게재해서는 안 된다.

　① 국가 변란의 위험이 있거나 군사·외교의 기밀에 관한 내용.

　② 혐오감이나 어떤 욕정을 불러 일으키는 음란·추악 또는 잔인한 내용.

　③ 어린이 및 청소년을 대상으로 하는 광고에 그들을 육체적 혹은 도덕적으로 그르치게 할 표현.

　④ 협박·폭력 등의 범죄 행위를 미화하거나 유발시킬 우려가 있는 내용.

　⑤ 미풍양속을 해치거나 공중에게 피해를 끼칠 우려가 있는 무허가 소개 업소(직업·통신)의 광고 또는 구인·구혼 광고.

　⑥ 국기·애국가 등 국가의 존엄성을 유지해야 할 상징 또는 인물(성현·위인·선열 등)을 모독하는 표현.

강령 3에 따라 다음과 같은 사항을 게재해서는 안 된다.

① 공익을 위함이 아니면서 타인 또는 단체나 기관을 비방·중상하여 그 명예나 신용을 훼손시키거나 업무를 방해하는 내용.

② 프라이버시 침해의 우려가 있는 타인의 성명·초상을 무단히 사용하는 것.

③ 법원에 계류중이거나 형사 사건 용의자의 표폄에 관한 내용.

④ 표절·모방 또는 기타 방법으로 타인의 권리를 침해하는 것.

강령 4에 따라 다음과 같은 사항을 게재해서는 안 된다.

① 허위 또는 불확실한 표현으로 대중을 기만·오도하는 내용.

② 광고주의 명칭, 주소 및 책임 소재가 불명한 것.

③ 광고임이 명확하지 않고 기사와 혼동되기 쉬운 편집 체제 및 표현.

④ 대중의 상품에 대한 지식의 부족이나 어떠한 허점을 악이용한 것.

⑤ 사회적으로 공인되지 않는 인허가·보증·추천·상장·자격증 등을 사용한 것.

2) 신문 광고 윤리 강령에 따른 규제 세칙

강령 2의 실천 요강

③ '어린이 및 청소년을 대상으로 하는 광고에 그들을 육체적 혹은 도덕적으로 그르치게 할 표현'의 경우.

예: '교재' '남녀 펜팔 안내' 등 교제 촉매 광고에서 불건전한 이성 접촉을 유발할 우려가 있는 표현(애인, 데이트 상대 소개, 비밀 보장, 1대1로 소개함 등)을 사용해서는 안 된다.

⑤ '미풍양속을 해치거나 공중에게 피해를 끼칠 우려가 있는 무허가 소개 업소(직업·통신)의 광고 또는 구인·구혼 광고'의 경우.

예1: 직업 안내 광고는 소개 업소의 관인 번호(종로 15소개소 등)를 명시하고, 요정·호텔·나이트클럽·다방 등 유흥업소의 경우는 전화번호와 상호·소재지 외에 영업 허가 또는 영업 감찰 번호를 명시해야 한다.

예2: 개인이 직접 가정부나 파출부를 구하는 광고는 전화번호뿐 아니라 주소를 명기해야 한다(단독주택은 번지, 공동 주택은 동 호수까지).

예3: 개인의 구혼 광고는 당사자임을 확인할 수 있는 연락처(주소 또는 직장)를 명시해야 한다.

강령 4의 '신문 광고는 그 내용이 진실하여야 하며, 과대한 표현으로 독자를 현혹시켜서는 안 된다'의 경우

예1: 학원·강습소 또는 학습지 등의 광고에서 무책임하게 취직을 약속(완전 취업 보장 등)하거나 허황된 보장(100% 합격 보장 등)을 공언한 표현.

예2: 구인 광고에서 고정급 아닌 상식선을 벗어난 가상 수입(침식에 월 OO만 원 보장 등)을 약속한 표현.

예3: 동업자 또는 대리점 모집 광고에서 터무니없이 과다한 배당금이나 이익금(OO만 원 투자로 월 OO만 원 보장 등)을 약속하는 표현.

강령 4의 실천 요강

② '광고주의 명칭, 주소 및 책임 소재가 불명한 것'의 경우.

예: 사금융 광고에 있어 개인은 성명 주소 전화번호 주민등록번호

를, 상사는 생호 주소지 전화번호 영업 허가 또는 영업 감찰 번호를
기입하고, 각각 이율, 융자 조건을 명시해야 한다.

참고 문헌

강상현, 채백(편), 《대중 매체의 이해와 활용》, 한나래, 2002.

강현두, 《현대 사회와 대중 문화》, 나남, 1998.

김광수, 《광고학》, 한나래, 2001.

김우룡, 《현대방송학》, 나남, 1999.

김우룡, 《뉴미디어 개론》, 나남, 1994.

김우룡 · 정인숙, 《현대 매스미디어의 이해》, 나남, 1999.

리처드 J. 해리스, 《매스미디어 심리학》, 이창근, 김광수 공역, 나남, 1991.

리틀 존, 《커뮤니케이션 이론》, 김홍규 역, 나남, 1996.

맥퀘일 · 윈달, 《커뮤니케이션 모델》, 임상원 · 유종원 공역, 나남, 2001.

발터 벤야민, 〈기술 복제 시대의 예술 작품〉, 차봉희(편역), 《현대 사회와 예술》, 문학과지성사, 1980.

방송문화진흥회(편), 《다매체 시대의 방송 윤리》, 한울, 1997.

오택섭 외, 《미디어와 정보 사회》, 나남, 2004.

이성구, 《광고, 크리에이티브론》, 나남, 1999.

일본민간방송연맹, 《방송 핸드북》, 김인규 역, 한울, 1995.

제임스 큐란 · 진 시튼, 《미디어와 권력》, 한울, 1997, 서경주 역.

조병량 외, 《현대 광고의 이해》, 나남, 1999.

존 워커, 《매스미디어와 미술》, 장선영 역, 시각과언어, 1998.

최윤희, 《현대 PR론》, 나남, 2000.

테오도르 W. 아도르노, 《음악사회학 입문》, 김방현 역, 삼호출판사, 1990.

프랑크 웹스터, 《정보 사회 이론》, 조동기 역, 사회비평사, 1997.

한국언론정보학회(편), 《현대 사회와 매스커뮤니케이션》, 한울, 2000.

현택수, 《사회 고발성 시사 보도 프로그램의 문제점 개선 방안 연구》, 한국방송개발원, 1996.

D. Bell. 《*The Coming of Post-Industrial Society*》, Basic Books, 1973.

Dominique Wolton, 《*Penser la communication*》, Flammarion, 1997, Paris.

Eric Maigret, 《*Sociologie de la communication et des médias*》, Armand

Colin, 2003, Paris.

F. Cairncross, 《거리의 소멸 ⓝ디지털 혁명》, 홍석기 역, 세종서적, 1999.

Herbert I. Shiller, 《*Information Inequality*》, Routledge, 1996, New York.

Jéréme Bourdon, Introduction aux médias, Montchrestien, 2000, Paris.

Rémy Rieffel, 《*Sociologie des médias*》, Ellipses, 2002, Paris.

법제처 홈페이지 http://www.moleg.go.kr.

한국방송영상산업진흥원 홈페이지 http://kbi.re.kr.

한국방송위원회 홈페이지 http://www.kbc.go.kr.

한국언론재단 홈페이지 http://www.kpf.or.kr.

TNS MEDIA KOREA 홈페이지 http://www.tnsmk.co.kr.

현택수

프랑스 파리 소르본대학교 사회학박사
전 한국방송개발원(KBI) 선임연구원
현재 고려대학교 인문대 사회학과 교수
주요 일간 신문과 시사 잡지 칼럼니스트로서 활동중
저서: 《문화와 권력》(편저) 《그래도 나는 벗기고 싶다》(문화비평집)
《노블레스 오블리주》 《예술과 문학의 사회학》 《너무한 당신, 노무현》
《일상 속의 대중 문화 읽기》 《현대인의 사랑과 성》 《바람의 자식들》
역서: 《강의에 대한 강의》 《텔레비전에 대하여》 《맞불》
홈페이지(http://welove.korea.ac.kr/~hyunts)에서는
사회 문화 평론과 공개 일기 및 독자와의 토론을 통해
자유로운 비판적 지식인의 모습을 엿볼 수 있다.
E-mail: loveme@korea.ac.kr.

문예신서
291

매스커뮤니케이션과 사회

초판 발행 : 2005년 3월 25일

東 文 選

제10-64호, 78. 12. 16 등록
110-300 서울 종로구 관훈동 74
전화 : 737-2795

IISBN 89-8038-525-0 94300
ISBN 89-8038-000-3 (세트/문예신서)

【東文選 現代新書】

1 21세기를 위한 새로운 엘리트	FORESEEN 연구소 / 김경현	7,000원
2 의지, 의무, 자유 — 주제별 논술	L. 밀러 / 이대희	6,000원
3 사유의 패배	A. 핑켈크로트 / 주태환	7,000원
4 문학이론	J. 컬러 / 이은경·임옥희	7,000원
5 불교란 무엇인가	D. 키언 / 고길환	6,000원
6 유대교란 무엇인가	N. 솔로몬 / 최창모	6,000원
7 20세기 프랑스철학	E. 매슈스 / 김종갑	8,000원
8 강의에 대한 강의	P. 부르디외 / 현택수	6,000원
9 텔레비전에 대하여	P. 부르디외 / 현택수	10,000원
10 고고학이란 무엇인가	P. 반 / 박범수	8,000원
11 우리는 무엇을 아는가	T. 나겔 / 오영미	5,000원
12 에쁘롱 — 니체의 문체들	J. 데리다 / 김다은	7,000원
13 히스테리 사례분석	S. 프로이트 / 태혜숙	7,000원
14 사랑의 지혜	A. 핑켈크로트 / 권유현	6,000원
15 일반미학	R. 카이유와 / 이경자	6,000원
16 본다는 것의 의미	J. 버거 / 박범수	10,000원
17 일본영화사	M. 테시에 / 최은미	7,000원
18 청소년을 위한 철학교실	A. 자카르 / 장혜영	7,000원
19 미술사학 입문	M. 포인턴 / 박범수	8,000원
20 클래식	M. 비어드·J. 헨더슨 / 박범수	6,000원
21 정치란 무엇인가	K. 미노그 / 이정철	6,000원
22 이미지의 폭력	O. 몽젱 / 이은민	8,000원
23 청소년을 위한 경제학교실	J. C. 드루엥 / 조은미	6,000원
24 순진함의 유혹 〔메디시스賞 수상작〕 P. 브뤼크네르 / 김웅권		9,000원
25 청소년을 위한 이야기 경제학	A. 푸르상 / 이은민	8,000원
26 부르디외 사회학 입문	P. 보네위츠 / 문경자	7,000원
27 돈은 하늘에서 떨어지지 않는다	K. 아른트 / 유영미	6,000원
28 상상력의 세계사	R. 보이아 / 김웅권	9,000원
29 지식을 교환하는 새로운 기술	A. 벵토릴라 外 / 김혜경	6,000원
30 니체 읽기	R. 비어즈워스 / 김웅권	6,000원
31 노동, 교환, 기술 — 주제별 논술	B. 데코사 / 신은영	6,000원
32 미국만들기	R. 로티 / 임옥희	10,000원
33 연극의 이해	A. 쿠프리 / 장혜영	8,000원
34 라틴문학의 이해	J. 가야르 / 김교신	8,000원
35 여성적 가치의 선택	FORESEEN연구소 / 문신원	7,000원
36 동양과 서양 사이	L. 이리가라이 / 이은민	7,000원
37 영화와 문학	R. 리처드슨 / 이형식	8,000원
38 분류하기의 유혹 — 생각하기와 조직하기 G. 비뇨 / 임기대		7,000원
39 사실주의 문학의 이해	G. 라루 / 조성애	8,000원
40 윤리학 — 악에 대한 의식에 관하여 A. 바디우 / 이종영		7,000원
41 흙과 재 〔소설〕	A. 라히미 / 김주경	6,000원

84	조와(弔蛙)	金教臣 / 노치준·민혜숙	8,000원
85	역사적 관점에서 본 시네마	J. -L. 뢰트라 / 곽노경	8,000원
86	욕망에 대하여	M. 슈벨 / 서민원	8,000원
87	산다는 것의 의미·1—여분의 행복	P. 쌍소 / 김주경	7,000원
88	철학 연습	M. 아롱델-로오 / 최은영	8,000원
89	삶의 기쁨들	D. 노게 / 이은민	6,000원
90	이탈리아영화사	L. 스키파노 / 이주현	8,000원
91	한국문화론	趙興胤	10,000원
92	현대연극미학	M. -A. 샤르보니에 / 홍지화	8,000원
93	느리게 산다는 것의 의미·2	P. 쌍소 / 김주경	7,000원
94	진정한 모럴은 모럴을 비웃는다	A. 에슈고엔 / 김웅권	8,000원
95	한국종교문화론	趙興胤	10,000원
96	근원적 열정	L. 이리가라이 / 박정오	9,000원
97	라캉, 주체 개념의 형성	B. 오질비 / 김 석	9,000원
98	미국식 사회 모델	J. 바이스 / 김종명	7,000원
99	소쉬르와 언어과학	P. 가데 / 김용숙·임정혜	10,000원
100	철학적 기본 개념	R. 페르버 / 조국현	8,000원
101	맞불	P. 부르디외 / 현택수	10,000원
102	글렌 굴드, 피아노 솔로	M. 슈나이더 / 이창실	7,000원
103	문학비평에서의 실험	C. S. 루이스 / 허 종	8,000원
104	코뿔소 〔희곡〕	E. 이오네스코 / 박형섭	8,000원
105	지각—감각에 관하여	R. 바르바라 / 공정아	7,000원
106	철학이란 무엇인가	E. 크레이그 / 최생열	8,000원
107	경제, 거대한 사탄인가?	P. -N. 지로 / 김교신	7,000원
108	딸에게 들려 주는 작은 철학	R. 시몬 셰퍼 / 안상원	7,000원
109	도덕에 관한 에세이	C. 로슈·J. -J. 바레르 / 고수현	6,000원
110	프랑스 고전비극	B. 클레망 / 송민숙	8,000원
111	고전수사학	G. 위딩 / 박성철	10,000원
112	유토피아	T. 파코 / 조성애	7,000원
113	쥐비알	A. 자르댕 / 김남주	7,000원
114	증오의 모호한 대상	J. 아순 / 김승철	8,000원
115	개인—주체철학에 대한 고찰	A. 르노 / 장정아	7,000원
116	이슬람이란 무엇인가	M. 루스벤 / 최생열	8,000원
117	테러리즘의 정신	J. 보드리야르 / 배영달	8,000원
118	역사란 무엇인가	존 H. 아널드 / 최생열	8,000원
119	느리게 산다는 것의 의미·3	P. 쌍소 / 김주경	7,000원
120	문학과 정치 사상	P. 페티티에 / 이종민	8,000원
121	가장 아름다운 하나님 이야기	A. 보테르 外 / 주태환	8,000원
122	시민 교육	P. 카니베즈 / 박주원	9,000원
123	스페인영화사	J.- C. 스갱 / 정동섭	8,000원
124	인터넷상에서—행동하는 지성	H. L. 드레퓌스 / 정혜욱	9,000원
125	내 몸의 신비—세상에서 가장 큰 기적	A. 지오르당 / 이규식	7,000원

23 朝鮮의 占卜과 豫言	村山智順 / 金禧慶	28,000원
24 원시미술	L. 아담 / 金仁煥	16,000원
25 朝鮮民俗誌	秋葉隆 / 沈雨晟	12,000원
26 神話의 이미지	J. 캠벨 / 扈承喜	근간
27 原始佛教	中村元 / 鄭泰爀	8,000원
28 朝鮮女俗考	李能和 / 金尙憶	24,000원
29 朝鮮解語花史(조선기생사)	李能和 / 李在崑	25,000원
30 조선창극사	鄭魯湜	17,000원
31 동양회화미학	崔炳植	18,000원
32 性과 결혼의 민족학	和田正平 / 沈雨晟	9,000원
33 農漁俗談辭典	宋在璇	12,000원
34 朝鮮의 鬼神	村山智順 / 金禧慶	12,000원
35 道敎와 中國文化	葛兆光 / 沈揆昊	15,000원
36 禪宗과 中國文化	葛兆光 / 鄭相泓·任炳權	8,000원
37 오페라의 역사	L. 오레이 / 류연희	절판
38 인도종교미술	A. 무케르지 / 崔炳植	14,000원
39 힌두교의 그림언어	안넬리제 外 / 全在星	9,000원
40 중국고대사회	許進雄 / 洪 熹	30,000원
41 중국문화개론	李宗桂 / 李宰碩	23,000원
42 龍鳳文化源流	王大有 / 林東錫	25,000원
43 甲骨學通論	王宇信 / 李宰碩	40,000원
44 朝鮮巫俗考	李能和 / 李在崑	20,000원
45 미술과 페미니즘	N. 부루드 外 / 扈承喜	9,000원
46 아프리카미술	P. 윌레뜨 / 崔炳植	절판
47 美의 歷程	李澤厚 / 尹壽榮	28,000원
48 曼茶羅의 神들	立川武藏 / 金龜山	19,000원
49 朝鮮歲時記	洪錫謨 外/李錫浩	30,000원
50 하 상	蘇曉康 外 / 洪 熹	절판
51 武藝圖譜通志 實技解題	正 祖 / 沈雨晟·金光錫	15,000원
52 古文字學첫걸음	李學勤 / 河永三	14,000원
53 體育美學	胡小明 / 閔永淑	18,000원
54 아시아 美術의 再發見	崔炳植	9,000원
55 曆과 占의 科學	永田久 / 沈雨晟	8,000원
56 中國小學史	胡奇光 / 李宰碩	20,000원
57 中國甲骨學史	吳浩坤 外 / 梁東淑	35,000원
58 꿈의 철학	劉文英 / 河永三	22,000원
59 女神들의 인도	立川武藏 / 金龜山	19,000원
60 性의 역사	J. L. 플랑드렝 / 편집부	18,000원
61 쉬르섹슈얼리티	W. 챠드윅 / 편집부	10,000원
62 여성속담사전	宋在璇	18,000원
63 박재서희곡선	朴栽緒	10,000원
64 東北民族源流	孫進己 / 林東錫	13,000원

65 朝鮮巫俗의 研究(상·하)	赤松智城·秋葉隆 / 沈雨晟	28,000원
66 中國文學 속의 孤獨感	斯波六郎 / 尹壽榮	8,000원
67 한국사회주의 연극운동사	李康烈	8,000원
68 스포츠인류학	K. 블랑챠드 外 / 박기동 外	12,000원
69 리조복식도감	리팔찬	20,000원
70 娼 婦	A. 꼬르벵 / 李宗旼	22,000원
71 조선민요연구	高晶玉	30,000원
72 楚文化史	張正明 / 南宗鎭	26,000원
73 시간, 욕망, 그리고 공포	A. 코르뱅 / 변기찬	18,000원
74 本國劍	金光錫	40,000원
75 노트와 반노트	E. 이오네스코 / 박형섭	20,000원
76 朝鮮美術史研究	尹喜淳	7,000원
77 拳法要訣	金光錫	30,000원
78 艸衣選集	艸衣意恂 / 林鍾旭	20,000원
79 漢語音韻學講義	董少文 / 林東錫	10,000원
80 이오네스코 연극미학	C. 위베르 / 박형섭	9,000원
81 중국문자훈고학사전	全廣鎭 편역	23,000원
82 상말속담사전	宋在璇	10,000원
83 書法論叢	沈尹默 / 郭魯鳳	16,000원
84 침실의 문화사	P. 디비 / 편집부	9,000원
85 禮의 精神	柳 肅 / 洪 熹	20,000원
86 조선공예개관	沈雨晟 편역	30,000원
87 性愛의 社會史	J. 솔레 / 李宗旼	18,000원
88 러시아미술사	A. I. 조토프 / 이건수	22,000원
89 中國書藝論文選	郭魯鳳 選譯	25,000원
90 朝鮮美術史	關野貞 / 沈雨晟	30,000원
91 美術版 탄트라	P. 로슨 / 편집부	8,000원
92 군달리니	A. 무케르지 / 편집부	9,000원
93 카마수트라	바쨔야나 / 鄭泰爀	18,000원
94 중국언어학총론	J. 노먼 / 全廣鎭	28,000원
95 運氣學說	任應秋 / 李宰碩	15,000원
96 동물속담사전	宋在璇	20,000원
97 자본주의의 아비투스	P. 부르디외 / 최종철	10,000원
98 宗敎學入門	F. 막스 뮐러 / 金龜山	10,000원
99 변 화	P. 바츨라빅크 外 / 박인철	10,000원
100 우리나라 민속놀이	沈雨晟	15,000원
101 歌訣(중국역대명언경구집)	李宰碩 편역	20,000원
102 아니마와 아니무스	A. 융 / 박해순	8,000원
103 나, 너, 우리	L. 이리가라이 / 박정오	12,000원
104 베케트연극론	M. 푸크레 / 박형섭	8,000원
105 포르노그래피	A. 드워킨 / 유혜련	12,000원
106 셸 링	M. 하이데거 / 최상욱	12,000원

107	프랑수아 비용	宋 勉	18,000원
108	중국서예 80제	郭魯鳳 편역	16,000원
109	性과 미디어	W. B. 키 / 박해순	12,000원
110	中國正史朝鮮列國傳(전2권)	金聲九 편역	120,000원
111	질병의 기원	T. 매큐언 / 서 일·박종연	12,000원
112	과학과 젠더	E. F. 켈러 / 민경숙·이현주	10,000원
113	물질문명·경제·자본주의	F. 브로델 / 이문숙 外	절판
114	이탈리아인 태고의 지혜	G. 비코 / 李源斗	8,000원
115	中國武俠史	陳 山 / 姜鳳求	18,000원
116	공포의 권력	J. 크리스테바 / 서민원	23,000원
117	주색잡기속담사전	宋在璇	15,000원
118	죽음 앞에 선 인간(상·하)	P. 아리에스 / 劉仙子	각권 8,000원
119	철학에 대하여	L. 알튀세르 / 서관모·백승욱	12,000원
120	다른 곳	J. 데리다 / 김다은·이혜지	10,000원
121	문학비평방법론	D. 베르제 外 / 민혜숙	12,000원
122	자기의 테크놀로지	M. 푸코 / 이희원	16,000원
123	새로운 학문	G. 비코 / 李源斗	22,000원
124	천재와 광기	P. 브르노 / 김웅권	13,000원
125	중국은사문화	馬 華·陳正宏 / 강경범·천현경	12,000원
126	푸코와 페미니즘	C. 라마자노글루 外 / 최 영 外	16,000원
127	역사주의	P. 해밀턴 / 임옥희	12,000원
128	中國書藝美學	宋 民 / 郭魯鳳	16,000원
129	죽음의 역사	P. 아리에스 / 이종민	18,000원
130	돈속담사전	宋在璇 편	15,000원
131	동양극장과 연극인들	김영무	15,000원
132	生育神과 性巫術	宋兆麟 / 洪 熹	20,000원
133	미학의 핵심	M. M. 이턴 / 유호전	20,000원
134	전사와 농민	J. 뒤비 / 최생열	18,000원
135	여성의 상태	N. 에니크 / 서민원	22,000원
136	중세의 지식인들	J. 르 고프 / 최애리	18,000원
137	구조주의의 역사(전4권)	F. 도스 / 김웅권 外	Ⅰ·Ⅱ·Ⅳ 15,000원 / Ⅲ 18,000원
138	글쓰기의 문제해결전략	L. 플라워 / 원진숙·황정현	20,000원
139	음식속담사전	宋在璇 편	16,000원
140	고전수필개론	權 瑚	16,000원
141	예술의 규칙	P. 부르디외 / 하태환	23,000원
142	"사회를 보호해야 한다"	M. 푸코 / 박정자	20,000원
143	페미니즘사전	L. 터틀 / 호승희·유혜련	26,000원
144	여성심벌사전	B. G. 워커 / 정소영	근간
145	모데르니테 모데르니테	H. 메쇼닉 / 김다은	20,000원
146	눈물의 역사	A. 뱅상뷔포 / 이자경	18,000원
147	모더니티입문	H. 르페브르 / 이종민	24,000원
148	재생산	P. 부르디외 / 이상호	23,000원

149	종교철학의 핵심	W. J. 웨인라이트 / 김희수	18,000원
150	기호와 몽상	A. 시몽 / 박형섭	22,000원
151	융분석비평사전	A. 새뮤얼 外 / 민혜숙	16,000원
152	운보 김기창 예술론연구	최병식	14,000원
153	시적 언어의 혁명	J. 크리스테바 / 김인환	20,000원
154	예술의 위기	Y. 미쇼 / 하태환	15,000원
155	프랑스사회사	G. 뒤프 / 박 단	16,000원
156	중국문예심리학사	劉偉林 / 沈揆昊	30,000원
157	무지카 프라티카	M. 캐넌 / 김혜중	25,000원
158	불교산책	鄭泰爀	20,000원
159	인간과 죽음	E. 모랭 / 김명숙	23,000원
160	地中海(전5권)	F. 브로델 / 李宗旼	근간
161	漢語文字學史	黃德實·陳秉新 / 河永三	24,000원
162	글쓰기와 차이	J. 데리다 / 남수인	28,000원
163	朝鮮神事誌	李能和 / 李在崑	근간
164	영국제국주의	S. C. 스미스 / 이태숙·김종원	16,000원
165	영화서술학	A. 고드로·F. 조스트 / 송지연	17,000원
166	美學辭典	사사키 겡이치 / 민주식	22,000원
167	하나이지 않은 성	L. 이리가라이 / 이은민	18,000원
168	中國歷代書論	郭魯鳳 譯註	25,000원
169	요가수트라	鄭泰爀	15,000원
170	비정상인들	M. 푸코 / 박정자	25,000원
171	미친 진실	J. 크리스테바 外 / 서민원	25,000원
172	디스탱숑(상·하)	P. 부르디외 / 이종민	근간
173	세계의 비참(전3권)	P. 부르디외 外 / 김주경	각권 26,000원
174	수묵의 사상과 역사	崔炳植	근간
175	파스칼적 명상	P. 부르디외 / 김웅권	22,000원
176	지방의 계몽주의	D. 로슈 / 주명철	30,000원
177	이혼의 역사	R. 필립스 / 박범수	25,000원
178	사랑의 단상	R. 바르트 / 김희영	20,000원
179	中國書藝理論體系	熊秉明 / 郭魯鳳	23,000원
180	미술시장과 경영	崔炳植	16,000원
181	카프카—소수적인 문학을 위하여	G. 들뢰즈·F. 가타리 / 이진경	18,000원
182	이미지의 힘—영상과 섹슈얼리티	A. 쿤 / 이형식	13,000원
183	공간의 시학	G. 바슐라르 / 곽광수	23,000원
184	랑데부—이미지와의 만남	J. 버거 / 임옥희·이은경	18,000원
185	푸코와 문학—글쓰기의 계보학을 향하여	S. 듀링 / 오경심·홍유미	26,000원
186	각색, 연극에서 영화로	A. 엘보 / 이선형	16,000원
187	폭력과 여성들	C. 도펭 外 / 이은민	18,000원
188	하드 바디—할리우드 영화에 나타난 남성성	S. 제퍼드 / 이형식	18,000원
189	영화의 환상성	J. -L. 뢰트라 / 김경온·오일환	18,000원
190	번역과 제국	D. 로빈슨 / 정혜욱	16,000원

191 그라마톨로지에 대하여　J. 데리다 / 김웅권　35,000원
192 보건 유토피아　R. 브로만 外 / 서민원　20,000원
193 현대의 신화　R. 바르트 / 이화여대기호학연구소　20,000원
194 중국회화백문백답　郭魯鳳　근간
195 고서화감정개론　徐邦達 / 郭魯鳳　30,000원
196 상상의 박물관　A. 말로 / 김웅권　26,000원
197 부빈의 일요일　J. 뒤비 / 최생열　22,000원
198 아인슈타인의 최대 실수　D. 골드스미스 / 박범수　16,000원
199 유인원, 사이보그, 그리고 여자　D. 해러웨이 / 민경숙　25,000원
200 공동 생활 속의 개인주의　F. 드 생글리 / 최은영　20,000원
201 기식자　M. 세르 / 김웅권　24,000원
202 연극미학─플라톤에서 브레히트까지의 텍스트들　J. 셰레 外 / 홍지화　24,000원
203 철학자들의 신　W. 바이셰델 / 최상욱　34,000원
204 고대 세계의 정치　모제스 I 핀레이 / 최생열　16,000원
205 프란츠 카프카의 고독　M. 로베르 / 이창실　18,000원
206 문화 학습─실천적 입문서　J. 자일스·T. 미들턴 / 장성희　24,000원
207 호모 아카데미쿠스　P. 부르디외 / 임기대　29,000원
208 朝鮮槍棒教程　金光錫　40,000원
209 자유의 순간　P. M. 코헨 / 최하영　16,000원
210 밀교의 세계　鄭泰爀　16,000원
211 토탈 스크린　J. 보드리야르 / 배영달　19,000원
212 영화와 문학의 서술학　F. 바누아 / 송지연　22,000원
213 텍스트의 즐거움　R. 바르트 / 김희영　15,000원
214 영화의 직업들　B. 라트롱슈 / 김경온·오일환　16,000원
215 소설과 신화　이용주　15,000원
216 문화와 계급─부르디외와 한국 사회　홍성민 外　18,000원
217 작은 사건들　R. 바르트 / 김주경　14,000원
218 연극분석입문　J. -P. 링가르 / 박형섭　18,000원
219 푸코　G. 들뢰즈 / 허 경　17,000원
220 우리나라 도자기와 가마터　宋在璇　30,000원
221 보이는 것과 보이지 않는 것　M. 퐁티 / 남수인·최의영　30,000원
222 메두사의 웃음/출구　H. 식수 / 박혜영　19,000원
223 담화 속의 논증　R. 아모시 / 장인봉　20,000원
224 포켓의 형태　J. 버거 / 이영주　근간
225 이미지심벌사전　A. 드 브리스 / 이원두　근간
226 이데올로기　D. 호크스 / 고길환　16,000원
227 영화의 이론　B. 발라즈 / 이형식　20,000원
228 건축과 철학　J. 보드리야르·J. 누벨 / 배영달　16,000원
229 폴 리쾨르─삶의 의미들　F. 도스 / 이봉지 外　근간
230 서양철학사　A. 케니 / 이영주　29,000원
231 근대성과 육체의 정치학　D. 르 브르통 / 홍성민　20,000원
232 허난설헌　金成南　16,000원

【기 타】

東文選 現代新書 1

21세기를 위한 새로운 엘리트

FORSEEN 연구소 (프)

김경현 옮김

우리 사회의 미래를 누르고 있는 경제적·사회적 그리고 도덕적 불확실성과 격변하는 세계에서 새로운 지표들을 찾는 어려움은 엘리트들의 역할과 책임에 대한 재고를 요구한다.

엘리트의 쇄신은 불가피하다. 미래의 지도자들은 어떠한 모습을 갖게 될 것인가? 그들은 어떠한 조건하의 위기 속에서 흔들린 그들의 신뢰도를 다시금 회복할 수 있을 것인가? 기업의 경영을 위해 어떠한 변화를 기대해야 할 것인가? 미래의 결정자들을 위해서 어떠한 교육이 필요한가? 다가오는 시대의 의사결정자들에게 필요한 자질들은 어떠한 것들일까?

이 한 권의 연구보고서는 21세기를 이끌어 나갈 엘리트들에 대한 기대와 조건분석을 시도하고 있으며, 구체적으로 그들이 담당할 역할과 반드시 갖추어야 될 미래에 대한 비전을 제시하고 있다.

본서는 프랑스의 세계적인 커뮤니케이션 그룹인 아바스 그룹 산하의 포르셍 연구소에서 펴낸 《미래에 대한 예측총서》 중의 하나이다. 63개국에 걸친 연구원들의 활동을 바탕으로 세계적인 차원에서 우리 사회를 변화시키게 될 여러 가지 추세들을 깊숙이 파악하고 있다.

사회학적 추세를 연구하는 포르셍 연구소의 이번 연구는 단순히 미래를 예측하는 데에 그치는 것이 아니라, 미래를 준비하는 자들로 하여금 보충적인 성찰의 요소들을 비롯해서, 그들을 에워싸고 있는 세계에 대한 보다 넓은 이해를 지닌 상태에서 행동하고 앞날을 맞이하게끔 하기 위해서 이 관찰을 활용하자는 것이다.

東文選 現代新書 26

부르디외 사회학 입문

파트리스 보네위츠

문경자 옮김

사회학이란 무엇인가? 사회는 무엇이며, 그것은 어떻게 재생산되는가? 혹은 반대로 사회는 어떻게 변화하는가? 개인이 차지하는 위치는 무엇인가?

분열된 학문인 사회학에서 부르디외의 접근방식은 흥미를 끌지 않을 수 없다. 만약 그가 주장하듯이 과학적 분석이 장의 개념에서 출발하여 이루어질 수 있다면, 그 속에 속해 있는 행위자들 사이의 투쟁은 필연적일 것이다. 그렇기 때문에 그들 중의 일부는 보존 혹은 확장의 전략들을 이용하고, 또 다른 일부는 전복의 전략들을 이용하기도 한다.

본서는 고등학교 졸업반 및 대학 초년생들의 사회경제학 프로그램에 포함된 여러 주제들을 검토하는 데에 활용될 수 있다.

● 첫째, 부르디외를 그 자신의 역사적 · 이론적 추론의 틀 속에 위치시키면서 그를 소개한다.

● 사회화 과정, 사회의 계층화, 문화적 실천 혹은 불평등의 재생산과 같은 다양한 사회적 사실들을 해명할 수 있게 해주는 개념들과 방법론의 특수성을 설명한다.

● 마지막으로 이 이론의 주요한 한계들을 제시한다.

따라서 대개 산만하게 소개된 부르디외의 이론에 대해 일관된 관점을 가지고 싶어하는 학생들은 이 책을 읽음으로써 흥미를 느낄 수 있을 것이다. 또한 중요한 발췌문을 통해 부르디외의 텍스트들과 친숙해지고, 그의 연구를 더욱 심화, 확대시켜 나갈 수 있을 것이다.

東文選 現代新書 81

영원한 황홀

파스칼 브뤼크네르

김웅권 옮김

"당신은 행복해지기 위해 사는가?"

당신은 왜 사는가? 전통적으로 많이 들어온 유명한 답변 중 하나는 "행복해지기 위해서 산다"이다. 이때 '행복'은 우리에게 목표가 되고, 스트레스가 되며, 역설적으로 불행의 원천이 된다. 브뤼크네르는 그러한 '행복의 강박증'으로부터 당신을 치유하기 위해 이 책을 썼다. 프랑스의 전 언론이 기립박수에 가까운 찬사를 보낸 이 책은 사실상 석 달 가까이 베스트셀러 1위를 지켜내면서 프랑스를 '들었다 놓은' 철학 에세이이다.

"어떻게 지내십니까? 잘 지내시죠?"라고 묻는 인사말에도 상대에게 행복을 강제하는 이데올로기가 숨쉬고 있다. 당신은 행복을 숭배하고 있다. 그것은 서구 사회를 침윤하고 있는 집단적 마취제다. 당신은 인정해야 한다. 불행도 분명 삶의 뿌리다. 그 뿌리는 결코 뽑히지 않는다. 이것을 받아들일 때 당신은 '행복의 의무'로부터 해방될 것이고, 행복하지 않아도 부끄럽지 않게 될 것이다.

대신 저자는 자유롭고 개인적인 안락을 제안한다. '행복은 어림치고 접근해서 조용히 잡아야 하는 것'이다. 현대인들의 '저속한 허식'인 행복의 웅덩이로부터 당신 자신을 건져내라. 그때 '빛나지도 계속되지도 않는 것이 지닌 부드러움과 덧없음'이 당신을 따뜻이 안아 줄 것이다. 그곳에 영원한 만족감이 있다.

중세에서 현대까지 동서의 명현석학과 문호들을 풍부하게 인용하는 저자의 깊은 지식샘, 그리고 혀끝에 맛을 느끼게 해줄 듯 명징하게 떠오르는 탁월한 비유 문장들은 이 책을 오래오래 되읽고 싶은 욕심을 갖게 한다. 독자들께 권해 드린다. — 조선일보, 2001. 11. 3.

東文選 現代新書 98

미국식 사회 모델

쥐스탱 바이스

김종명 옮김

　미국 (똑)바로 알기! 미국은 이제 단지 전세계의 모델이 아니다. 미국은 이미 세계 그 자체이다. 현재와 같은 군사적·문화적·경제적 반식민 상태에서 우리가 미국을 제대로 바라볼 수 있을까? 우리는 미국을 얼마나 알고 있으며, 또 한국과 미국의 비교는 가능한가? 한편으로는 대북 문제에서부터 금메달 및 개고기 문제에 이르기까지, 다른 한편으로는 병역기피성 미국시민권 취득에서부터 미국 가서 아이낳기 붐에 이르기까지, 사사건건 구겨진 자존심에 감정적으로 대응해서야 어찌 미국을 제대로 알 수 있겠는가.

　본서는 구소련의 붕괴 이후 자유주의 모델의 국가들 중에서 다른 어떤 나라들보다도 더 보편성을 추구하였고, 그래서 전인류에게 모범이 될 만한 사회·정치를 포괄하는 하나의 체계, 즉 완비된 모델을 제시하려고 노력하는 미국과 프랑스를 비교·분석하고 있다.

　유럽의 계몽주의에 뿌리를 둔 미국과 프랑스의 보편주의는 미국과 구소련 사이의 대립 앞에서 오랫동안 인식되지 못했으나, 냉전이 끝난 오늘날에는 이 둘의 차이가 새삼스레 부각되고 있다. 한때 그 역사적 몰락이 예고되었다고 믿었던 미국의 힘이 1980년대말 이래로 전세계에 그 광휘를 드러내고 있으며, 이전의 그 어느때보다도 더욱 전세계에 그들의 행동 양식과 경제에 대한 가르침을 주려는 기세이다. 이와 달리 연합된 유럽을 대표하는 프랑스식 모델은 거의 배타적으로 영향력을 행사하는 미국식 모델 때문에 점점 외부로의 영향력을 상실하고 있고, 내적으로도 그 정체성을 잃어가고 있다.

　바로 이런 시점에서 본서는 유럽의 견유주의를 대표하는 프랑스식 모델과 윌슨주의를 표방하는 미국식 모델이 정치적·경제적·사회적 측면에서 어떻게 다른지를 비교·분석해 주고 있다.

東文選 現代新書 129

번영의 비참

— 종교화한 시장 경제와 그 적들

파스칼 브뤼크네르 / 이창실 옮김

'2002 프랑스 BOOK OF ECONOMY賞' 수상
'2002 유러피언 BOOK OF ECONOMY賞' 특별수훈

번영의 한가운데서 더 큰 비참이 확산되고 있다면 세계화의 혜택은 무엇이란 말인가?

모든 종교와 이데올로기가 붕괴되는 와중에 그래도 버티는 게 있다면 그건 경제다. 경제는 이제 무미건조한 과학이나 이성의 냉철한 활동이기를 그치고, 발전된 세계의 마지막 영성이 되었다. 이 준엄한 종교성은 이렇다 할 고양된 감정은 없어도 제의(祭儀)에 가까운 열정을 과시한다.

이 신화로부터 새로운 반체제 운동들이 사람들의 마음을 사로잡는다. 시장의 불공평을 비난하는 이 운동들은 지상의 모든 혼란의 원인이 시장에 있다고 본다. 그러나 실상은 그렇게 하면서 시장을 계속 역사의 원동력으로 삼게 된다. 신자유주의자들이나 이들을 비방하는 자들 모두가 같은 신앙으로 결속되어 있는 만큼 그들은 한통속이라 할 수 있다.

그렇다면 우리가 벗어나야 하는 것은 자본주의가 아니라 경제만능주의이다. 사회 전체를 지배하려 드는 경제의 원칙, 우리를 근면한 햄스터로 실추시켜 단순히 생산자·소비자 혹은 주주라는 역할에 가두어두는 이 원칙을 너나없이 떠받드는 상황에서 벗어나야 한다. 일체의 시장 경제 행위를 원위치에 되돌려 놓고 시장 경제가 아닌 자리를 되찾아야 한다. 이것은 우리 삶의 의미와도 직결되는 문제이기 때문이다.

파스칼 브뤼크네르: 1948년생으로 오늘날 프랑스에서 가장 영향력 있는 에세이스트이자 소설가이기도 하다. 그는 매 2년마다 소설과 에세이를 번갈아 가며 발표하고 있다. 주요 저서로는 《순진함의 유혹》(1995 메디치상), 《아름다움을 훔친 자들》(1997 르노도상), 《영원한 황홀》 등이 있으며, 1999년에는 프랑스에서 가장 많이 팔린 작가로 뽑히기도 하였다.

東文選 現代新書 153

세계의 폭력

장 보드리야르 / 에드가 모랭
배영달 옮김

충격으로 표명된 최초의 논평 이후 2001년 9월 11일의 뉴욕 테러 사건을 어떻게 해석해야 할까? 미국 영토에서 발생한 테러리즘에 대한 이 눈길을 끄는 표현은 무엇을 의미하는 것일까?

아랍세계연구소에서 개최된 이 두 강연을 통해서, 장 보드리야르와 에드가 모랭은 이 사건을 '세계화'의 현재의 풍경 속에 다시 놓고 생각한다.

보드리야르의 관점에서 보면 쌍둥이 빌딩이라는 거만한 건축물은 쌍둥이 빌딩의 파괴와 무관하지 않으며, 금융의 힘과 승승장구하던 자유주의에 바쳐진 세계의 상징적 붕괴와 무관하지 않다. "극단적으로 말해서 테러리스들이 이 일을 저질렀지만, 그것은 우리가 원하는 바였다."고 그는 역설한다.

자신이 심사숙고한 중요한 주제들이 발견되는 한 텍스트를 통해, 에드가 모랭은 테러 행위를 가능하게 만들었던 역사적 조건들을 상기시키고, 나아가 다른 미래를 창조하기 위해 세계적인 자각에 호소한다.

이 두 강연은 현대 테러리즘의 의미와, 이 절대적 폭력이 탄생할 수 있는 세계의 상황을 이해하는 데 매우 중요한 것이 되고 있다.

東文選 文藝新書 116

공포의 권력

줄리아 크리스테바

서민원 옮김

  이 책은 크리스테바가 셀린의 전기적·정치문학적인 경험을 대상으로 한 텍스트를 구상하면서 쓴 책이다. 셀린을 연구하면서, 크리스테바는 셀린이 개인적으로는 질병과 육체의 붕괴나 윤리·도덕의 피폐, 사회적으로는 가족과 집단 공동체의 붕괴 및 제1·2차 세계대전 등이 그에게 편집증적으로 집중되는 주제인 것에 관심을 가지고, 그 지긋지긋한 상태에 대한 접근 방법으로 아브젝시옹을 선택한다.

  이 책의 제Ⅰ장은 아브젝시옹에 대한 현상학적 접근 방법으로 이루어져 있다. 제Ⅱ장은 크리스테바가 직접 몸담고 있는 정신분석학적인 접근 방법으로서, 공포증과 경계례의 구조에 의거하여 아브젝시옹의 개념을 명확히 하려는 시도로 이루어져 있다. 제Ⅲ장은 오래 전부터 인간의 의식(儀式)들 속에서 행해지는 정화 행위의 본질이란, 아브젝시옹을 통한 의식이라는 사실에 초점이 맞추어져 있다. 제Ⅳ장과 제Ⅴ장 역시 동서고금을 통해 모든 종교가 억압하려는 아브젝시옹이야말로 종교의 다른 한 면이자 종교 자체를 존재케 하는 힘이라는 사실을 강조한다. 제Ⅵ장에서부터는 셀린의 정치 팜플렛을 중심으로 한 정치·전기·문학상의 경험을 형상화한다.

  이 책은 지식의 전달만을 그 목적으로 하지 않는다. 셀린이라는 한 작가의 문학적 경험을 통해, 그다지 중요해 보이지 않는 아브젝시옹이라는 주제에 크리스테바가 그토록 심혈을 기울인 뒤안에는 나름의 이유가 있다. 그 비참과 욕지기나는 더러움이 불러일으키는 통쾌함, 정화 작용의 의미를 되새기면서 현대를 살아가는 우리가 발견해야 할 것들을 가르쳐 주는 것이다.

東文選 文藝新書 173

세계의 비참 (전3권)

피에르 부르디외 外

김주경 옮김

사회적 불행의 형태에 대한 사회학적 투시——피에르 부르디외와 22명의 사회학자들의 3년 작업. 사회적 조건의 불행, 사회적 위치의 불행, 그리고 개인적 고통에 대한 그들의 성찰적 지식 공개.

우리의 삶 한편에는 국민들의 일상적인 삶에 대해 무지한 정치 책임자들이 있고, 그 다른 한편에는 힘겹고 버거운 삶에 지쳐서 하고 싶은 말조차 할 수 없는 사람들이 있다. 이들을 바라보면서 어떤 사람들은 여론에 눈을 고정시키기도 하고, 또 어떤 사람들은 그들의 불행에 대해 항의를 표하기도 한다. 물론 이들이 항의를 할 수 있는 것은 자신들이 그 불행에서 벗어나 있기에 가능한 것이다.

여기 한 팀의 사회학자들이 피에르 부르디외의 지휘 아래 3년에 걸쳐서 몰두한 작업이 있다. 그들은 대규모 공영주택 단지·학교·사회복지회 직원, 노동자, 하층 무산계급, 사무직원, 농부, 그리고 가정이라는 세계 속에 비참한 사회적 산물이 어떠한 현대적인 형태를 띠고 나타나는지를 이해하고자 했다. 그들이 본 각각의 세계에는 저마다 고유한 갈등 구조들이 형성되어 있었고, 그 안에서 발생하는 고통을 직접 몸으로 체험한 자들만이 말할 수 있는 진실들이 있었다.

이 책은 버려진 채 병원에 누워 있는 전직 사회복지 가정방문원이라든가, 노동자 계층의 고아 출신인 금속기계공, 정당한 권리를 찾지 못하고 떠돌아다닐 수밖에 없는 집 없는 사람들, 도시 폭력의 희생자가 된 고등학교 교장과 교사들, 빈민 교외 지역의 하급 경찰관, 그리고 이들과 함께 살아가는 수많은 사람들의 만성적이면서도 새로운 삶의 고통을 이야기한다.

東文選 文藝新書 252

일반교양강좌

에릭 코바

송대영 옮김

　본《일반 교양 강좌》는 오늘날 발생하고 있는 시사 문제에 접근하기 위한 **기본 입문서**인 동시에, 대부분의 시험에서 채택하는 '철학 및 교양' 구술시험을 위한 요약 정리 참고서로도 도움이 되도록 하였다. 따라서 시험에 임박해 있거나, 이 과목에 많은 시간을 투자할 수 없는 수험생들이 이용하기에 알맞을 것이다. 이 책의 내용은 사고(思考)의 방향을 제시하기보다는 사고 작용을 돕도록 구성된 것이며, 각 주제들——권위 · 교외 · 행복 · 형벌 · 계약 · 문화…… 노동 · 노령——를 4단계로 나누어 구성하였다.

　먼저 **정의하기** 항목에서는 기존의 개념에 대한 역사적이고 언어학적인 접근을 시도하였다.

　두번째 **내용 구성하기** 항목에서는 문제 제기에 대해 논술 요약 형식으로 간결하게 내용을 전개하고자 한다.

　세번째 **심화하기** 항목에서는 전적으로 주제에 대한 기존 시각에서 소개된 철학 서적에서 주제의 내용과 직접적으로 연관된 세부 내용을 인용하고자 한다.

　마지막으로 **시사화하기** 항목에서는 우리의 연구에 합당한 개념을 담고 있는 '놀랄 만한' 철학적 모티프를 현재 일어나고 있는 시사 문제 속에서 찾고자 할 것이다.

東文選 文藝新書 211

토탈 스크린

장 보드리야르

배영달 옮김

　우리 사회의 현상들을 날카로운 혜안으로 분석하는 보드리야르의 《토탈 스크린》은 최근 자신의 고유한 분석 대상이 된 가상(현실)·정보·테크놀러지·텔레비전에서 정치적 문제·폭력·테러리즘·인간 복제에 이르기까지 현대성의 다양한 특성들을 보여 준다. 특히 이 책에서 보드리야르는 오늘날 우리를 매혹하는 형태들인 폭력·테러리즘·정보 바이러스와 관련하여 기호와 이미지의 불가피한 흐름, 과도한 커뮤니케이션, 프로그래밍화된 정보를 분석한다. 왜냐하면 현대의 미디어·커뮤니케이션·정보는 이미지의 독성에 의해 증식되며, 바이러스성의 힘을 지니기 때문이다.

　보드리야르는 현대성은 이미지의 독성과 더불어 폭력을 산출해 낸다고 말한다. 이러한 폭력은 정열과 본능에서보다는 스크린에서 생겨난다는 의미에서 가장된 폭력이다. 그리고 그것은 스크린과 미디어 속에 잠재해 있다. 사실 우리는 미디어의 폭력, 가상의 폭력에 저항할 수가 없다. 스크린·미디어·가상(현실)은 폭력의 형태로 도처에서 우리를 위협한다. 그러나 우리는 스크린 속으로, 가상의 이미지 속으로 들어간다. 우리는 기계의 가상 현실에 갇힌 인간이 된다. 이제 우리를 생각하는 것은 가상의 기계이다. 따라서 그는 "정보의 출현과 더불어 역사의 전개가 끝났고, 인공지능의 출현과 동시에 사유가 끝났다"고 말한다. 아마 그의 이러한 사유는 사유의 바른길과 옆길을 통해 새로운 사유의 길을 늘 모색하는 데서 비롯된 것일 터이다. 현대성에 대한 탁월한 통찰력을 보여 주는 보드리야르의 이 책은 우리에게 우리 사회의 현상들을 비판적으로 읽게 해줄 것이다.